Richard C.
Schneider
Alltag im
Ausnahme-
zustand

Richard C.
Schneider

Alltag im Ausnahmezustand

Mein Blick auf Israel

Deutsche Verlags-Anstalt

Sollte diese Publikation Links auf Webseiten Dritter enthalten,
so übernehmen wir für deren Inhalte keine Haftung, da wir
uns diese nicht zu eigen machen, sondern lediglich auf deren
Stand zum Zeitpunkt der Erstveröffentlichung verweisen.

Verlagsgruppe Random House FSC® N001967

1. Auflage

Copyright © 2018 Deutsche Verlags-Anstalt, München, in der
Verlagsgruppe Random House GmbH, Neumarkter Straße 28,
81 673 München
Alles Rechte vorbehalten
Umschlaggestaltung: Büro Jorge Schmidt, München
Umschlagmotiv: Autorenfoto von Thomas Dashuber
Typografie und Satz: DVA / Andrea Mogwitz
Gesetzt aus der Minion
Druck und Bindung: GGP Media GmbH, Pößneck
Printed in Germany
ISBN 978-3-421-04329-0

www.dva.de

 Dieses Buch ist auch als E-Book erhältlich.

For A.

The One, The Chestnut Woman

Inhalt

Vorwort

Als ich das Manuskript zu diesem Buch zu schreiben begann, war ich nach einem kurzen Intermezzo in Italien gerade wieder dabei, in den Nahen Osten zurückzukehren. Nach über zehn Jahren, die ich als Korrespondent und als Studioleiter der ARD in Tel Aviv verbrachte, waren meine knapp anderthalb Jahre in Rom, neben meiner Arbeit dort, auch eine Zeit der Reflexion über den Nahen Osten, aber fast mehr noch über Europa. Als Europäer so lange außerhalb des eigenen Kontinents zu leben, war gerade in diesen Zeiten eine interessante Erfahrung. Besonders in der israelischen Mittelmeermetropole. Tel Aviv ist nach dem Silicon Valley der zweitwichtigste Hightech-Hub der Welt. Hier wird die Zukunft programmiert und gestaltet. Und die Welt kommt nach Israel, um Geschäfte zu machen: nicht nur Europa und die USA, sondern auch China, Indien, Afrika. Schnell hat man den Eindruck, dass Europa drauf und dran ist, den Anschluss an die Entwicklungen zu verlieren, die mit unglaublicher Geschwindigkeit überall stattfinden, nur eben kaum in Europa. Dieser Eindruck verstärkt sich besonders, wenn man in Italien lebt, diesem Sehnsuchtsland der Deutschen, das aber nicht in der Lage ist, sich fundamental zu reformieren, um wirtschaftlich überleben zu können. Und man begreift erst außerhalb Europas, dass der europäische Ethnozentrismus nicht mehr funktioniert, um mit der Welt von heute und morgen umzugehen, dass Tradition und Kultur, alte Kultur, kaum noch ausreichen, um die Zukunft zu gestalten.

Aus der Ferne wirkt Europa mitunter wie ein Museum. Ein wunderschönes, eines, das ich über alles liebe, immer lieben werde, zu dem ich gehöre, von dem ich ein Teil bin und sein möchte und immer bleiben werde. Aber Europa wirkt auf mich zuweilen, als ob es sich darauf ausruhe, der Welt eine Kultur geschenkt zu haben, die über Jahrhunderte alles dominierte, von der wir auch in Zukunft noch zehren werden, eine Kultur, die wir auch heute noch brauchen und von der wir nur hoffen können, dass sie sich auch in Zukunft weiterentwickeln kann, Neues im Bereich Literatur, Musik, Theater und Malerei hervorbringen wird. Was besonders wichtig wäre: eine neue Philosophie der Staatskunst, der Bewahrung von Demokratie, Liberalismus und Freiheit in Zeiten der Not und des Terrorismus und der digitalen Revolution. Wir bräuchten dringend neue ethisch verantwortliche Ansätze zur Lösung unserer globalen Probleme. Und wer, wenn nicht Europa, könnte sie liefern? Die USA? Russland? China?

Aber nichtsdestotrotz habe ich das Gefühl, dass ausgerechnet Israel – und insbesondere Tel Aviv – für den Augenblick ein idealer Standort ist, um die Zukunft zu erleben – und die Gefahren für die Zukunft. Israel ist eine Art »Versuchslabor« für die westliche Welt. Das Leben hier ist intensiver, schneller, hektischer, bedrohter von innen und von außen als irgendwo sonst im Westen. Die Fragen, mit denen Israel seit Jahrzehnten umzugehen hat, erreichen inzwischen auch Europa und Deutschland. Wie geht man mit Terror um? Wie bekämpft man ihn wirkungsvoll, ohne die Persönlichkeitsrechte allzu sehr einzuschränken? Wie geht man mit Fundamentalismus um, dem von außen und dem von innen? Wo sind die feinen Linien, die nicht überschritten werden dürfen, wenn man nicht in ein reaktionäres, totalitäres Regime abgleiten will? Wie schafft man es, eine multiethnische Gesellschaft zusammenzuhalten, wie bewältigt man den wirtschaftlichen Aufschwung unter schwierigsten Bedingungen? Wie geht man mit Rassismus um? Mich fasziniert Israel, weil man hier ganz intensiv mitverfolgen kann, welche Fehler gemacht werden, aber auch, welche Lösungen man findet. Wo die Regierung und die Gesellschaft versagen, wo sie neue, kreative Antworten auf Herausforderungen finden.

Das Leben in Israel ist härter und brutaler als in vielen Teilen Europas, aber auch spannender und intensiver, selbst wenn man jeden Tag über die Realität des Alltags verzweifeln möchte und politische Entwicklungen beobachtet, die einem angst und bange machen.

Anfang Dezember 2017 hielt US-Präsident Trump eine Rede, die Gegebenheiten und Gewissheiten im palästinensisch-israelischen Konflikt auf den Kopf stellte. Er erkannte Jerusalem offiziell als Hauptstadt Israels an und versprach, die US-amerikanische Botschaft endgültig von Tel Aviv nach Jerusalem zu verlegen. Wörtlich sagte er:

»After more than two decades of waivers, we are no closer to a lasting peace agreement between Israel and the Palestinians. It would be folly to assume that repeating the exact same formula would now produce a different or better result. Therefore, I have determined that it is time to officially recognize Jerusalem as the capital of Israel.«

Die Tatsache, so Trump, dass mehr als zwei Jahrzehnte amerikanische US-Präsidenten immer wieder den Umzug der Botschaft nach Jerusalem verschoben, habe nichts gebracht, man sei dem Frieden keinen Schritt nähergekommen. Er wolle das nun ändern. Und so fügte er an:

»I've judged this course of action to be in the best interests of the United States of America and the pursuit of peace between Israel and the Palestinians. This is a long overdue step to advance the peace process and to work towards a lasting agreement.«

Nun, dass seine Entscheidung den Frieden eher möglich macht, mag glauben wer will. Die Reaktionen der Palästinenser waren dementsprechend. Die palästinensische Führung, sowohl die Autonomiebehörde von Präsident Abbas als auch die Hamas und alle andere Fraktionen, waren wütend, entsetzt, voller Zorn und Hass. Für sie hat sich der amerikanische Präsident endgültig als Zionistenfreund geoutet. Die USA seien kein ehrlicher Makler mehr. Natürlich kam es zu Protesten und gewalttätigen Unruhen in den darauffolgenden Tagen. Es waren die üblichen Bilder, die die Nachrichtenagenturen aus Jerusalem und den besetzten Gebieten zeigten. Menschen starben bei diesen Auseinandersetzungen. Aber die Unruhen wurden bald schon wieder im Keim erstickt und eine Dritte Intifada, wie manche Kommentatoren behaupteten, brach nicht aus. Dazu scheint den Palästinensern im Augenblick die Kraft zu fehlen, beziehungsweise wissen viele, die die Zweite Intifada erlebt hatten, dass sie am Ende den höheren Preis zahlen würden als die Israelis.

Trumps Anerkennung Jerusalems als Israels Hauptstadt ist eigentlich nichts Besonderes. Präsident Obama hat dies in einer Rede getan, George W. Bush ebenso und andere Präsidenten auch. Das wirklich Neue und Verstörende für die palästinensische Seite ist, dass die USA nun tatsächlich ihre Botschaft nach Jerusalem verlegen wollen. Bei seinem Besuch in Jerusalem Ende Januar 2018, erklärte Vizepräsident Mike Pence, die Botschaft werde bereits 2019 umziehen und nicht, wie viele glaubten, erst in vier Jahren oder überhaupt nie. Die israelische Rechte jubelt. Sie fühlt sich am Ziel, fühlt sich im Recht, hat endlich die Unterstützung, die ihr der liberale Vorgänger Trumps versagt hatte. Man will nun eine Straßenbahnhaltestelle, die in der Nähe der Klagemauer gebaut wird, »Donald-Trump-Haltestelle« nennen, zu Ehren des Präsidenten, der für immer im Herzen des jüdischen Volkes wohnen werde, wie Premier Benyamin Netanyahu dies so oder ähnlich immer wieder betonte. Doch ist diese Ankündigung Trumps für Israel nicht ein Danaergeschenk? Wird Trumps Politik im Nahen Osten nicht nur weiter die extremistischen Kräfte auf beiden Seiten stärken? Werden nun israelische Politiker wie Ayelet Shaked oder Lieberman oder Smotrich und andere nicht versuchen, die Annektierung von mindestens 60 Prozent des Westjordanlands voranzutreiben, solange dieser Präsident noch im Amt ist?

Für die Palästinenser ist die aktuelle Lage eine Katastrophe. Sie haben – zumindest für den Augenblick – verloren. Mit den USA wolle man nichts mehr zu tun haben, umso weniger als Präsident Trump wenige Wochen nach seiner Jerusalem-Ankündigung auch noch erklärte, man werde der UNRWA, der UN-Hilfsorganisation für die palästinensischen Flüchtlinge, die Hälfte der jährlichen Zuwendungen nicht mehr überweisen, immerhin über 60 Millionen US-Dollar. Trump machte auch klar, dass mehr Geld erst dann wieder fließen werde, wenn die Palästinenser an den Verhandlungstisch zurückkehren. Doch danach schaut es wahrlich nicht aus. Präsident Abbas versucht die Europäer als Vermittler und Unterstützer an Stelle der USA zu gewinnen, er will sich nun endgültig an den Internationalen Strafgerichtshof in Den Haag wenden, um Israel wegen Kriegsverbrechen und anderen Dingen anzuklagen. Ob das wirklich geschehen wird, ist im Augenblick noch nicht abzusehen. Nach Verhandlungsbereitschaft klingt das nicht.

Und schließlich und endlich hielt der 82-jährige Abbas im Januar 2018 eine zweieinhalbstündige Wutrede, die der israelischen Rechten endgültig »bewies«, dass sie schon immer mit ihrer Einschätzung der Person Abbas recht hatte. Abbas brannte verbal nicht nur alle Brücken nach Washington nieder, er machte die gesamte europäische Geschichte für die Existenz Israels verantwortlich, und entwickelte eine haarsträubende Verschwörungstheorie, die dümmer und absurder nicht sein konnte. Er machte von Oliver Cromwell über Napoleon bis zu Winston Churchill alle Europäer verantwortlich für die Entstehung Israels. Man habe die holländische Marine, die die größte der Welt sei, gebeten, die Juden nach Palästina zu bringen. In diesem Stil ging es immer weiter. Und ja, Abbas erklärte auch, die Juden hätten keinerlei historischen oder religiösen Bindungen an dieses und mit diesem Land. Und schließlich griff Abbas auch noch auf antisemitische Klischees zurück, indem er zum Beispiel behauptete, Israelis würden die palästinensische Jugend mit Drogen fertigmachen. Es ist nicht das erste Mal, dass sich der »moderate« Abbas, wie er von der israelischen Linken und in Europa genannt wird, antisemitischer

Klischees bedient. In einer Rede vor dem EU-Parlament in Brüssel im Jahr 2016, hatte Abbas erklärt, israelische Rabbiner hätten ihre Regierung aufgefordert, das Wasser zu vergiften, um Palästinenser zu töten. Am Ende der Rede gab es *standing ovations* der europäischen Parlamentarier, der damalige Präsident des EU-Parlaments, Martin Schulz, erklärte auf Twitter, dies sei eine »inspirierende« Rede gewesen. Nicht nur, dass Abbas sich mittelalterliche Brunnenvergiftungstheorien aneignete: Man konnte nachweisen, dass nichts von dem, was er behauptet hatte, stimmte.

Der Frust, den Palästinenserpräsident Abbas aufgrund der Politik Donald Trumps hat, ist verständlich. Washington scheint sich nicht mehr um die Palästinenser und ihre Anliegen zu kümmern, die arabische Welt übrigens auch nicht. Aber Verschwörungstheorien und Antisemitismus als Waffen im Kampf gegen die USA und Israel? Wie gesagt, die israelische Rechte fühlt sich als Sieger. Man habe es doch immer gewusst, dass der »nette Herr Abbas«, in Wirklichkeit ein Antisemit sei, dass er Israels Existenzrecht nicht anerkenne. Am Ende seiner Tage kehre Abbas wieder zu seinen Anfängen zurück, schließlich habe er in seiner Dissertation den Holocaust relativiert. Tatsächlich hatte Abbas in seiner Doktorarbeit angezweifelt, dass sechs Millionen Juden im Holocaust ermordet wurden. Er erklärte, dies könne auch schlicht eine zionistische Übertreibung gewesen sein. Zwar hat sich Abbas später von dieser »Theorie« distanziert, doch nun scheint er auf seine alten Tage tatsächlich wieder da anzuknüpfen, wo er angefangen hat. Soviel ist nun klar: Mit diesem Mann kann man keinen Frieden machen. Mit der Hamas auch nicht. Und wer auf Abbas folgen wird, das weiß niemand. Auf der »Habenseite« von Abbas steht allerdings seine Ablehnung von Terror gegen Israel. Ob dies in der Nach-Abbas-Ära so bleiben wird, ist fraglich. Im Augenblick aber kann die Siedlungspolitik Israels ungestört weitergehen.

Die Zeichen der Zeit stehen also auf Sturm. Und sollte Trump auch nur eine Sekunde ernsthaft geglaubt haben, seine Ankündigung könne etwas verbessern an den Beziehungen zwischen Israel und den Palästinensern, so müsste er inzwischen begriffen haben, dass er das genaue Gegenteil erreicht hat. Er zündelte. Und den Preis werden andere bezahlen. Man möchte sich die Haare raufen angesichts der letzten Entwicklungen und weiß doch gleichzeitig, dass es noch schlimmer kommen könnte, vielleicht sogar wird. Optimismus ist in diesen Zeiten Mangelware in Nahost.

Ich begann das Manuskript zu diesem Buch in Europa, schrieb in den vergangenen Monaten in Italien, in der Schweiz, um es schließlich in Israel zu Ende zu schreiben. Und ich merkte, wie sich zweimal mein Fokus auf das Land und mein Thema veränderte, der Blick von innen, dann von außen und wieder von innen. So springe ich wie ein »teilnehmender Beobachter« ständig hin und her in meinem Blick auf das Land, das mich seit meiner frühesten Kindheit mehr als alle anderen beschäftigt, mit Ausnahme von Deutschland und Frankreich, der kulturellen Heimat meiner frühen Jahre.

Das Buch entstand in einer persönlich anstrengenden Lebensphase. Das Schreiben war mir ein Anker, um fast meditativ immer wieder zum Eigentlichen zurückzukehren. Zum Erzählen über ein Land, das mich fasziniert. Viele Menschen halfen mir dabei, dass dieses Buch zustande kommen konnte, und ich bin ihnen zutiefst dankbar. Einige halfen mir mit inhaltlichem Rat, andere ermöglichten es mir in Zeiten des Umzugs, einfach irgendwo zu sein, um in Ruhe arbeiten zu können.

Zuallererst muss ich Thomas Rathnow von Random House danken, der mit viel Geduld auf dieses Buch wartete, das ich eigentlich viel früher hätte schreiben sollen. Er hat nie aufgehört, an dieses Buch zu glauben. Ohne ihn wäre nichts möglich gewesen. Ich danke Annette Anton für ihre sensible und einfühlsame Lektorierung des Textes und für die wichtigen Gespräche, die wir miteinander hatten und die mir das Gefühl gaben, gut aufgehoben zu sein.

Ich danke all den Menschen in den letzten Jahren, die mir in Israel und Palästina Einblicke ermöglichten, die ich ohne sie nicht hätte haben können. Zu ihnen gehört das gesamte ARD-Team in Tel Aviv, Gaza und Hebron, sowie viele Freunde und Bekannte, insbesondere Miki Sohar, Alon Ben David, Dana Weiss, Carlo und Julia Strenger, Shlomit und Assaf Ashkenasi, Anita Haviv, Orit und Rami Amit, Uri Schneider, Natan Sznaider, Yifaat Weiss und Anshel Pfeffer. Dass ich meine palästinensischen Freunde hier nicht erwähne, hat Gründe, aber sie wissen, dass ich ihnen sehr zu Dank verpflichtet bin.

Und ich danke ganz besonders meinen Freunden Sabine Herting, Lo und Heiko von Gienanth, Yvonne Marianowicz, Tina Hassel, Mima Speier, Louis und Ilana Lewithan, Silvia und Samuele Dadusc, Timna Brauer, Rita Russek, Harry Tschebiner und Lilly Otscheret-Tschebiner, Dieter und Simone Graumann, Yves Kugelmann, Benny Levensohn und Maximilian Teicher.

Und last, but definitely not least bin ich meiner gesamten Familie tiefen Dank schuldig, mehr als ich es hier in Worte fassen kann.

Tel Aviv, Januar 2018

»Der historische Tag war der siebte Tag, an dem wir zu entscheiden hatten, was uns dieser Krieg bedeutete. Ein Eroberungskrieg oder ein Verteidigungskrieg? Wir waren plötzlich im Besitz des ganzen Landes, und da entschieden wir: Es war ein Eroberungskrieg. Das hieß, dem palästinensischen Volk das Recht und die Möglichkeit auf nationale Selbstständigkeit zu rauben.«
Yeshayahu Leibowitz (geb. 1903 in Riga, gest. 1994 in Jerusalem), Naturwissenschaftler und Religionsphilosoph

Einführung

1948–2018. Siebzig Jahre und kein Ende in Sicht

Nie werde ich diesen Tag vergessen. Ein warmer Frühlingstag in München, Anfang Juni. Ich war gerade aus der Schule nach Hause gekommen, war wie immer als erstes in mein Zimmer gegangen, um die Schultasche abzulegen, um dann mit meinen Eltern in der Küche gemeinsam zu Mittag zu essen. Doch meine Mutter war sofort in mein Zimmer gekommen, ich hatte meinen Schulranzen noch in der Hand. Sie sah mich sehr ernst an und sagte nur: »In Israel ist Krieg. Die Araber haben angegriffen.« Es war der 5. Juni 1967, ich war zehn Jahre alt. Ich wusste nicht genau, welche Konsequenzen dieser Krieg haben würde. Aber ich dachte sofort an Napalm und verbrannte Kinder – Bilder aus dem Vietnamkrieg, die bei uns täglich während des Abendessens über den Schwarz-Weiß-Fernseher ins Wohnzimmer eindrangen. Diese Bilder kannte ich gut, sie gehörten zu meinen Kinder- und Jugendjahren wie eine Hintergrundmusik im Kino, eine Art Leitmotiv. Man nimmt sie kaum wahr, doch sie ist immer da. Der Vietnamkrieg. Irgendwie nah und doch weit weg. Vietnam. Wo lag das? Zum Glück waren da keine Juden und keine Deutsche involviert, keine Nazis, sondern Amerikaner, und die waren doch schließlich die Guten, hatten die nicht Hitler besiegt und somit meinen Eltern das Leben gerettet? Dass sowohl mein Vater als auch meine Mutter von der Roten Armee gerettet wurden, hatte ich zwar gehört, schließlich waren meine Eltern in Konzentrationslagern der Nazis in Osteuropa gewesen, aber ich wusste auch, dass meine Eltern nach dem Krieg zweimal vor den Kommunisten aus der Tschechoslowakei und Ungarn fliehen mussten, ehe sie endlich im Westen ankamen. Und dass die Russen Antisemiten waren, das hatte

ich auch gehört. Und dass sie Frauen in den befreiten KZ verge-
waltigt hatten, das auch. Also: die USA. Nur die USA. Und die
USA waren in der Tagesschau, aber vor allem waren sie im Radio
täglich präsent mit der heißesten Musik, die man in Deutschland
hören konnte. Im AFN, dem amerikanischen Armeesender. AFN
prägte meine Generation in Deutschland. Wolfman Jack war unser
Idol. Denn in Deutschland, da gab's nur Vico Torriani, Peter Alexander und Lou van Burg. Also, was konnte schlecht an den USA
sein? Amerika war der Garant für Freiheit und Zukunft. Ein Land
mit vielen Juden und ohne Antisemitismus, davon war ich überzeugt. Also mussten die GIs im Vietnamkrieg auch für die gute
Sache kämpfen. Ich erschrak zwar, wenn ich brennende Kinder
sah, aber ich konnte kaum glauben, dass die USA dafür verantwortlich waren, und wenn, dann geschah dies wohl eher aus Versehen als mit Absicht. So dachte ich damals.

Aber letztendlich waren Franz Beckenbauer und Gerd Müller,
Pierre Brice und Lex Barker in meiner Welt einfach wichtiger als
irgendein Krieg, den ich nicht begriff, Lichtjahre von uns entfernt.
Nun aber: Krieg gegen Israel. Ich hatte keine Vorstellung, welche
Konsequenzen er weltpolitisch möglicherweise haben würde. Aber
dass es um das Überleben des jüdischen Staates ging, dass dieser
Krieg auch das Leben meiner Familie betraf, das war mir sofort
klar. Und so ließ ich den Schulranzen in meiner Hand einfach auf
den Boden fallen und blickte meine Mutter unsicher an. Ich war
gerade mal ein halbes Jahr zuvor das erste Mal in Israel gewesen,
mit meinem Vater, wir wohnten bei seiner Cousine Piri im Galil
und reisten durch das Land. Ich besuchte all die Orte, die ich aus
dem Religionsunterricht und dem Gebet kannte. Nur den Tempelberg mit der Klagemauer, dem Stück Westmauer des Zweiten Tempels, den konnte ich nicht besuchen. Er lag in Ostjerusalem, war
damals noch in jordanischer Hand. Ich stand mit meinem Vater an
der stacheldrahtüberzogenen Grenzlinie zwischen West- und Ostjerusalem, ganz in der Nähe des Mandelbaumtors, da deutete mein

Vater in Richtung des Tempelbergs und sagte: »Eines Tages, wenn der Meshiach (Messias) kommen wird, dann werden wir beide dort stehen und beten.« Wir beide ahnten nicht, dass es gerade mal ein halbes Jahr dauern würde, bis sein Wunsch Realität würde.

Der Meshiach kam im Juni 1967 in Gestalt zweier Militärs: Verteidigungsminister Moshe Dayan, der Mann mit der Augenklappe, und Generalstabschef Yitzhak Rabin, der spätere Premierminister. Beide wurden als Helden gefeiert. Sie hatten nicht nur den Sechs-Tage-Krieg gewonnen und die jüdischen Heiligtümer und biblisch bedeutenden Orte nach 2000 Jahre Diaspora wieder in jüdische Gewalt gebracht, sie hatten vor allem den Untergang Israels verhindert. Allen Juden weltweit, selbst mir, dem zehnjährigen jüdischen Kind, war die Drohung des ägyptischen Herrschers Gamal Abdel Nasser ständig im Ohr gesessen: »Wir werden die Juden ins Meer werfen.« Viele Jahrzehnte später entdeckte ich in einem Filmarchiv Bilder von Tel Aviv wenige Tage vor Kriegsausbruch. Am Strand: kein Mensch. Auf den Straßen: kaum jemand. Später, als Journalist, interviewte ich Freunde, Bekannte, ältere Verwandte, wie das damals war in den Tagen vor dem Krieg. Und fast einhellig erhielt ich die gleiche Antwort: »Wir dachten, jetzt ist es vorbei. Die Shoah haben wir überlebt, aber jetzt, jetzt ist es endgültig aus.« In der Euphorie, die die gesamte jüdische Welt nach dem Krieg erfasste, dachte niemand mehr daran, dass nur kurz zuvor das Schicksal des jüdischen Staates besiegelt zu sein schien.

Als meine Mutter mir an jenem Mittag sagte, in Israel herrsche Krieg, müssen sie und mein Vater dieselbe Angst verspürt haben wie alle Juden rund um den Globus. Natürlich hingen wir von dem Augenblick an nur noch vor dem Fernseher und am Radio. Mein Vater wechselte die Frequenzen, um in allen Sprachen, derer er mächtig war, neue Informationen zu bekommen. Wir versuchten, unsere Verwandten in Israel zu erreichen, doch das war damals keine einfache Angelegenheit, und häufig sagte uns das »Fräulein vom Amt«, man käme nicht durch, die Leitung sei unterbrochen.

Für meine Familie hatte der Krieg unmittelbare Auswirkungen. Meine Schwester sollte Mitte Juni in München heiraten, die Hochzeitsvorbereitungen waren längst in vollem Gange. Aber nun was tun? Kann man eine große Hochzeit feiern, wenn man nicht weiß, ob Israel vernichtet wird? Und selbst wenn nicht, wie viele Tote wird es geben? Wie viele tote Freunde, Verwandte? Meine Eltern wandten sich an den Rabbiner der jüdischen Gemeinde in München, der entsprechend des Religionsgesetzes entschied, man könne eine »Simche«, ein Freudenfest, nicht so ohne weiteres absagen. Aber man solle das Fest auf ein Minimum reduzieren, nur das Nötigste. So entschieden, so getan. Meine Eltern mussten die gebuchten Räumlichkeiten, in denen nach der Hochzeit die große Party hätte stattfinden sollen, wieder absagen. Die deutschen Veranstalter waren sehr nett und hatten großes Verständnis für die Situation. Man entschied, ausschließlich in der Synagoge zu feiern und keine Musikkapelle zu engagieren. Als meine Schwester schließlich heiratete, war der Krieg schon vorbei, der Sieg triumphal und die Freude in der Gemeinde riesig. Die Hochzeitsfeier fiel zwar bescheiden aus, aber sie war nach dem Sieg Israels dementsprechend stimmungsvoll.

Keinen Monat nach dem Sechs-Tage-Krieg stand ich mit meinem Vater an der Klagemauer, um zu beten. Mein Vater, Jahrgang 1920, konnte seine Tränen nicht zurückhalten. Für seine Generation war die Eroberung des Tempelbergs, des Grabes der Stammmutter Rachel bei Bethlehem und die Eroberung der Grabstätten von Abraham und den anderen Stammvätern und -müttern in Hebron mehr als ein Wunder. Keine 25 Jahre zuvor waren mein Vater und meine Mutter aus den Lagern der Nazis befreit worden, die Eltern, die Geschwister und viele weitere Verwandte in den Gaskammern und Krematorien von Auschwitz in Asche und Rauch aufgegangen. Und nun stand er da, mein Vater, das chassidische Kind aus dem Stetl, zusammen mit seinem kleinen Sohn und betete an der Westmauer des Zweiten Tempels, der hier vor

2000 Jahren gestanden hatte. Wir waren durch den arabischen Suk zur Klagemauer gelangt, so wie man auch heute dorthin kommen kann. Damals aber war der Suk noch nicht touristisch-folkloristisch, noch nicht picobello sauber und hell. Der gesamte Suk starrte vor Dreck und war vor allem dunkel. Denn überall hingen schwere Teppiche über uns als Schutz gegen die Sonne, damit es im Bazar schön kühl bleibt. Die arabischen Ladenbesitzer starrten uns an, die Fremden in ihren Jeans und Polohemden. Da trafen in der Tat zwei Welten aufeinander. Wir waren fasziniert vom »wahren Orient«, und die Araber hatten wohl in erster Linie Angst. Natürlich wussten diese Palästinenser noch nicht, was die israelische Besatzung für sie bedeuten würde. Niemand wusste das. Selbst die Israelis nicht, wir Diasporajuden schon gar nicht.

In den ersten Jahren schien ja auch alles so einfach. Israel brachte den Palästinensern Wohlstand und Fortschritt. Und sie nahmen dies auch dankbar an, das muss gesagt werden. Israelis reisten mit Begeisterung in die besetzten Gebiete, die ja das eigentliche biblische Israel waren. Sie besuchten die jüdischen Heiligtümer, die biblischen Orte, kauften in den palästinensischen Städten ein oder gingen dort zum Essen. Beide Seiten profitierten voneinander. Es war, scheinbar, eine goldene Zeit. Ich erinnere mich nur zu gut, wie selbstverständlich das war, bis weit in die achtziger Jahre am Nachmittag in Jerusalem zu sitzen und mit einigen Freunden einfach so mal schnell nach Hebron zu fahren, um dort Kaffee zu trinken in diesem kleinen arabischen Lokal, wo man auch hervorragendes Knaffe bekam. Und wer aus meiner Generation erinnert sich nicht an die wunderbaren Fischrestaurants an den Stränden von Gaza oder an Nuëba, unten an der Sinai-Halbinsel, wo man mit seiner Freundin, ein paar Kumpels, einer Flasche Wein und einer Gitarre am Strand lag und den schönsten und billigsten Urlaub machte, den man sich nur wünschen konnte.

Die Siedlungspolitik, die parallel anlief, die Terroranschläge, die es immer wieder gab, die Flugzeugentführungen der siebziger

Jahre, sie waren eine bedrohliche Kulisse, von der man sich aber nicht abhalten ließ, dieses neue, größere, unbesiegbare Israel zu genießen. Dass die Araber und insbesondere die Palästinenser immer noch die Zerstörung des Staates Israel wollten, war »klar«. Der Yom-Kippur-Krieg 1973 machte das deutlich spürbar. Und es zeigte sich, dass Israel eben doch nicht so unverwundbar war, wie das eigentlich alle nach 1967 glauben wollten. Mehr als 2500 israelische Soldaten fielen, so viele wie nie zuvor und bislang nie danach in einem Krieg.

Die ersten Siedlungen wurden von den meisten Israelis als nettes, harmloses Unternehmen einiger religiöser Eiferer gesehen. Vor allem nach dem Yom-Kippur-Krieg begann die Siedlerbewegung »Gush Emunim« mit Macht darauf zu drängen, in den eroberten Gebieten Siedlungen zu gründen. Es war, neben religiös-messianischen Gründen, auch ein Versuch, ein politisch-ideologisches Gegenmodell zu entwerfen, das dem sozialistischen Zionismus, der immerhin die Staatsgründung durchgesetzt, aber nach dem katastrophalen Krieg von 1973 mental und ideologisch abgedankt hatte, etwas Positives entgegensetzen sollte. Denn das ganze Land befand sich in einer kollektiven Depression. Israel hatte den Yom-Kippur-Krieg faktisch gewonnen, doch die hohen Verluste, der Überraschungsmoment, das Versagen der Geheimdienste, das gescheiterte Verteidigungskonzept am Suezkanal, die Unfähigkeit der Politiker, allen voran Premierministerin Golda Meir, weise zu planen und mit der Situation umzugehen, verunsicherte die Israelis zutiefst. Mehr noch als während des Unabhängigkeitskriegs 1948, als man ja wusste, dass es um alles oder nichts ging und ein Überleben keineswegs gewährleistet war. So schaute man 1948 nur nach vorn. In den Jahren nach 1967 aber hatte sich eine sträfliche Überheblichkeit über das Land gesenkt. Die Demütigung, die die arabischen Armeen erfahren hatten, die Leichtigkeit des Sieges, die Rückkehr der Heiligen Stätten in jüdische Hand, ließen das Land vor Stolz und Prahlerei und Überzeugung erstarren. Umso tiefer geriet dann der moralisch-emotionale Sturz nach dem 73er-Krieg. Und so waren die jungen Männer, die voller Verve und religiöser Inbrunst siedeln wollten, ein Hoffnungsschimmer. Ein Hoffnungsschimmer, dass der Elan der Anfangsjahre des Zionismus nicht erloschen war, dass der Traum weiterginge. Es gab natürlich kluge Visionäre, die bereits damals wussten, dass die Siedlungspolitik ein Krebsgeschwür in der israelischen Gesellschaft werden würde, dass Israel sich neue, nahezu unlösbare Probleme aufbürdet. Der große Religionsphilosoph Yeshayahu Leibowitz war so ein Mahner, der aber kein Gehör fand. Am allerwenigsten wollten die Politiker hören. Viele linke Politiker setzten sich zwar nicht an die Spitze der Siedlerbewegung, aber sympathisierten mit ihr offen und unbedacht, allen voran Shimon Peres, der in seinen späten Jahren nicht daran erinnert werden wollte, dass er der Siedlerbewegung überhaupt erst den Weg eröffnete, Judäa und Samaria zu erobern. Diese Politiker wollten sich in dem Glanz der jungen Männer sonnen, die dem Land als Aktivisten Mut machten, die nicht in Depression versanken, sondern ganz im Sinne der zionistischen Ideologie »anpackten«, die sich nicht der Agonie, die das Land beherrschte, ergaben.

Es ist leicht, heute die Politiker von damals für ihre Kollaboration mit den Siedlern zu verurteilen. Heute wissen wir, was aus der Siedlerbewegung geworden ist. Aber man darf nicht vergessen: Es waren anfänglich ein paar Dutzend, dann Hunderte, und erst später ein paar Tausend, die ins Westjordanland und in den Gaza-Streifen zogen (und auf die Sinai-Halbinsel und den Golan). Es waren geringe Zahlen, ein so verschwindend kleiner prozentualer Anteil der israelischen Gesellschaft, dass eben die meisten sich nicht vorstellen konnten, was da zu wachsen begann – und wohin das Israel und die gesamte Gesellschaft führen sollte.

So gut wie niemand in Israel dachte damals über das Palästinenserproblem nach, außer ein paar Politik- und Militärstrategen, die sich darüber im Klaren werden mussten, wie man mit den Menschen im eroberten Gebiet umgehen will. Doch niemand hatte auch nur im Ansatz das Gefühl von Schuld oder Verantwortung für eine Tragödie, die bereits 1948 begonnen hatte. Wie denn auch? Die Schaffung des jüdischen Staates war nach Auschwitz eine *conditio sine qua non*, mehr noch: Sie war ein Recht, ein sechsmillionenfaches Recht. Was den Juden geschehen war, rechtfertigte alles, um einen eigenen Staat zu schaffen und damit die Möglichkeit, sich zu verteidigen, sich nie mehr in Gaskammern treiben zu lassen.

Was wussten wir Juden, egal ob in Israel oder in der Diaspora, über die palästinensische Vertreibung? Was ging sie uns an? War es denn überhaupt eine Vertreibung? Das zionistische Narrativ blieb bis in die achtziger Jahre frei von Verantwortung. Die Palästinenser hatten damals, im Unabhängigkeitskrieg – niemand kannte das Wort »Nakba«, was soviel wie Unglück, Katastrophe auf Arabisch bedeutet, und das später zum Begriff für das palästinensische Unglück von 1948 wurde – ihre Dörfer und Städte verlassen, weil die arabischen Armeen sie über Radio und Zeitungen dazu aufgerufen hatten zu fliehen. Sie sollten fliehen, damit die sieben arabischen Armeen freie Bahn hätten, die Zionisten zu vernichten. Nach dem »Endsieg« würden die Palästinenser in ihre Dörfer zurückkehren. Übrigens: Damals kannte auch noch niemand den Begriff »Palästinenser«, die nationale palästinensische Identität entwickelte sich endgültig erst nach der Nakba – und als Reaktion auf den jüdischen Nationalismus, eine eigenartige Ironie des Schicksals.

Aber selbst wenn es bereits 1967 bekannt gewesen wäre, dass die Zionisten an der Flucht der Palästinenser mit Schuld hatten, dass sie vielerorts Araber tatsächlich vertrieben hatten, dass es vereinzelt auch zu Massakern kam, es wäre egal gewesen, denn dem jüdischen Volk war nur drei Jahre vor 1948 unfassbares Leid, unsäglich, unvergleichlich Grausames angetan worden. Ein knappes Drittel des jüdischen Volkes war ausgerottet worden. Was spielte es da für eine Rolle, wenn 700 000 Araber aus Palästina fliehen mussten, damit Juden einen sicheren Hafen für alle Ewigkeit hätten? Welche Rolle spielten da vielleicht auch einige Massaker angesichts von sechs Millionen jüdischen Menschen, die von den Nazis und ihren europäischen Handlangern abgeschlachtet worden waren? Das klingt zynisch? So wurde das nicht gesehen. Das Unrecht an den Palästinensern, es hätte keine Rolle gespielt. Denn jeglicher Vergleich mit dem Holocaust war und ist unmöglich, jegliche Analogie war und ist irrsinnig und zeugt lediglich von völliger Ignoranz historischer Fakten oder aber von einer antisemitischen Haltung all jener, die diesen Vergleich ziehen.

Was 1948, aber auch noch 1967 und später, nicht erahnt werden konnte war, dass diese »Vergleichssituation« eines der großen Dramen des Konfliktes zwischen Palästinensern und Israelis werden würde. Wie gesagt, die Nakba ist nicht einmal im Ansatz dem Holocaust gleichzusetzen. Aber das subjektive Erleben der Menschen, das kollektive Narrativ stellt bei den Palästinensern die Nakba als ihre eine, einzigartige Katastrophe dar, so wie das im jüdischen Narrativ die Shoah ist. Nur, wer ist das größere Opfer, wer hat mehr gelitten, wer hat mehr Unrecht über sich ergehen lassen müssen? Natürlich das jüdische Volk. Aber spielt das eine Rolle, wenn man vom eigenen Schmerz übermannt ist und diesen als den einzig wahrhaftigen Maßstab für Leid wahrnimmt? Kann man einem vertriebenen Palästinenser von 1948, der womöglich noch einen Teil seiner Familie verloren hat, vermitteln, dass die Juden Schlimmeres erlitten hatten als er? Es wäre ein erster Schritt raus aus der Tragödie dieses Konflikts, wenn Palästinenser dies endlich anerkennen könnten – und im Gegenzug die Israelis allerdings auch das Leid, den Schmerz, den Verlust der Palästinenser und das Unrecht, das ihnen von Israel angetan wurde. Doch davon sind wir immer noch weit entfernt, selbst wenn die »Neuen Historiker« Israels in den achtziger Jahren, nach der Öffnung der Archive, den Unabhängigkeitskrieg in seiner Gesamtheit untersuchen konnten und mit ihren Veröffentlichungen die israelische Gesellschaft darüber aufzuklären begannen, dass Israel sehr wohl einen Teil der Verantwortung für das Leid der Palästinenser trägt.

Und immerhin, in gebildeteren Kreisen der Palästinenser wird inzwischen der Holocaust nicht mehr geleugnet, wie das früher üblich war, wenngleich die Anerkennung der Shoah als historischer Fakt immer einhergeht mit dem Satz: »Na und? Warum mussten wir Palästinenser für den Antisemitismus der Europäer bezahlen?« Doch auch jetzt noch, 2018, siebzig Jahre nach der Staatsgründung Israels, siebzig Jahre nach der Nakba, ist immer noch kein Ende des Konflikts abzusehen. Eine gegenseitige Anerkennung des Leids und der Rechte des jeweils anderen liegt in weiter Ferne.

Zeitsprung: 1987 verbrachte ich mehrere Monate für ein Forschungsprojekt in Jerusalem. Es war das erste Mal, dass ich nicht nur für einen Urlaub nach Israel gekommen war, sondern um dort zu leben. Jerusalem war damals eine offene Stadt. Gerade noch. Israelis gingen nach Ostjerusalem, Palästinenser waren in Westjerusalem zu sehen. Eine Bekannte, die an der Hebräischen Universität Professorin für jüdische Folklore war, hatte ein schweres Leiden, für das sie nur in Europa die richtigen Medikamente bekam. Sie wurden ihr regelmäßig zugeschickt. Ihr palästinensischer Gemüsehändler im Ostteil der Stadt hatte dasselbe Leiden, sein Arzt bestätigte ihm, dass er dieselben Medikamente benötigte wie seine israelische Kundin. Doch er konnte sich diese nicht leisten. Also besorgte ihm Galit die Tabletten und bekam dafür von ihm auf alles, was sie kaufte, einen Rabatt. Man verstand sich, man half sich, alles schien so normal. Schien.

In jenem Sommer 1987 erschien David Grossmans Buch *Der gelbe Wind*. Grossman war durch die besetzten Gebiete gefahren, hatte Palästinenser besucht, mit ihnen geredet, ihre Gefühlswelt erforscht. Sein Bericht traf einen Nerv. Und so mancher Israeli war alarmiert. Denn Grossman prophezeite, dass die Ruhe bald vorbei sein, dass bald ein Sturm losbrechen könnte, der alles, alles verändern würde. Die ruhigen Jahre der Besatzung wären dann wohl vorbei. Längst war das Siedlungsprojekt zum Politikum geworden, spätestens nach 1977, als zum ersten Mal ein Rechter Ministerpräsident wurde, Menachem Begin. Die Linke, die seit Staatsgründung an der Macht war, hatte zum ersten Mal Wahlen verloren. Menachem Begin, aber vor allem Ariel »Arik« Scharon, unter Begin zunächst Landwirtschafts-, dann Verteidigungsminister, trieb das Siedlungsprojekt voran. Er überzog das gesamte Westjordanland mit immer neuen Siedlungen, die wie Pilze aus dem Boden schossen. Die Siedlerbewegung fühlte sich im Recht. Das Westjordanland war das biblische Israel, auf dieses Land hatte man vielleicht noch mehr Anrecht als auf den Teil, der bereits israelisches Staatsgebiet war. Man argumentierte natürlich auch mit Sicherheitskriterien. Israel brauchte dringend »Tiefe«, um mögliche Angriffe in Zukunft besser abwehren zu können. So unsicher wie 1967 wollte man sich nie wieder fühlen. Inzwischen war bekannt, dass Israel den Sechs-Tage-Krieg gewonnen hatte, weil es ihn mit einem Überraschungsangriff begonnen hatte. Aufgrund seiner geografischen Winzigkeit hatte Israel stets die Militärdoktrin befolgt, einen Krieg tief in das Land des Feindes hineinzutragen. Die Gefahr, überrollt zu werden, wenn es einem arabischen Heer gelingen sollte, ins Staatsterritorium einzudringen, war einfach zu groß. Welche Konsequenzen das haben könnte, sah man doch 1973, als die ägyptische Armee über den Suezkanal setzte und die Bar-Lev-Linie, die Verteidigungslinie, überrannte. Während die Sinai-Halbinsel dem Land eine gewisse Tiefe gab und somit auch Zeit, um mehr Truppen in Richtung Suezkanal zu bewegen, war die Lage auf dem Golan dramatischer. Die syrische Armee hatte ebenfalls angegriffen und die viel zu geringe Anzahl an Panzern, die Israel dort stationiert hatte, musste einer Übermacht der Syrer standhalten, bis endlich Verstärkung kam. Wenn dies nicht gelungen wäre, wären die Syrer im Nu am See Genezareth gewesen und somit mitten in Israel. Mit einem normalen Auto fährt man vom Ufer des Sees in etwa dreißig bis sechzig Minuten hinauf auf den Golan, je nachdem, wo man genau hinwill. Ein Katzensprung also.

Tiefe, geografisch-militärische Tiefe wollte Israel. Und dann war da noch die Sache mit Gott. Mit seinem Versprechen, dass dieses Land dem Volk Israel verheißen ist. Zweitausend Jahre war das jüdische Volk von diesem Land getrennt. Wobei das so genau nicht stimmt, denn es hatten fast immer Juden in dem Land gelebt, das jahrhundertelang Palästina genannt wurde, für das jüdische Volk aber immer nur »Eretz Israel« war, das Land Israel. Dennoch – man hatte im ersten Jahrhundert nach Christus die Herrschaft über das Land endgültig verloren. Titus hatte 70 n. Chr. den Jüdischen Tempel zerstört, und drei Jahre später war auch die Festung Massada erobert, wo ein letzter Rest an jüdischen Widerständlern kollektiv Selbstmord beging, um nicht in römische Sklaverei zu geraten. Bis heute ist die Losung der israelischen Armee, ja, des gesamten Volkes mit diesem historischen Ereignis verbunden: »Massada darf nicht wieder fallen!« Oft werden israelische Rekruten nach ihrer Grundausbildung auf dem Plateau der Festung Massada feierlich vereidigt. Sie bekommen den T'nach, die heiligen jüdischen Schriften, gleichzeitig mit ihrer Waffe überreicht. So sollen sie sich als Verbindungsglied zwischen der jüdischen Geschichte damals und heute verstehen, mit dem Auftrag, nie wieder einen Churban, eine totale Zerstörung, zuzulassen.

Also die Sache mit Gott. Warum hatten Juden in der Diaspora nicht schon in früheren Jahrhunderten versucht, zurückzukehren nach Zion, nach Jerusalem? Warum hatten sie nicht früher versucht, einen jüdischen Staat zu gründen?

In den Schriften hieß es stets, dass ein neuer jüdischer Staat erst mit der Ankunft des Messias entstehen würde. Nur zur Erinnerung für den nichtjüdischen Leser: Während das Christentum glaubt, der Messias, der Erlöser, sei bereits in der Person Jesu erschienen, wartet das Judentum immer noch auf den Messias. Jesus wird als Messias nicht anerkannt, unter anderem auch deswegen, weil die Prophezeiungen, die mit der Ankunft des Messias im Judentum verbunden werden, nicht erfüllt sind. Aus diesem Grund hatten Juden nie das Unternehmen gewagt, Zion wieder zu erobern. Man musste warten und bis dahin sein schweres Schicksal erdulden. Was nicht vergessen werden darf: Juden hatten über Jahrhunderte, ja, Jahrtausende überhaupt nicht die politische Macht oder Möglichkeit, einfach mal so aus ihren jeweiligen »Gastländern« auszuwandern und nach Palästina zu gelangen. Gewiss, es gab immer wieder einzelne, die sich ihren religiösen Traum erfüllten und nach Jerusalem gingen. Der große Dichter Yehuda ha-Levi aus Toledo war beispielsweise im 12. Jahrhundert von Spanien nach Palästina gepilgert. Aber die Gründung eines jüdischen Staates? Unmöglich. Religiös unmöglich, aber mehr noch politisch unmöglich. Die jüdische Diaspora war stets außerhalb der Geschichte, sie war kein Akteur innerhalb der menschlichen Geschichte, sondern stets nur Opfer und ohnmächtig.

Es bedurfte mehrerer Entwicklungen im christlichen Europa, um die Voraussetzungen für die Gründung eines jüdischen Staates zu schaffen und damit den Wiedereintritt des »Juden« in die Geschichte. Da war zunächst die Französische Revolution und die Aufklärung und damit verbunden die Säkularisierung der Gesellschaft ebenso wie die Entscheidung, Juden zu Staatsbürgern zu machen und ihnen Rechte zuzugestehen, gleiche Rechte. Dann war da die Entwicklung der nationalen Idee, die in Form des Nationalstaates ihren stärksten, sehr europäischen Ausdruck erhielt. Und schließlich die Entwicklung des modernen, rassischen Antisemitismus, hervorgegangen natürlich aus dem christlichen, religiös motivierten Antijudaismus, der Juden trotz der Emanzipation das Leben in Europa zur Hölle machte. Diese Voraussetzungen zusammengenommen führten zur Entstehung des Zionismus. Der Zionismus war nicht nur der jüdische Ausdruck der nationalstaatlichen Idee, die Transformation des jüdischen Volkes in die jüdische Nation, er war nicht nur die Antwort auf den rassisch begründeten Antisemitismus, sondern er war auch getragen von der Idee der Aufklärung, eine Revolution im Inneren, eine Emanzipation von der jüdischen Tradition und Religion zu vollbringen. Der Zionismus setzte sich zum Ziel, eine jüdische Identität jenseits des Religionsgesetzes zu schaffen, jenseits der Halacha, jenseits alter Lebensformen, die von vielen Juden, die sich zur Haskala, der jüdischen Aufklärung, bekannten, in Frage gestellt wurden. Aus all diesen Gründen lehnte die jüdische Orthodoxie den Zionismus im 19. und frühen 20. Jahrhundert vehement ab. Der Zionismus war Verrat. Verrat an allem, was das Judentum in der Diaspora zusammengehalten hatte. Er war auch Verrat an der Diaspora selbst, an einer Lebensform, in der sich das jüdische Volk *nolens volens* eingerichtet hatte und die sie im politischen und historischen Kontext nicht anzweifelte, trotz der langen Leidensgeschichte mit jeweils kurzen Erholungspausen oder, wie Juden diese zu nennen pflegen: Perioden zwischen Verfolgungen und Vernichtungen. Mit dieser Lebensform wollte der Zionismus endgültig brechen. Er war eine Auflehnung nicht nur gegen die jüdische Orthodoxie, nicht nur gegen den Antisemitismus, gegen das christliche Europa, er war ebenso und vielleicht noch mehr eine Auflehnung gegen Gott. Das aber hatte gute jüdische Tradition. »Ein Jude kann mit oder gegen Gott sein, aber nie ohne ihn«, sagte einmal der verstorbene Friedensnobelpreisträger Elie Wiesel. Der frühe Zionismus hatte viel von dieser Haltung. Umso erstaunter und entsetzter waren viele Vertreter der jüdischen Orthodoxie, als die frühen Zionisten 1917 einen ersten großen politischen Erfolg feiern konnten. Damals erklärte der britische Außenminister Arthur James Balfour, die Juden hätten ein Anrecht auf eine nationale Heimstätte in Palästina. Wie konnte das sein? Wie konnte es sein, dass diese Abtrünnigen, diese Verräter am Religionsgesetz, Unterstützung von der Mandatsmacht im damaligen Palästina erhielten? Wieso konnte Gott das zulassen?

Raw Abraham Isaac Kook, der von 1865 bis 1935 lebte und der erste aschkenasische Oberrabbiner Palästinas wurde, suchte und fand eine theologische Antwort auf diese Frage. Er verglich die säkularen Zionisten mit den Handwerkern im Jüdischen Tempel. Dieser musste ja immer wieder mal gereinigt und renoviert werden. Und dazu mussten die Handwerker auch in das Allerheiligste gehen können, in den Raum, wo nur der Hohepriester eintreten durfte und das auch nur einmal im Jahr, am höchsten jüdischen Feiertag Yom Kippur. An diesem Tag trat der Hohepriester in diesen Raum vor Gott, sprach dessen Namen aus und bat Gott um Vergebung für die Sünden des jüdischen Volkes. Niemand, absolut niemand außer dem Hohepriester an diesem einen Tag, durfte da hinein. Aber auch dieser Raum musste ja gereinigt werden. Was also tun? Die Antwort war simpel und pragmatisch. Für die Zeit der Renovierung des Tempels wurde, vereinfacht erklärt, diesem die »Heiligkeit« genommen. So wurde etwa die Bundeslade für den Zeitraum entfernt, ebenso wie andere Ritualgegenstände. Nun konnten die Handwerker in das Allerheiligste, das jetzt nichts anderes war als ein simpler Raum. Danach wurde der Tempel wieder neu geheiligt, neu geweiht, die Bundeslade und alles andere kamen zurück, Gebete wurden gesprochen, heiliges Öl entzündet und damit war alles wieder beim Alten.

Raw Kook übertrug diesen Vorgang metaphorisch auf den Zionismus. Das verheißene Land, Eretz Israel, war Anfang des 20. Jahrhunderts entheiligt, denn es war Jahrtausende in den Händen nichtjüdischer Mächte gewesen. Es musste, wie einst der Tempel, erst wieder in den Zustand der Heiligkeit zurückgeführt werden. Die antireligiösen Zionisten waren also die »Handwerker«, die das Land reinigten, es vorbereiteten auf den Moment, da es wieder »heilig« werden konnte. Heilig für den großen Augenblick der Prophezeiung, in dem der Messias erscheint, das »Dritte

Haus« (»Bait HaShlishi«) baut, den Dritten Tempel, und die Erlösung beginnt. Mit dieser Analogie machte Raw Kook die säkularen Zionisten zu Werkzeugen Gottes. Der theologische Widerspruch zwischen den Schriftprophezeiungen und der Realität des frühen 20. Jahrhunderts war – zumindest für Teile der Orthodoxie – überwunden. Natürlich schlossen sich nicht alle Strömungen dieser Sichtweise an, die sich zur späteren nationalreligiösen Ideologie ausweitete. Bis heute gibt es orthodoxe Gruppen, die den Zionismus strikt ablehnen, ihn sogar bekämpfen. Man kennt die Bilder von Ultrafrommen, die sich an der Seite des früheren iranischen Präsidenten Ahmadinejad im Teheran oder an der Seite von Yassir Arafat oder Mahmud Abbas in Ramallah zeigten, um gegen die »Zijojnim«, wie sie auf Jiddisch genannt werden, zu kämpfen. Diese jüdischen Antizionisten reden auch kein Hebräisch, denn dies ist die Sprache Gottes, sie darf nicht entheiligt werden, sie sprechen deswegen im Alltag nur Jiddisch. Doch es sind heute nur kleine Randgruppen, die im orthodoxen Mainstream keine große Rolle spielen. Denn vor allem nach dem Holocaust begriffen die meisten Orthodoxen, dass der Staat Israel eine politische Notwendigkeit geworden war, dass es nicht um Theologie ging, sondern ums nackte Überleben, um den Erhalt des jüdischen Volkes.

Die Geschichte schien Raw Kook recht zu geben. Denn mit der Gründung des Staates Israel begann das, was in den Schriften als »Kibbutz Galuyot«, als »Einsammlung der Exilierten« beschrieben wird. Juden wanderten aus allen Winkeln dieser Erde nach Israel ein. Aus Europa, den USA, aus Afrika und dem Nahen Osten. Die Zeit der Erlösung schien nah. Dies wurde mit dem Sechs-Tage-Krieg 1967 eindrucksvoll unterstrichen. Die Eroberung der Gebiete, die wir heute allgemein als »besetzte Gebiete« bezeichnen, die Eroberung des Westjordanlandes, das eigentliche biblische Israel, die Rückeroberung der Heiligen Stätten, das wurde von vielen in der Tat als ein göttliches Zeichen gesehen. Nach 2000 Jahren Diaspora und nur 22 Jahre nach dem Holocaust. Und nicht nur fromme Juden sahen die Hand Gottes mit im Spiel. Auch nichtreligiöse Juden begannen 1967 an ein Wunder zu glauben.

In dieser religiös aufgeladenen Atmosphäre war die Weiterentwicklung der »Handwerker«-Idee fast schon zwangsläufig. Es war der Sohn jenes Raw Abraham Isaac Kook, Raw Zvi Yehuda Kook, der dafür wiederum die theologischen Grundlagen lieferte. Er gilt als geistiger Vater der religiösen Siedlerbewegung, des »Gush Emunim«, des »Blocks der Getreuen«. Ihr theologisches Rüstzeug hatten diese frühen Eiferer in der Yeshiva, der Religionsschule von Zvi Yehuda Kook erhalten, in der »Merkaz haRaw«, die bis heute in Jerusalem existiert. Es galt nun, das Werk der säkularen Zionisten zu vollenden. Nun aber bereits im religiösen Bewusstsein der Aufgabe. Ganz Israel, Eretz Israel, musste besiedelt werden, um es heilig zu machen, um es vorzubereiten auf die Ankunft des Messias. Und dass er kommen wird, schien außer Zweifel zu sein. Die Zeichen dafür waren doch offensichtlich. Nicht nur für die Juden. Für die ganze Welt. Die Fahne des jüdischen Staates wehte über Zion, über ganz Zion, war das nicht Zeichen genug?

Die jüdische Geschichte hatte einige falsche »Messiasse« erlebt. Shabtai Zvi aus Smyrna hatte beispielsweise im 17. Jahrhundert eine Massenhysterie in der jüdischen Welt erzeugt. Viele Juden hatten ihr gesamtes Hab und Gut aufgegeben, um diesem »Messias« zu folgen. Wahre Ekstase hatte weite Kreise der jüdischen Gemeinden erfasst. Der dreißigjährige Krieg hatte vielen das Gefühl gegeben, in einer »Endzeit« zu leben. Da kamen die Verkündungen dieses Shabtai Zvi gerade recht. Dass er ein Scharlatan war, stellte sich spät, zu spät für seine Anhänger heraus, als er plötzlich zum Islam übertrat. Er hinterließ einen emotionalen und religiösen Trümmerhaufen in der jüdischen Diaspora, von dem sich das Judentum lange Zeit nicht erholte. Nach Shabtai Zvi hatten die Rabbinen streng darauf geachtet, dass solch eine Katastrophe nicht noch einmal geschehen konnte. Darum gaben sie dem Thora- und Talmudstudium absolute Priorität und sprachen jedem, der kein »Talmud

Thora«, kein Thoragelehrter war, jegliche Autorität ab. Erst mit dem Erstarken des Chassidismus in Osteuropa begann sich dies allmählich wieder zu ändern, denn der Chassidismus stellte den einfachen gläubigen, aber nicht gelehrten Juden wieder in den Mittelpunkt und erklärte, dass auch er göttliche Eingaben haben könne.

Nach dem Holocaust und dem Wunder der Wiederaufstehung eines jüdischen Staates begannen so manche frommen Gruppierungen, erneut Endzeit- und Erlösungsfantasien zu entwickeln. War die Shoah nicht auch eine Katastrophe von solch gigantischem Ausmaß, dass nun endlich der Messias kommen musste, argumentierten sie.

»Gush Emunim« mit ihrem geistigen Führer Raw Zvi Yehuda Kook ist nur als Phänomen dieser Zeit zu verstehen. Es ging nicht um die Palästinenser, es ging nicht um die Vertreibung der Palästinenser aus dem Westjordanland, es ging ideologisch um die prophezeite Rückkehr in das biblische Land. Als die Hebräer unter Yoshua Bin Nun nach Israel zurückkehrten, war das Land ja auch bevölkert gewesen. Die Siedler der siebziger Jahre des 20. Jahrhunderts bewaffneten sich zwar, denn man begann teilweise unter Palästinensern zu leben, wie in Hebron, aber niemand hatte damals das Gefühl, er würde den Arabern irgendetwas wegnehmen. Gott hat das Land den Juden gegeben. Zweimal – in der Bibel und jetzt wieder. In dieser theologisierten Vorstellung gab es schlicht keinen Anspruch anderer auf das Land.

Dieser Mischung aus Erlösungsesoterik und Sicherheitsüberlegungen gesellte sich noch ein dritter, legalistischer Aspekt hinzu. Wem gehörte denn das Land, das heute allgemein Westjordanland genannt wird, oder auf Englisch Westbank, wirklich? Den Palästinensern, die dort lebten? Es war bis zum Sechs-Tage-Krieg jordanisches Staatsgebiet. Doch es war ein Gebiet, das sich Jordanien nach 1948 einverleibt hatte – und diese Einverleibung war lediglich von zwei Staaten international anerkannt worden: Großbritannien und Pakistan. Alle anderen Staaten hatte diese Besatzung völkerrechtlich nicht anerkannt. Wem gehörte das Land also? Vor Jordanien war es britisches Mandatsgebiet und davor Teil des Osmanischen Reiches. Doch dieses gab es längst nicht mehr. Also wem gehörte es dann? Wenn die ideologisch motivierten Siedler von »befreiten« und nicht von »besetzten Gebieten« sprechen, dann führen sie diese völkerrechtlichen Argumente neben religiösen Überzeugungen mit an, um klarzumachen, dass sie das Land juristisch tatsächlich niemandem weggenommen haben. Zumindest in ihren Augen.

Als mit dem Ausbruch der Ersten Intifada im Dezember 1987 Israel die Besatzung buchstäblich um die Ohren flog, waren die meisten Israelis überrascht und schockiert. Sie kannten zwar Terror. Doch im Grunde wurden die Palästinenser als schwach und phlegmatisch angesehen. Und als unfähig. Vor allem die Führung der PLO. Mit Letzterem hatten die Israelis ja gar nicht so unrecht. Und so durfte es nicht verwundern, dass die Intifada ein »Grassroots«-Aufstand war, ein Aufstand des Volkes, das von den reichen, korrupten Führern der PLO im Ausland wenig hielt. Die Intifada führte schließlich zum Abkommen von Oslo, zum berühmten Handschlag zwischen Israels Premier Yitzhak Rabin und PLO-Führer Yassir Arafat im Rosengarten des Weißen Hauses in Washington. Präsident Bill Clinton musste Rabin ein wenig anschieben, damit er Arafat die Hand reichte. Dem hochdekorierten General von einst war es zuwider, dem Terroristen Arafat die Hand zu reichen. Aber gerade dass er, Rabin, dies getan hat, war ein wichtiger Schritt auf dem Weg des Friedensprozesses, um die Formel der »Zwei-Staaten-Lösung« und »Land für Frieden« schließlich zum Mantra einer ganzen Region und einer ganzen Generation zu machen.

Heute, 2018, sind wir vielleicht weiter von einer Zwei-Staaten-Lösung entfernt denn je zuvor. Die Akteure auf beiden Seiten sind nicht in der Lage oder nicht willens, diesen Traum Realität werden zu lassen. Die politischen Umstände im gesamten Nahen Osten lassen es nicht zu, und wahrscheinlich sind auch die weltpolitischen Verwicklungen alles andere als geeignet, um Frieden zwischen Israelis und Palästinensern in den nächsten Jahren, vielleicht sogar Jahrzehnten zu erreichen.

Was siebzig Jahre nach der Nakba und einundfünfzig Jahre nach der Besetzung des Westjordanlandes und Gazas klar ist: Die israelische Gesellschaft ist zerrissener denn je, ist insgesamt weiter nach rechts gerückt, ist religiöser, in Teilen sogar fundamentalistischer geworden. Der Zionismus durchlief im Laufe seiner Geschichte verschiedene Phasen: von der Idee eines jüdischen Staates bis zur Gründung Israels. Von der Schaffung einer eigenen hebräischen Kultur bis hin zum sogenannten Postzionismus, den viele Historiker in den neunziger Jahren des 20. Jahrhunderts ausriefen. Israel hat sich von einem sozialistischen Agrarland zu einem der wichtigsten High-Tech-Hubs der Welt entwickelt und ist nun in einer Phase, in der es sich mit Dringlichkeit fragen muss, ob es zugleich ein jüdischer und demokratischer Staat sein kann und will. Was wird Israel in dreißig Jahren sein? Ein demokratischer Staat aller Bürger? Ein jüdischer Staat mit demokratischen Zügen, in dem Minderheiten geschützt sind? Ein Apartheid-Staat, in dem eine Minderheit eine Mehrheit unterdrücken wird? Oder gar ein autoritär-theokratischer Staat? Alles scheint im Augenblick möglich. Vor allem in diesen unsicheren Zeiten, in denen sich alle liberalen westlichen Demokratien in einer tiefen Sinn- und Bewährungskrise befinden, die der israelischen Problematik nicht unähnlich ist. Die tektonischen politischen Verschiebungen, die globalen gesellschaftlichen Veränderungen, die digitale Revolution lassen überall die Fundamente der Demokratie erzittern.

In Israel geht es darüber hinaus immer auch noch ums Überleben. Es ist die vielleicht »jüdischste« Form menschlicher Existenz. Und die Existenz Israels ist auch nach all diesen Jahrzehnten und trotz einer der stärksten Armeen der Welt keineswegs gesichert, wenngleich eine Zerstörung Israels eine Zerstörung des gesamten Nahen Ostens bedeuten würde. Wird Israel überleben? Viele Israelis bemühen sich um eine zweite Staatsbürgerschaft, vor allem Juden europäischer Herkunft sind seit Jahren damit beschäftigt, die verlorene Staatsbürgerschaft ihrer Eltern und Großeltern wiederzubekommen. Erst kürzlich berichtete mir ein Freund aus Tel Aviv, dessen Familie im Nationalsozialismus aus Deutschland geflohen war, dass er nun für sich und seine Töchter die deutsche Staatsbürgerschaft beantragt und auch bekommen hat. Die Geburts- und Heiratsurkunde seines Großvaters Adolf reichte aus (ja, im 19. und frühen 20. Jahrhundert gab es natürlich auch Juden, die Adolf hießen), um seinen Anspruch bei den deutschen Behörden zu belegen. Die Erleichterung dieses Freundes war vielleicht noch größer als der Stolz, etwas zurückzubekommen, was man seiner Familie einst geraubt hatte: »Jetzt weiß ich, dass meine Töchter jederzeit hier wegkönnen, wenn es ganz schlimm werden sollte!« Palästinenser reden nicht so. Israelis reden nicht so. Doch »der Jude« in ihnen, der redet so. Auch nach siebzig Jahren in Palästina, in Israel, in Zion.

I – Wie sind Israelis

1 – Angst ist immer mit dabei

Samuel Lewis, der zur Zeit der Präsidentschaft von Ronald Reagan amerikanischer Botschafter in Israel war, erzählte mir vor Jahren eine wunderbare Geschichte. Der inzwischen verstorbene Diplomat, der, anders als sein Name vermuten lässt, kein Jude, sondern Presbyterianer war, wurde nach dem Golfkrieg 1991 vom damaligen Präsidenten George H. W. Bush ins Weiße Haus eingeladen. Bush senior wollte eine Friedenskonferenz vorbereiten, an der alle arabischen Staaten, die Palästinenser und die Israelis an einem Tisch sitzen sollten, damals eine fast unvorstellbare Herkulesaufgabe.

Im Prime Minister's Office in Jerusalem saß damals der »Falke« Yitzhak Shamir, ein Mann, der in einer rechten Untergrundorganisation gegen das britische Mandat gekämpft hatte, ein Mann, der in Israel und in den USA als »Mr. No« bekannt war. Was immer man ihm in Richtung Verhandlungen mit den Palästinensern vorschlug, es kam von ihm stets nur ein Nein. Er stammte aus einem kleinen Dorf im heutigen Weißrussland und hatte den Holocaust durchmachen müssen. Seit dieser Erfahrung misstraute er jedem, den Europäern sowieso, aber auch allen anderen Nichtjuden und vor allem allen Arabern, am meisten Palästinenserführer Yassir Arafat. Wie also diesen gerade mal 1,52 Meter kleinen, aber extrem harten und dickköpfigen Mann zu Verhandlungen mit der arabischen Welt bringen? Noch dazu, nachdem Israel während des Golfkrieges zum ersten Mal Raketenangriffe auf Tel Aviv erleben musste? Der irakische Diktator Saddam Hussein hatte jede Nacht Scud-Raketen auf Israel abfeuern lassen. Er hatte gedroht, Sprengköpfe mit Giftgas auf den Raketen anzubringen. Giftgas, das aus Deutschland kam. In Israel herrschte vor Kriegsbeginn große

Nervosität. Gas aus Deutschland. Ein neuer Holocaust? Die Vorbereitungen für den Krieg liefen auf Hochtouren. Im ganzen Land wurden Gasmasken verteilt, in jeder Wohnung musste ein Raum mit Plastikplanen versiegelt werden. Darin sollte man sich bei den zu erwartenden Raketenangriffen aufhalten, die Gasmasken aufsetzen und ausharren – und hoffentlich überleben. George Bush hatte damals eine große Allianz gegen Saddam Hussein geschmiedet. Selbst die Syrer waren mit von der Partie. Voraussetzung dafür aber war, dass Israel sich nicht an dieser Koalition und an diesem Krieg beteiligen werde. Shamir begriff das. Aber er machte im Vorfeld immer wieder klar: Im Falle eines Angriffs werde Israel nicht einfach tatenlos zusehen, sondern einschreiten. Die Zeiten, als Juden sich nicht wehren konnten, seien vorbei. Für US-Präsident Bush bedeutete das ein Rennen gegen die Zeit. Er musste versuchen, die mobilen irakischen Raketenabschussrampen für die Scuds so schnell wie möglich von seiner Air Force zerstören zu lassen. Denn im Falle eines Raketeneinschlages mit einer hohen Zahl an israelischen Todesopfern würde die israelische Luftwaffe unter keinen Umständen am Boden bleiben.

Der Krieg kam. Und mit ihm die ersten Scud-Angriffe. Wie durch ein Wunder richteten sie nur geringen Schaden an. Gebäude wurden zerstört, einige Israelis starben, aber das Massensterben blieb aus, zum Glück. Die Raketen trugen keine Giftgassprengköpfe. Mehrfach wurde die israelische Luftwaffe in Alarmbereitschaft versetzt. Mehrfach waren Shamir und sein Verteidigungsminister Moshe Arens drauf und dran, gegen Saddam in den Krieg zu ziehen. Man wusste ja nicht, wie der Krieg enden würde, jede Nacht kamen die Scuds, und jede Nacht fürchtete man, die Vergasung könnte doch noch kommen. Hinzukam ein psychologisches Problem, denn jede Nacht, die Israel Angriffe ertrug, ohne zum Gegenschlag auszuholen, bedeutete für Saddam Hussein einen kleinen Sieg, die arabische Welt konnte zuschauen, wie Israel plötzlich hilflos war.

Die Israelis befanden sich also in einer für sie höchst ungewöhnlichen Situation. Sie konnten nichts tun. Waren den Raketen ausgeliefert. Präsident Bush war im ständigen Kontakt mit Shamir und versprach täglich aufs Neue, dafür zu sorgen, dass keine Scuds mehr auf Tel Aviv abgefeuert werden können, doch mit jedem Tag wuchs der Druck auf den amerikanischen Präsidenten. Shamir war mehr als einmal während des Krieges bereit, Atomwaffen gegen den Irak einzusetzen. Das hatten die Israelis die US-Administration sehr deutlich wissen lassen. Ob diese Warnung nur Bluff war, ob Israel tatsächlich seine Atomwaffen zum Einsatz vorbereitete, ist unklar, es gibt jedoch Hinweise, dass Israel begonnen hatte, seine Kampfjets mit taktischen Atomraketen zu bestücken, bestätigt ist dies allerdings nicht. Doch Bush wusste, dass Eile geboten war. Um auf Nummer sicher zu gehen, hatte er den Israelis nicht den Erkennungscode der Allianz gegen Hussein gegeben. Mit diesem Code können im Luftkampf feindliche von befreundeten Jets unterschieden werden, um sie nicht aus Versehen abzuschießen. Israel wusste, dass es im Fall der Fälle Gefahr laufen würde, seine Kampfjets »friendly fire« auszusetzen.

Shamir handelte klug, er hatte ja auch keine andere Wahl. Israel hielt sich raus aus diesem Krieg. Doch der Preis war hoch. Israelis fühlten sich zum ersten Mal wieder als »Juden«, das heißt, sie empfanden zum ersten Mal in ihrer Geschichte als Zionisten, als »Neue Juden«, die sich nicht mehr wie »Lämmer zur Schlachtbank« führen lassen wollten, das Gefühl des Ausgeliefertseins. Sie erlebten sich plötzlich wieder als »Alte Juden«, als Juden aus dem Ghetto, aus der Diaspora, hilf- und wehrlos den feindlichen Mächten ausgeliefert, Amalek, dem großen Feind des hebräischen Volkes in der Thora. »Amalek«, das war im 20. Jahrhundert vor allem Adolf Hitler, das war nun, 1991, Saddam Hussein. Und die Israelis saßen mit ihren Gasmasken herum und mussten sich auf andere verlassen.

Dass Saddam Hussein nicht nur von den Israelis, sondern von

der gesamten Welt als größte Bedrohung seit Hitler angesehen wurde, zeigte ein SPIEGEL-Essay von Hans Magnus Enzensberger, der damals einen Vergleich zwischen den beiden Diktatoren zog und so auf die tödliche Gefahr verwies, die den Israelis, sogar der ganzen Welt aus Bagdad drohe. Die Panik in Israel zumindest zu Beginn des Krieges war also durchaus verständlich.

Die Wut in Israel auf die Deutschen war groß. Denn die deutsche Industrie hatte an den deutschen Gesetzen vorbei Wege gefunden, den irakischen Diktator aufzurüsten. Als die ersten Scuds in Ramat Gan, einem Stadtteil von Tel Aviv eingeschlagen waren, wo ausgerechnet überwiegend irakische Juden leben, machte sich der damalige deutsche Außenminister Hans-Dietrich Genscher auf den Weg nach Israel. Und zückte das Scheckbuch, aus schlechtem Gewissen. »Scheckbuch-Diplomatie« wurde damals ein neues, geflügeltes Wort für das, was die Bundesrepublik offensichtlich unter Außenpolitik verstand.

Der Krieg endete. Genau am jüdischen Feiertag Purim. An diesem Feiertag wird an die Errettung des jüdischen Volkes durch Königin Esther erinnert. Diese war mit dem babylonischen König Ahaschverosch verheiratet. Babylon, das war damals das persische Königreich, zu dem auch der heutige Irak gehörte. Der König wusste nicht, dass seine Frau Jüdin war. Doch als Haman, der höchste Beamte des babylonischen Königs, die Juden im gesamten Reich vernichten wollte, gab sich Esther ihrem Mann zu erkennen und bat ihn, ihr Volk zu retten. Haman und seine gesamte Familie wurden getötet, und die babylonischen Juden waren gerettet. Über 2000 Jahre später war das jüdische Volk erneut an Purim »gerettet«. Die Rabbinen nahmen das natürlich als großes göttliches Zeichen und feierten die Größe des Einen und Einzigen. Doch Shamir und viele, viele andere Israelis, empfanden die Abhängigkeit von den USA, das Nichtstun, das Abwarten, das Ausgeliefertsein als Demütigung. Und zugleich als Warnung, so etwas kein zweites Mal zuzulassen.

So also war die Grundstimmung, als Präsident Bush Samuel Lewis ins Weiße Haus bat. Bush empfing ihn im Oval Office und fragte ihn gerade und direkt: »Mr. Ambassador, wie schaffe ich es, die Israelis an einen Tisch mit den Arabern zu bekommen? Wie schaffe ich es, Yitzhak Shamir dahin zu bringen?« Lewis, der die israelische Seele zutiefst begriffen hatte, gab Bush einen weisen Rat: »Mr. President, Sie müssen verstehen, dass die Israelis Angst haben. Angst vor der Vernichtung, Angst vor einem Zweiten Holocaust. Legen sie daher Shamir den Arm um die Schulter und erklären Sie ihm, dass Sie sein Freund sind, dass die USA der engste Freund Israels sind. Sagen Sie ihm, dass Sie ihn immer beschützen werden, dass Sie immer an der Seite des jüdischen Volkes stehen werden. Und dann ziehen Sie ihn mit Ihrem Arm an seiner Schulter in die Richtung, in der Sie ihn haben wollen. Aber nehmen Sie um Himmels Willen nie den Arm von seiner Schulter, dann fühlt er sich, dann fühlt Israel sich allein, verloren und schwach. Und dann erreichen Sie gar nichts.«

Und so geschah es. James Baker, der damalige US-Außenminister, begann mit den arabischen Staaten und mit Shamir zu verhandeln. Die USA waren entschlossen, eine Friedenskonferenz in Madrid abzuhalten. Und so wurde knallhart miteinander geredet. Baker hatte von Bush Carte blanche erhalten, er konnte drohen und versprechen, aggressiv und sanft sein, um die geplante Friedenskonferenz durchzusetzen. Das Wunder gelang. Die Madrid-Konferenz fand statt. Damit Shamir tatsächlich dort auftauchte, hatte Baker mit allen Mitteln und Tricks gearbeitet. Und natürlich auch mehrfach mit ernstgemeinten Drohungen. Berühmt geworden ist Bakers Ausspruch, Israel habe die Telefonnummer des Weißen Hauses, »wenn ihr es mit dem Frieden ernst meint, dann ruft uns an!« Doch auch James Baker hatte den Rat von Lewis begriffen. Und als Shamir ihm ein paar »rote Linien« präsentierte, die er nicht bereit sei aufzugeben, hielt sich Baker daran. Er wusste, diese roten Linien waren für Israel existenziell, wenn er Shamir sein Versprechen geben und dieses dann brechen würde, würde es keine Konferenz geben. So trat er dann auch gegenüber dem syrischen Diktator Assad, Palästinenserführer Arafat und anderen arabischen Herrschern auf. Er verlangte Shamir viel ab. Aber er überschritt nie die roten Linien. Die USA hatten ihren »Arm um Israels Schulter« gelassen, wie Lewis dies vorgeschlagen hatte.

Als Barack Obama 2009 Präsident der Vereinigten Staaten wurde, hatte er keinen Berater wie Samuel Lewis an seiner Seite. Und so machte er gleich zu Beginn seiner ersten Amtszeit kapitale Fehler, die das Vertrauensverhältnis zwischen ihm und dem israelischen Premier Benyamin Netanyahu von Anfang an zerstörten. Obama wollte das Verhältnis zwischen den USA und der muslimischen Welt korrigieren, wieder instand setzen. Nach 9 / 11, nach den amerikanischen Vergeltungskriegen in Afghanistan und dem Irak, wollte der erste schwarze Präsident im Weißen Haus eine Umkehr der amerikanischen Strategie herbeiführen. Auf die Feinde zugehen war seine Devise. Und bereits in seiner Antrittsrede bei seiner Vereidigung machte er den muslimischen Diktatoren, vor allem dem Iran, ein Angebot. Die USA werden auf sie zugehen, wenn sie denn ihre »Faust öffnen«, wenn sie die Hand ausstrecken werden, so wie er dies nun zu tun bereit sei.

In Israel war man sofort nervös. Dieser Barack Obama, dessen zweiter Vorname Hussein lautet, war also ein »Muslim-Freund«. Die Rechte in Israel hatte während des US-amerikanischen Wahlkampfes offen für Obamas Gegner John McCain Stellung bezogen. Nicht nur in den USA, auch in Israel kursierten Gerüchte, Obama sei kein Christ, sondern in Wirklichkeit ein Muslim, er sei ja in Indonesien aufgewachsen, Obama liebe den Ruf des Muezzin, wie er das selbst geschrieben hatte. Und er hatte einen Pastor als Berater, der sich mehr als einmal mit antisemitischen und antiisraelischen Äußerungen hervorgetan hatte. Obama musste sich deswegen von ihm während des Wahlkampfes trennen.

Am Tag nach seiner Vereidigung berief er sofort einen Sondergesandten für den Nahostkonflikt, Senator George Mitchell, der den Friedensprozess zwischen Palästinensern und Israelis wieder in Gang bringen sollte. Mitchell, der als Diplomat ganz wesentlich zum Frieden in Nordirland beigetragen hatte, schien eine gute Wahl zu sein. Er hatte sogar libanesische Vorfahren, ihm war die Region nicht fremd, er hatte schon zuvor einen Friedensplan entwickelt, der als »Mitchell-Plan« dann allerdings auch auf den großen Haufen der gescheiterten Friedensbemühungen landete.

So kam Mitchell in die Region. Gleich bei seinem ersten Besuch in Jerusalem hatte ich die Möglichkeit, ihn zu interviewen. Der großgewachsene Senator hatte einen leicht arroganten Blick aufgesetzt, als wir das Interview begannen, um mir klar zu machen: Er, der große Friedensstifter, gewährt mir kleinem Journalisten freundlicherweise ein paar Minuten, ich solle ihn ja nicht mit blödsinnigen Fragen strapazieren. Doch ich stellte ihm die eine und wichtigste Frage, die er natürlich als Attacke auf seine Person empfinden musste und wollte: Wieso er glaube, dass ausgerechnet er Frieden zwischen Israel und Palästina vermitteln könne, wo doch so viele vor ihm gescheitert waren. Er schaute mich ärgerlich an, und ich war mir keineswegs sicher, dass ich eine Antwort erhalten würde, möglicherweise war das Interview schon beendet, ehe es überhaupt wirklich losging. Nach einer etwas zu langen Pause, in der Mitchell wohl genau darüber nachdachte, antwortete er doch noch: »Sie haben wohl ihre Hausaufgaben nicht gemacht, sie wissen wohl nicht, wer ich bin.« – »Doch«, erwiderte ich, einigermaßen erleichtert, denn ich wusste, dass es nun zumindest zu einem Schlagabtausch kommen würde, »Sie sind der Friedensstifter von Nordirland.« Mitchell blickte nun etwas gnädiger, immerhin fühlte er sich nicht verkannt. »Doch woher nehmen sie die Überzeugung, dass Sie hier ebenfalls Frieden stiften können?« Weg war sein Lächeln. »Konfliktmanagement ist überall das Gleiche«, antwortete er scharf, und ich muss zugeben, ich war mehr als erstaunt über diese Antwort. »In jedem Konflikt gibt es gewisse Parameter, Verhaltensmuster, Situationen, die man kennen und verstehen muss, dann kann man allmählich einen Durchbruch erzielen.« Nun war ich ehrlich verblüfft. Meinte er ernsthaft, der Konflikt zwischen Katholiken und Protestanten in Nordirland sei mit dem palästinensisch-israelischen vergleichbar? Ich wusste nicht, was ich davon halten sollte, hakte nach. Doch er beharrte auf seiner Überzeugung, dass Konflikte in ihrer Struktur stets gleich oder zumindest ähnlich seien und man ganz im Sinne des »Konfliktmanagements«, das ja an vielen Universitäten gelehrt wird, nur ein gewisses Rüstzeug brauche, um schließlich Erfolg zu haben. Doch der große Senator Mitchell erhielt Jahre später die Antwort auf seine Überzeugung: Auch er war, fast möchte ich sagen: natürlich, gescheitert und hatte das Handtuch geworfen. Israelis und Palästinenser haben auch ihn als Mediator zermürbt.

Die arrogante, besserwisserische und überhebliche Haltung des Diplomaten schien offensichtlich die Haltung der neuen Obama-Administration zu sein. Zumindest anfänglich. Obama hatte zu Beginn seiner ersten Amtszeit als Präsident zwei wichtige jüdische Berater an seiner Seite: Rahm Emanuel und David Axelrod. Es kamen andere dazu. Alles amerikanische, linksliberale Juden, die in ihrer jüdischen Sozialisation typisch für das amerikanische Judentum waren, aber so ziemlich gar nichts mit den Israelis gemein hatten, schon gar nicht mit Premier Netanyahu, dessen Likud-Partei oder seinen ultrarechten Koalitionspartnern.

So war Obama denn auch schlecht beraten, als er sich entschied, nach Kairo zu fliegen, um vor der arabischen Welt eine programmatische Rede zu halten. Er tat dies dennoch. Und wie schon in seiner Antrittsrede, so wiederholte er auch hier seine Bereitschaft zur Aussöhnung mit den muslimischen Diktatoren. Er forderte sie allerdings auch auf, Demokratie zuzulassen, den Frauen Gleichberechtigung zu geben und vieles mehr. Als ARD-Korrespondent in Tel Aviv verfolgte ich natürlich mit dem gesamten Team die Rede live am Bildschirm. Als Obama von Gleichberechtigung, von

Liberalismus, Pluralismus und Freiheit sprach, begannen meine palästinensischen Kollegen im Studio laut zu lachen. »Weiß der eigentlich, wer da vor ihm sitzt, zu wem er spricht? Demokratie, Frauenrechte, Pluralismus? Hat der Mann eine Ahnung, wie diese Region eigentlich tickt?« Obama ging schließlich noch einen Schritt weiter. Er erklärte, die israelischen Siedlungen seien das entscheidende Hindernis für den Frieden. Nun war das keine wirklich neue Erkenntnis, alle US-Präsidenten vor ihm hatten dasselbe gesagt. Nur, sie hatten dies nie in einem arabischen Land vor arabischen Führern gesagt. In Jerusalem muss Netanyahu und seinem Kabinett in diesem Augenblick das Blut in den Adern gefroren sein. Die USA prangerten ihren engsten Verbündeten im Nahen Osten im Hause des Feindes an? Das war ein Novum, ein Bruch mit Gepflogenheiten, beinahe ein Tabubruch!

Und was geschah danach? Obama hatte nicht mit Samuel Lewis gesprochen, kannte dessen Rat an George H. W. Bush nicht. Und so war Obama nach seinem Besuch in Kairo zurück nach Washington geflogen, anstatt sogleich nach Jerusalem zu eilen, Netanyahu den symbolischen Arm um die Schulter zu legen, und ihn ganz langsam in die Richtung zu ziehen, in der er ihn eines Tages haben wollte.

Symbolpolitik ist gerade in einer Krisenregion entscheidend. Die arabische Welt, allen voran die Palästinenser, sahen, dass sich plötzlich eine Kluft zwischen Washington und Jerusalem aufzutun schien. Aus ihrer Sicht taten sie das einzig Richtige: Sie versuchten, sich sofort dazwischen zu drängen, ihre Forderungen gegenüber Israel zu verschärfen. Obama tat ihnen diesen Gefallen. Er zwang Netanyahu zu einem zehnmonatigen Baustopp in den besetzten Gebieten. Man könne nicht Friedensverhandlungen führen und gleichzeitig weiter in den Siedlungen bauen, so Obamas Credo. Damit hatte er erneut eine jahrzehntealte Doktrin amerikanischer Nahostpolitik über den Haufen geworfen. Seit den Oslo-Verträgen von 1993 hatte man verhandelt, während gleichzeitig gebaut wurde. Auch die Palästinenser hatten das stets – zähneknirschend zwar – akzeptiert. Denn auch sie wussten: Teile des Westjordanlands werden so oder so nicht mehr zurückgegeben. Drei große Siedlungsblöcke würden wohl für immer zu Israel gehören. Kleine Siedlungen würden aufgelöst, für die dann annektierten Teile des Westjordanlands sollte Israel einen entsprechenden Prozentsatz aus seinem Kernland abgeben. So lautete jahrelang die Formel, die allerdings zu keinem Ergebnis führte. Obama wollte das nun ändern. Und setzte Maßstäbe, an die sich auch Palästinenserpräsident Abbas plötzlich halten »musste«. Der amerikanische Präsident konnte ja nicht »palästinensischer« als Abbas sein. »Settlement-Freeze« war also das neue Zauberwort. Doch neun Monate lang kam es zu keinen Verhandlungen, die Palästinenser waren nicht bereit, sich mit den Israelis an einen Tisch zu setzen. Erst im letzten Monat des Moratoriums wurden die Verhandlungen schließlich offiziell eröffnet und mit großem Tamtam im Weißen Haus zelebriert. Obama hatte dazu Abbas und Netanyahu geladen, auch Ägyptens Präsident Mubarak und Jordaniens König Hussein waren anwesend, ebenso Tony Blair, damals noch Vertreter – ein glückloser – des sogenannten »Quartetts«. Einen Monat später: Aus. Obama flehte Netanyahu an, den Baustopp um drei Monate zu verlängern. Netanyahu lehnte ab. Ihm drohte seine Koalition auseinanderzufliegen. Und er glaubte den Palästinensern nicht. Sie hatten ja reichlich Zeit gehabt, Verhandlung zu führen, und taten dies nur im letzten Augenblick und auch nur unter Druck. Wozu also? Vorangegangen war zudem ein massiver Streit zwischen den USA und Israel, weil Israel trotz des Baustopps in Ostjerusalem weiterbaute. Obama wollte dies nicht gelten lassen, doch Netanyahu erteilte ihm eine Abfuhr. Jerusalem sei nicht besetzt, Jerusalem sei die Hauptstadt des jüdischen Volkes seit 3000 Jahren, da baue man ohne Wenn und Aber. Obama gab nach und musste schließlich akzeptieren, dass es zu keiner Verlängerung des Baustopps kommen werde. Palästinenserpräsident Abbas ließ er damit auf dem Baum sitzen, auf den er ihn hochgehoben hatte. Denn wie sollte Abbas nun seinem Volk erklären, dass er plötzlich trotz neuer Bauaktivitäten doch bereit sei, mit Israel zu verhandeln?

Obama hatte also gleich zu Beginn seiner Präsidentschaft mächtig Geschirr zerschlagen. Er entwickelte eine neue, falsche Doktrin und hatte obendrein das Allerwichtigste nicht begriffen: Dass die Israelis Angst haben. Dass sie den Arm aus Washington um ihre Schultern spüren wollen, spüren müssen, wenn sie sich etwas trauen sollen, was sie als existenziell bedrohlich erleben könnten – obwohl sie die mächtigste Armee im Nahen Osten hatten. Israelis haben immer noch Angst, »von der Landkarte« getilgt zu werden, wie dies der iranische Ministerpräsident Ahmadinejad einst versprochen hatte.

2 – Das erste Trauma: die Shoah

Jeder weiß heutzutage, was Traumata sind. Im Alltag unserer modernen Gesellschaften ist es geradezu modisch geworden, an irgendeinem Trauma zu leiden. Ins Positive gewendet bedeutet das, dass die Öffentlichkeit allmählich anerkennt, dass jemand schreckliche Erfahrungen in der Vergangenheit gemacht hat und dies Spuren hinterlassen kann, die das weitere Leben dieses Menschen bestimmen, sein Verhalten, sein Denken, seine Reaktionen. Ängste, Aggressionen und viele andere Emotionen sind dann Teil des Alltags des oder der Traumatisierten. Folter, Vergewaltigung, Verkehrsunfälle, Terror, es gibt viele größere und kleinere Ereignisse, die Traumata auslösen können. Angesichts dieses Wissens sollte also eigentlich völlig klar sein, dass auch die Shoah bei den Holocaust-Überlebenden Traumata verursacht hat. Ein Gemeinplatz? Wie man's nimmt. Jeder Mensch würde sofort bejahen, dass KZ-Überlebende oder Juden, die auf andere Art und Weise Opfer des Holocaust wurden, geschundene, zerstörte Seelen sind. Aber was dies im Alltag dieser Menschen bedeutet, was dies auch für deren

Kinder und Kindeskinder heißt, ja, was die Shoah in der kollektiven jüdischen Seele angerichtet hat, das wissen tatsächlich nur wenige.

Als Kind von Holocaust-Überlebenden bin ich mit den Traumata meiner Eltern groß geworden, die mir als Kind natürlich als solche gar nicht bewusst waren. Angstzustände, Aggressionsschübe, irrationale Verhaltensweisen meiner Eltern konnte ich erst spät, als Erwachsener, begreifen und einordnen. Was es heißt, mit Eltern aufzuwachsen, die im Lager waren, deren Familien ermordet wurden, deren Alltag vom Holocaust bestimmt war, habe ich bereits in meinem Buch *Zwischenwelten. Ein jüdisches Leben im heutigen Deutschland* vor 25 Jahren erzählt. Die Angst, die bei allem immer mitschwingt, ganz egal, was man als Kind tut: »Zieh dich warm genug an« / »Du bist zu warm angezogen«; »Du wirst dich erkälten, du schwitzt« / »Das Kind ist unterkühlt, mach die Heizung an«; »Treib nicht so wild Sport, du wirst dich verletzen« / »Mach Sport, damit du nicht schwach und krank wirst«; »Iss nicht zu viel, du wirst dir den Magen verderben« / »Das Kind isst nicht, ist irgendwas nicht in Ordnung?«; »Das Kind ist so bleich, was hat es nur?« / »Geh nicht in die Sonne, du holst dir einen Sonnenbrand«. In dieser schönen Widersprüchlichkeit wurde man erzogen, und die einzige Konstante, die hinter all dem stand, war die Angst der Überlebenden-Eltern, dass das Kind nicht überleben könnte. Denn man wusste ja, was das Leben mit sich bringen kann: die Vernichtung, den Tod, die Ausrottung der eigenen Familie.

Es macht einen wesentlichen Unterschied, ob man als Kind bestärkt wird, neugierig zu sein und etwas zu wagen, ob man sich also etwas traut und die Eltern einem Mut machen, oder ob man bei jedem Schritt, den man macht, gewarnt wird. Ob die Eltern also erschrecken und dem Tun und Treiben Einhalt gebieten, denn es könnte ja etwas Schreckliches passieren. Eine Psychologin hat mir einmal ein schönes Beispiel dazu gegeben. Sie meinte, es sei von entscheidender Bedeutung, wie eine Mutter reagiert, wenn ihr Kleinkind zum Beispiel sich an einem Tischbein oder einer Tischdecke hochzieht, um das erste Mal auf zwei Beinen zu stehen. Das Kind schaut zur Mama, will Zustimmung für die großartige Leistung bekommen. Was macht die Mutter in diesem Augenblick? Lobt sie das Kind? Freut sie sich? Sagt sie ein paar aufmunternde Worte, selbst wenn das Kind dann doch hinfällt oder das Tischtuch mitsamt Kind zu Boden geht? Oder kommt ein erschrecktes »um Himmels willen«, eine Panikreaktion, weil dem Kind gleich etwas passieren könnte, es könnte stürzen, sich weh tun? In solchen Momenten entscheidet sich, wie das Kind in die Zukunft geht. Frohgemut oder voller Panik, mit Selbstvertrauen oder selbstzweifelnd, ängstlich oder zuversichtlich, sicher oder unsicher.

Es ist längst bekannt, dass sich das Holocaust-Trauma der Eltern auf die sogenannte Zweite Generation überträgt, und dass häufig auch noch die Dritte Generation von den Auswirkungen der Shoah betroffen ist. Die Forschung hat sogar herausgefunden, dass psychische Beschädigungen epigenetisch übertragen werden können, selbst wenn die Eltern versucht haben, dem Kind Lebensmut mit auf den Weg zu geben.

Es hat schon seine historische Richtigkeit, wenn sich Israel dagegen wehrt, den Holocaust und die Gründung des jüdischen Staates in unmittelbaren Bezug zu setzen, wie dies US-Präsident Barack Obama in einer Rede einmal getan hat. Denn das bedeutet nicht nur, die uralte Verbindung des jüdischen Volkes zum biblischen Eretz Israel zu verleugnen, es ist auch schlichte Ignoranz der Tatsache, dass die zionistische Bewegung lange vor dem Dritten Reich entstanden ist. Und doch, als die UN 1947 dem Teilungsplan Palästinas und damit der Gründung des Staates Israel zustimmte, spielte Auschwitz beim Abstimmungsverhalten vieler Staaten eine Rolle. Wer konnte es dem jüdischen Volk zwei Jahre nach dem europäischen Judenmord ernsthaft verwehren, einen eigenen Staat als sicheren Hafen zu erhalten? Auschwitz ist nicht der Ausgangspunkt des Zionismus, doch es hat vielleicht dazu geführt, dass die Gründung des jüdischen Staates schneller möglich wurde.

Es ist leider nicht zielführend, wenn der Westen, wenn vor allem die Europäer immer wieder darauf verweisen, dass Israel keine Angst zu haben bräuchte, es sei doch so stark. Die Palästinenser hätten mit sehr viel mehr Grund als die Israelis noch größere Angst. Das Bild, Israel sei der Goliath, die Palästinenser David, mag objektiv richtig sein, doch darauf – wir wissen das bereits – kommt es einfach nicht an. Die kollektive jüdische Wahrnehmung ist eine andere, was nicht heißt, dass vernünftige Israelis nicht erkennen, dass die Situation der Palästinenser tatsächlich schlechter ist als die ihre, dass Israel aus einer Position der Stärke und des Besatzers den ersten Schritt machen könnte, machen müsste. Aber auch in diesen Menschen, oder sagen wir es genauer, in diesen Juden steckt das Trauma der Shoah.

Während die Welt allmählich den Holocaust vergessen will und ihn zum Teil des Geschichtsunterrichts macht wie den Ersten Weltkrieg oder die napoleonischen Kriege, während in Deutschland der Holocaust zur »Erinnerungskultur« verkommt, bei deren Veranstaltungen Politiker mit langweiligen Textbausteinen zwar das Richtige, aber doch das Immerselbe ohne Seele und Inhalt herunterleiern, das dann noch dazu im Alltag der Bundesrepublik kaum eine weitere Rolle spielt, während die Welt also den Holocaust allmählich der Historisierung übergibt, bleibt die Shoah in der jüdischen Seele und in Israel stets präsent. Vielleicht heute sogar noch mehr als früher, eben weil die Augenzeugen, die Überlebenden allmählich sterben. Wir, die Zweite Generation, erleben die Shoah als »Gegenwart«, auf alle Fälle solange unsere Eltern noch leben.

Doch auch auf jüdischer Seite wird die Shoah allmählich »historisch«, es kann ja gar nicht anders sein. Und auch auf jüdischer Seite wird eine »Erinnerungskultur« entwickelt, das gilt ganz besonders für Israel. Nicht umsonst verlangt das offizielle Protokoll von jedem ausländischen Politiker bei einem Staatsbesuch den Besuch von Yad Vashem, der Holocaustgedenkstätte in Jerusalem.

Diese wurde Anfang des neuen Jahrtausends ganz im Sinne der zionistischen Ideologie umgestaltet. Der Zionismus verstand und versteht sich als Antwort auf die Judenverfolgung. Am Anfang des Zionismus steht die Erfahrung, die der Wiener Journalist Theodor Herzl in Paris gemacht hat, als er Ende des 19. Jahrhunderts den Dreyfus-Prozess verfolgte und sah, wie ein renommierter französisch-jüdischer Offizier als Landesverräter abgeurteilt wurde. Ein antisemitisches Komplott, das der französische Schriftsteller Emile Zola in seinem berühmten Artikel »J'accuse« anprangerte. Geschockt von der schreienden Ungerechtigkeit des Prozesses, von den antisemitischen Anfeindungen, die der arme Alfred Dreyfus erdulden musste, schrieb Herzl sein Buch *Der Judenstaat*, das 1896 erschien und in dem er die Schaffung eines jüdischen Staates forderte, damit das jüdische Volk sich vom christlichen, antisemitischen Europa verabschieden könne. Bereits 1897 fand der erste Zionistenkongress in Basel statt. Der jüdische Staat sollte zur Zufluchtsstätte für Juden aus aller Welt werden.

Nach dem Holocaust galt das natürlich erst recht. Die frühen Zionisten, die im Jischuw, der prästaatlichen jüdischen Siedlung in Palästina, lebten, begriffen die Logistik und die psychologische Strategie der »Endlösung der Judenfrage« nicht und warfen den europäischen Juden vor, sie hätten sich »wie Lämmer zur Schlachtbank« führen lassen. Zum Vorbild der Zionisten wurden lediglich die Juden im Warschauer Ghetto, die den Aufstand gegen SS und Wehrmacht wagten, obwohl sie wussten, dass sie keine Chance hatten. Sie wollten zumindest kämpfend und aufrecht sterben. Für den »Neuen Juden«, den Israeli, waren nur diese Kämpfer Vorbild, nicht die hilflosen Ghettojuden, die keinerlei Möglichkeit oder Kraft hatten, sich zu wehren. Und als Ghettojuden sahen die Zionisten jeden an, der sich nicht wehren konnte, selbst wenn es sich um assimilierte Juden handelte, die im Bürgertum ihres jeweiligen Landes verankert waren. Es ging ihnen um die Wehrhaftigkeit als neues jüdisches Lebensprinzip.

So kam es, dass die Überlebenden, die nach 1945 nach Israel kamen, zunächst wenig über ihre Erfahrungen und Erlebnisse berichteten. Sie schämten sich. Oder sie wollten diesen ignoranten Zionisten, die keine Ahnung hatten, dass Widerstand so gut wie unmöglich war, dass Widerstand, wie Primo Levi dies einmal ausführlich erläuterte, damals keine bekannte zivilgesellschaftliche Größe in Europa war, nichts erzählen.

Yad Vashem wurde also bei dem großen Umbau 2005 durch den Architekten Moshe Safdie so konzipiert, dass die Schlussfolgerung aus dem Holocaust für jeden Besucher »ergehbar« wurde. Wer heute das Museum besucht, bekommt die Geschichte des Nationalsozialismus von seinen Anfängen bis zum bitteren Ende von Auschwitz erzählt, der Weg durch die Ausstellung schlängelt sich von einem Raum zum nächsten. Am Schluss kommt man in die »Halle der Namen« mit Hunderten Bildern von Ermordeten und Aktenordnern, die andeuten sollen, dass hier die Namen und Daten der sechs Millionen Ermordeten gesammelt werden. Dann geht man weiter, der Weg steigt ein wenig an, man erfährt noch etwas über die Nachkriegszeit, über die jüdischen Displaced Persons in Europa, doch dann führt der Weg hinaus auf eine Terrasse mit einem herrlichen Blick auf die Landschaft um Jerusalem, auf »Zion«. Die Botschaft ist eindeutig: Zion ist die einzig mögliche Antwort auf das, was in Europa geschah und überall und jederzeit wieder geschehen könnte.

In den achtziger Jahren des letzten Jahrhunderts hatte der regierende Likud eine durchschlagende Idee. Wie schafft man es, dass die israelische Jugend weiterhin einen Sinn in dem langen Militärdienst sieht, der für Männer drei Jahre, für Frauen zwei Jahre dauert? Nicht zu vergessen der regelmäßige Reservedienst. Die Antwort wurde gefunden. Man musste den jungen Israelis klarmachen, dass sie Opfer sein könnten. Und so wurde ins Curriculum israelischer Schulklassen die Reise nach Auschwitz aufgenommen, der »March of the Living«. Die Teenager kommen nach Auschwitz, lernen das Lager kennen, sehen die Dimension der Massenvernichtung und kommen zurück mit der Überzeugung: Das lassen wir nie wieder zu, gut, dass es Israel gibt, gut, dass es die Armee gibt. Das Opfergefühl musste gefestigt werden, um eine wehrhafte israelische Zukunft zu haben – eine völlige Umkehrung des einstigen zionistischen Ideals, das eben das genaue Gegenteil des jüdischen Opferdaseins, des wehrlosen Ghettojuden sein wollte. Im Grunde führte das den Zionismus ad absurdum. Aber es wirkte.

Seit Jahren überfliegen israelische Kampfjets das Vernichtungslager Auschwitz am internationalen Holocaust-Gedenktag. Das Bild der israelischen Bomber über jenem Ort, der faktisch und inzwischen auch metaphorisch für den europäischen Judenmord steht, ist stark. Es zeigt, was in einigen wenigen Jahrzehnten geschehen konnte, wie das jüdische Volk buchstäblich aus der Asche wiederauferstanden ist. Es zeigt aber auch die Überzeugung Israels, dass Auschwitz nicht nur nie wieder geschehen darf, sondern auch nie wieder geschehen kann. Israelische Politiker, wie etwa der frühere Verteidigungs- und Premierminister Ehud Barak sinnierten darüber, was geschehen wäre, wenn es in den dreißiger Jahren bereits Israel und eine jüdische Armee gegeben hätte. Dann hätte Auschwitz niemals geschehen können, die israelische Luftwaffe hätte das Vernichtungslager bombardiert und zerstört, so glaubt nicht nur Barak.

Das Bild der Kampfjets über Auschwitz halten viele Kritiker für Kitsch und deplatziert. Ich selbst finde diese symbolische Demonstration heutiger israelischer Stärke ebenfalls unpassend. Doch ich würde lügen, wenn ich sagen würde, das Bild ließe mich kalt. Ob man will oder nicht, man bekommt Gänsehaut und fragt sich unwillkürlich, was wäre gewesen, wenn …

Meine Familie stammt aus Ungarn. Im Frühjahr 1944 hatten die Alliierten die Lufthoheit über Auschwitz erobert. Zur selben Zeit begannen die Deportationen der ungarischen Juden, die Deportation meiner Familie. Churchill und Roosevelt wussten mittlerweile, was in Auschwitz geschah, sie wussten, dass dort täglich 10 000 Juden vergast wurden. Es wäre ein Leichtes gewesen, die Gleise nach Auschwitz zu bombardieren. Sie gaben den Befehl nicht. Warum nicht? Warum war ihnen das Schicksal der Juden ganz offensichtlich so egal? Sie hätten möglicherweise 500 000 Juden das Leben retten können. Auch meine Familie hätte so gerettet werden können. Es geschah nicht. Daran denke ich eben auch, wenn ich das Foto der israelischen Kampfjets über Birkenau sehe. Und manchmal, ja, manchmal, überlagert dieser Gedanke meine Meinung, dass der symbolische Überflug kitschig und unpassend ist. Und doch denke ich dann auch daran, wie sich das für die Palästinenser in Gaza anfühlt, wenn F-15 und F-16 Bomber der IAF, der Israeli Air Force, heranrasen und ihre Bomben abwerfen.

Während des Gaza-Krieges 2008/09 machten mein Kamerateam und ich eine kurze Pause in Sderot, der israelischen Grenzstadt, die Jahr für Jahr mit Tausenden Raketen von Gaza aus beschossen und auch jetzt während des Krieges ständig angegriffen wurde. Plötzlich begannen unsere Kaffeegläser auf dem Tisch zu zittern, dann der gesamte Tisch, schließlich wackelte der Boden wie bei einem Erdbeben. Ein Rauschen, dann ein Getöse und schließlich ein ohrenbetäubender Donner über uns – im Tiefflug jagte eine F-15 in Richtung Gaza. Wie bei einem Techno-Konzert wurden Magen, Darm, Herz von der energetischen Wucht und der schier unglaublichen Lautstärke dieses Monstrums so heftig durchgeschüttelt, dass man das Gefühl bekam, man löse sich physisch auf. Die Macht des jüdischen Staates in wenigen Sekunden über einem. Die Vernichtungskraft des jüdischen Staates in wenigen Sekunden über andere.

»Massada darf nicht wieder fallen!«, aber eben auch: »Es wird keinen Zweiten Holocaust geben!« Auch das ist der Auftrag, der tief in der Seele der Israelis sitzt. Dass dieser Auftrag von israelischen Politikern missbraucht werden kann, allen voran von Benyamin Netanyahu, ist leider traurige Realität.

Als der Sozialdemokrat Yitzhak Rabin 1992 Premierminister von Israel wurde, erklärte er relativ schnell, dass ihn der Blick zurück in die Vergangenheit nicht interessiere. Israel habe eine Zukunft vor sich, diese gelte es zu fördern und zu entwickeln, alles andere sei Zeitverschwendung. Der Sabre, also der bereits im damaligen Palästina geborene Jude, der schon in der Palmach, einer prästaatlichen militärischen Eliteeinheit gekämpft hatte, wollte an der Idee des »Neuen Juden« festhalten. Auschwitz war für ihn nur bedingt ein Eckpfeiler seiner eigenen israelischen Identität. Rabin war zutiefst davon überzeugt, dass innere Freiheit auch Befreiung vom Trauma Auschwitz bedeutet. Doch dies war nur eine kurze Periode der Besinnung. Seit Rabins Tod hat der Likud beinahe ununterbrochen die Regierung inne, und insbesondere Benyamin Netanyahu verkörpert die Ideologie des Opferseins, die Ideologie der Angst wie kein anderer.

Die Angst also – das kollektive israelische Gefühl, das Politiker gern für ihre Zwecke missbrauchen. Netanyahu ist ein Meister der Angst. Ich glaube, ich habe nie einen Politiker öfters über einen »Zweiten Holocaust« schwadronieren hören als ihn. Yom Hashoah, der israelische Holocaustgedenktag ist der Auftakt einer Trias. Dem Gedenktag an die Opfer des Nationalsozialismus folgt kurz danach der Yom Hazikaron, der Gedenktag für die gefallenen israelischen Soldaten aller Kriege, um am Tag danach vom Freudentag, dem Yom Haatzma'ut, Israels Unabhängigkeits- und Nationalfeiertag, abgelöst zu werden. Auch hier wieder die zionistische Überzeugung: Die Antwort auf Holocaust und Verfolgung ist der jüdische Staat. Das Opfer der gefallenen Soldaten war nicht umsonst – Israel ist frei und unabhängig.

Yom Hashoah ist in Israel ein Feiertag. Am Abend sind alle Restaurants und Geschäfte geschlossen, im Fernsehen werden 24 Stunden lang nur Filme über den Holocaust gezeigt, Dokumentationen, Spielfilme, alles monothematisch. Im ganzen Land heulen zwei Minuten lang die Sirenen, das gesamte Leben steht still, der Verkehr, alles. Die Menschen bleiben dort stehen, wo sie gerade sind und gedenken. Auf den Autobahnen steigen die Fahrer aus den Autos aus und verharren. Ein eindrucksvoller, stummer Moment einer ganzen Nation in Erinnerung an die sechs Millionen.

In Yad Vashem findet abends stets eine große Gedenkfeier statt, an der gesprochen wird, viel gesprochen wird, allen voran sprechen Politiker, vor allem natürlich der israelische Präsident und der Premier. Und der heißt seit Jahren Netanyahu. Und seine Botschaft ist seit Jahren stets dieselbe: Wir sind ständig von einem zweiten Holocaust bedroht. Und dieser Holocaust droht aus Teheran. Aus Iran. Es werde nie wieder einen Holocaust geben. Der Iran solle sich hüten, Israel vernichten zu wollen. Dieses Mantra Netanyahus, das im Grunde das Mantra der gesamten Nation ist, führte bereits in den sechziger Jahren dazu, dass Israel mit Hilfe der Franzosen eine eigene Atombombe entwickelte. David Ben-Gurion hatte den jungen Shimon Peres nach Paris geschickt, nachdem dieser ihn davon überzeugen konnte, dass nur der Besitz einer Atombombe Israels Überleben garantieren könne. Ben-Gurion hatte die Vision Peres' zunächst für irrsinnig gehalten, eine Vision, die weit jenseits der damaligen Möglichkeiten des jungen Agrarstaates lag. Doch Peres ließ sich nicht beirren. Nur dank seiner Hartnäckigkeit wurde schließlich Dimona gebaut. Die Geschichte dieses Atomreaktors liest sich wie ein Krimi. Wie Israel und Frankreich an sämtlichen internationalen Kontrollen vorbei agierten und Dimona als Textilfabrik ausgaben, wie den Amerikanern später vorgegaukelt wurde, dass Dimona lediglich friedlicher Atomenergienutzung diente, das ist heute kaum noch nachzuvollziehen. Wie bei den Amerikanern getürkte Zentralschaltstellen im Reaktor »vorgestellt« wurden, das hat schon ein bisschen was von James Bond.

Israel hat bis heute nicht zugegeben, dass es Atomwaffen besitzt. Die Politik der Ambiguität – es weder zu leugnen noch zuzugeben – diente stets dem Zweck, keine Probleme mit der internationalen

Staatengemeinschaft zu bekommen, sollte aber auch verhindern, dass die Araber sich gezwungen sehen, selbst eine Atombombe haben zu wollen. Solange Israel offiziell keine hatte, konnten sich die arabischen Machthaber erlauben, die Bombe Israels zu ignorieren. Hätte Israel je zugegeben, die Bombe zu haben, das atomare Wettrüsten in Nahost hätte schon vor Jahrzehnten begonnen. Heute schätzt man, dass Israel über 200 taktische Atomsprengköpfe hat. Hinzu kommt die Zweitschlagmöglichkeit mittels der deutschen U-Boote, was bedeutet, dass die U-Boote, die Deutschland Israel liefert, so ausgerüstet sind, dass sie in der Lage sind, Atomraketen abzufeuern. Die Botschaft an Israels Feinde ist klar: Selbst wenn ihr uns als erste mit Nuklearbomben angreift, ihr werdet auf alle Fälle ebenfalls in Nuklearstaub verwandelt.

Ist die Fixierung Netanyahus auf den Iran als neue totale Bedrohung des jüdischen Volkes real? Man muss wohl davon ausgehen, dass Bibi zu Recht besorgt ist. Die Ambitionen Irans, die eine und einzige Regionalmacht im Nahen Osten zu werden, sind unübersehbar. Eine iranische Bombe wäre nicht nur eine Bedrohung für Israel, sondern für die gesamte sunnitische Welt, allen voran Saudi-Arabien. Die Saudis haben bereits angekündigt, sie würden sich sofort eine Bombe, möglicherweise von Pakistan, besorgen, falls Teheran den Durchbruch erzielen würde. Nichtsdestotrotz würde eine iranische Bombe, auch ohne Abwurf, den Ayatollahs einen strategischen Vorteil verschaffen. Die Bombe wäre ein Schutzschild für all die Stellvertreter, die Iran in vielen sunnitischen Staaten etabliert hat, um nur Hezbollah im Libanon und Syrien und die Hamas in Gaza zu nennen. Wie könnte Israel gegen diese Organisationen Krieg führen, wenn sie durch eine Atombombe gedeckt wären? Und schlimmer noch: Diese Organisationen könnten mittels einer »schmutzigen Bombe« Verwüstungen anrichten, ob in Syrien, in Israel, in Saudi-Arabien oder sonstwo, ohne dass sich Teheran die Finger schmutzig machen muss. Die Spur würde zwar in das Perserreich führen, aber das Regime könnte locker jede Verantwortung von sich weisen und im Zweifelsfall behaupten, das radioaktive Material sei gestohlen worden.

Im März 2015 versuchte Netanyahu noch mal, alles auf eine Karte zu setzen, um das endgültige Atomabkommen mit dem Iran zu verhindern. Er ließ sich vom Sprecher des US-amerikanischen Repräsentantenhauses, dem Republikaner John Boehner, in den Kongress einladen, um dort gegen das von Präsident Obama angestrebte Abkommen zu sprechen. Die Einladung an Netanyahu war hinter dem Rücken Obamas erfolgt, Republikaner und Israelis hatten den Präsidenten nicht informiert. Ein unglaublicher Affront. Eine unsägliche und nicht zulässige Einmischung des israelischen Premiers in amerikanische Politik, eine innenpolitische Ohrfeige der Republikaner für ihren demokratischen Präsidenten Obama, den sie zutiefst verachteten. Gegen scheinbar jegliche Vernunft fuhr Netanyahu nach Washington und sprach vor dem Kongress. Viele demokratische Abgeordnete waren aus Protest nicht erschienen. Doch Bibi konnte seinen großen Auftritt für sich nutzen. In Israel war Wahlkampf, es wurde eine neue Knesset gewählt, Bibi musste daheim Eindruck schinden. Wie hatte US-Außenminister Henry Kissinger einst gesagt: Israelische Außenpolitik ist stets israelische Innenpolitik. Und so war es auch diesmal. Bibi musste seiner Klientel zeigen, dass er ein ganzer Kerl ist, der sich nicht einmal vor dem amerikanischen Präsidenten fürchtet. »Ejse Gever« – »Was für ein Kerl« – hieß es dann in den entsprechenden Kreisen in Israel. Bibi, der nur wenige Jahre zuvor vom TIME-Magazine in einer Titelgeschichte zu »King Bibi« ausgerufen worden war, hatte erreicht, was er wollte. Ihm war klar, dass er Obama beleidigte, dass er ihn nicht umstimmen konnte, aber darauf kam es nicht an. Das Tischtuch zwischen beiden war eh zerschnitten, und bald wäre der Präsident sowieso eine »lame duck«, da Wahlkampf in den USA herrschen würde, also was soll's.

Daheim, in Israel, sollte das Wahlvolk sehen, wie mutig Bibi ist, dass er alles in die Waagschale wirft, wenn es um den Zweiten Holocaust, wenn es um das Überleben des jüdischen Volkes geht.

Und siehe da, auch die sunnitische Welt fand Bibi großartig. In Saudi-Arabien war man beeindruckt von seiner Unerschrockenheit. Im Nahen Osten gilt immer noch das archaische Gesetz: Du musst stark sein, darfst vor deinen Gegnern nicht in die Knie gehen, musst kämpfen, selbst wenn es aussichtslos erscheint. Bei der Münchner Sicherheitskonferenz wenige Monate nach Bibis Auftritt und Wiederwahl, bestätigte mir eine saudische Führungspersönlichkeit, dass man in Riad Netanyahu bewundere ob seiner Entschlossenheit. Er hatte im Kongress auch den Saudis und Kuwaitis und Ägyptern und den Emiraten und den Jordaniern aus der Seele gesprochen, denn sie alle hassen und fürchten den schiitischen Iran noch viel mehr als Israel. Der Saudi, dessen Name ich hier nicht preisgeben kann, sagte mir im Vertrauen: »Die Israelis können stolz auf Bibi sein. Der traut sich was! So müssten wir alle in Washington auftreten und Obama zeigen, dass er mit uns so nicht umgehen kann!« Damit meinte er natürlich das Gefühl der amerikanischen Verbündeten, von Obama unter die Räder geworfen zu werden, weil er den Todfeind Iran aufwertete und damit das Kräfteverhältnis in Nahost zu Ungunsten der sunnitischen Staaten verschob. Zumindest das hatte Obama mit seinem Iran-Abkommen erreicht. Die arabischen Staaten und Israel begannen sich, nicht mehr nur hinter den Kulissen, anzunähern. Der Feind meines Feindes ist mein Freund – diese Devise gilt überall auf der Welt. Umso mehr im Nahen Osten.

Was die internationale Staatengemeinschaft gerne vergisst angesichts der scheinbar so klaren Machtverteilung zwischen dem militärisch überlegenen Israel und der arabischen und iranischen Welt, ist jedoch, dass Israel sich keine einzige, echte Niederlage leisten kann. Es würde dann praktisch aufhören zu existieren. Damit lebt Israel seit der Staatsgründung. Diese Angst, diese Bedrohung durch einen Zweiten Holocaust sitzt ganz tief. Kaum einer wagt die Frage zu stellen, ob sie denn heute noch realistisch ist. Ob eine zweite Shoah überhaupt noch militärisch möglich wäre. Der Preis für den Staat oder die Staaten, denen das gelingen könnte, wäre doch viel zu hoch, Israel ist so hochgerüstet, dass es fast jedes Land im Nahen Osten vernichten könnte. Insofern ist die Gefahr eines Zweiten Holocaust doch gering. Hinzu kommt ein mittlerweile ziemlich perfektes Raketenabwehrnetz, das Israel zusammen mit den Amerikanern entwickelt hat, das sogar Interkontinentalraketen abfangen kann. Ja, vielleicht ist Israel, was diese Form der Bedrohung betrifft, sogar noch besser geschützt als die USA.

Nur: Der Nahe Osten hat viele irrationale Player, denen die Überlegung, dass das eigene Land völlig zerstört und die eigene Bevölkerung vernichtet werden könnte, ganz und gar egal ist. Vor allem Gruppen wie der IS, wie die Hezbollah und viele andere kümmern sich nicht um das Wohlergehen der Staaten, aus denen heraus sie operieren. Sie müssen keine Rücksicht nehmen. Hezbollah verfügt wahrscheinlich über das viertgrößte Raketenarsenal der Welt, nach den USA, den Russen und China. Rund 120 000 Raketen sollen auf Israel gerichtet sein, alle sind sie im Libanon stationiert. Israelische Militärs rechnen im Fall eines neuen Krieges mit der Hezbollah mit einer unglaublichen Brutalität auf beiden Seiten. Die Hezbollah müsste und würde versuchen, so viele Raketen wie nur möglich in den ersten Tagen abzufeuern, weil klar ist, dass Israel versuchen würde, so schnell wie nur möglich die Raketenabschussbasen vollständig zu vernichten. Selbst wenn die Raketenabwehrsysteme funktionieren und viele, vielleicht sogar die meisten Raketen abfangen könnten, befürchten Israels Generäle doch, dass 400 bis 800 Raketen pro Tag einschlagen und für Zerstörungen sorgen könnten, wenngleich die Zahl der Todesopfer auf israelischer Seite voraussichtlich überschaubar bliebe.

Ganz anders dagegen die Situation im Libanon. Da die Hezbollah mit Absicht ihre Raketen in dicht besiedeltem Gebiet stationiert hat, heißt das im Klartext, dass es zu einer extrem hohen

Zahl an zivilen Opfern kommen könnte. Tausende, vielleicht sogar Zehntausende Libanesen könnten bei Israels Luftangriffen auf die Raketenbasen sterben. Der jetzige israelische Generalstabschef der Israelischen Streitkräfte Gadi Eizenkot hatte bereits vor Jahren die sogenannte Dahya-Doktrin für den asymmetrischen Krieg entwickelt. Bei dieser Doktrin geht es darum, mit überproportionaler Feuerkraft die gesamte zivile Infrastruktur eines Landes zu zerstören, damit die Kämpfer, z. B. der Hezbollah, keine Möglichkeit mehr haben zu agieren. Benannt wurde diese Doktrin nach dem Beiruter Stadtteil Dahya, wo die Hezbollah 2006 ihren Hauptstützpunkt hatte. Die israelische Luftwaffe hatte das Viertel in Schutt und Asche gebombt.

Ein solcher Krieg könnte also der womöglich brutalste Krieg in der Geschichte Israels werden. Da Israel inzwischen weiß, dass die internationale Staatengemeinschaft eine solche Kriegsführung nur eine gewisse Zeit dulden würde, bis die Zahl der Todesopfer so hoch wäre, dass der Druck auf Jerusalem, den Krieg zu beenden, schnell zunehmen würde, wäre es gezwungen, in kürzester Zeit tatsächlich mit unverhältnismäßiger Aggression zu reagieren, um einen militärischen Sieg zu erzielen, der möglicherweise die Hezbollah entscheidend schwächt und auf lange Zeit Ruhe an der Nordfront garantiert.

Extrem blutig dürfte so eine Auseinandersetzung werden, doch man wäre in Israel dazu bereit. Denn eine zweite Shoah wird es nicht wieder geben, selbst wenn man dafür Opfer bringen muss. Doch die Opfer müssen gerechtfertigt sein, es muss ein »Ergebnis« vorzuweisen sein, das jedes Opfer wirklich rechtfertigt. Krieg bis zum bitteren Ende also? Viele Israelis wollen im Norden nicht etwas Ähnliches erleben wie im Süden des Landes. Drei Waffengänge mit der Hamas in Gaza in nur wenigen Jahren – das wird von vielen Israelis als halbe Niederlage begriffen. Was haben die Kriege gebracht außer Opfer? Echte Ruhe? Einen strategischen Vorteil? Die Vernichtung der Hamas? Nichts davon. Im besten Fall eine

Atempause bis zum nächsten Waffengang. Und so ist der Ruf vieler laut, beim »nächsten Mal« wirklich so zuzuschlagen, dass die Hamas am Ende ist, koste es, was es wolle. Und die Hezbollah im Norden ist militärisch ein ganz anderer, viel stärkerer und gefährlicherer Feind als die waffentechnisch doch eher harmlose Hamas.

Das alles ist leicht dahingesagt, vor allem von den ultrarechten Parteien, die ihrer Klientel nach dem Mund reden wollen. Jeder überbietet sich im »Ejse Gever«-Getöse. Natürlich wird der Holocaust bemüht für die eigene Argumentation, und sei es nur dafür, dass Israel nicht wie ein Verlierer dastehen will, wie ein geschlagener Hund, wie – das wird so nicht gesagt, aber gedacht – wie ein Ghettojude vor einem SS-Offizier.

Und wer ist die Klientel der rechten Parteien? Häufig nicht nur die aschkenasischen Juden, die europäischer Herkunft sind und in den eigenen Familien die Erfahrung des Holocausts kennen. Es sind vielfach einfache misrachische Juden, Juden aus den orientalischen Ländern, aus islamischen Staaten. Was sie mit dem Holocaust zu tun haben? Faktisch meistens nichts. Gewiss, im Irak haben sich die Nazis auch mal getummelt, und ja, der Großmufti von Jerusalem diente sich Adolf Hitler an, aber sonst waren die orientalischen Juden nicht vom Holocaust betroffen. Doch das israelische Erziehungssystem hat dafür gesorgt, dass auch sie vom »Holocaust-Virus« infiziert wurden. Die Kinder der orientalischen Einwanderer erfuhren in den Schulen so gut wie nichts über ihre eigene Geschichte. Die Identität ihrer Familien war unerwünscht, sie war zu »arabisch«. Die Araber, die arabische Kultur – das war doch der Feind. Viele Einwanderer trauten sich daher nicht, in der Öffentlichkeit Arabisch zu sprechen, sie sprachen ihre Muttersprache nur noch, wenn sie allein waren, die Kinder sollten Arabisch möglichst nicht mehr können, sie mussten Hebräisch sprechen, perfektes Hebräisch, damit sie wie die aschkenasischen Juden richtige Israelis werden. Und so lernten die Kinder der Juden aus Marrakesch und Tripolis, aus Bagdad und Damaskus, aus Sanaa und

Teheran alles über die Nazis und die Judenvernichtung in Europa und eigneten sich so das Wissen und das Trauma der Shoah an.

Es ist vielleicht gerade mal 20 Jahre her, dass die Enkelkinder der Einwanderer aus den arabischen Staaten Interesse an der Geschichte und Kultur ihrer Familien entwickelten. Das Gefühl, dass man von den aschkenasischen Eliten sowieso nicht als wirklich gleichwertig betrachtet wird, führte unweigerlich dazu, sich der eigenen Geschichte zu nähern und diese stolz anzunehmen, selbst wenn man die Sprache der Vorfahren nicht mehr konnte. Die israelische Schriftstellerin Dorit Rabinyan ist vielleicht das bekannteste Beispiel dafür. In ihren frühen Romanen schrieb sie über das Leben der Juden in Persien, so wie sie es aus den Geschichten ihrer Großmutter kannte, über das Schreiben näherte sie sich der beinahe verlorengegangenen Kultur ihrer Familie an. Aber auch sie ist sich der Shoah mehr als bewusst und empfindet die europäische Judenvernichtung als Teil ihrer eigenen Geschichte, der Geschichte Israels, wir haben in vielen Gesprächen vor langen Jahren ausführlich darüber gesprochen. Das sitzt tief, auch wenn ihre Familie zum Glück vom deutschen Vernichtungswahn verschont blieb.

Nur wer begreift, welche Rolle der Holocaust in Israel spielt, wird Israel wirklich verstehen können. Nur wer begreift, dass das Trauma tief sitzt, es immer mitschwingt, dass er Teil dieses Kollektivs ist, wird viele politische Entscheidungen zumindest begreifen können, selbst wenn man diese nicht immer gutheißen kann. Aber ohne die Shoah ist Israel nie und nimmer zu verstehen. Selbst wenn viele Israelis sagen, dass sie mit dieser Geschichte nichts mehr zu tun haben wollen. Am Ende holt es sie immer wieder ein. Das dürfte noch lange so bleiben.

3 – Das zweite Trauma: die Kriege

Die Zeiten der Kriege, in denen Israel tatsächlich ums nackte Überleben kämpfen musste, scheinen vorbei. Die Kriege 1948, 1967 und selbst noch 1973 waren solche Kriege. Vor allem der sogenannte Unabhängigkeitskrieg und der Sechs-Tage-Krieg haben bei den meisten Israelis der älteren Generationen tiefe Spuren hinterlassen. So glorreich diese Kriege für Israel jeweils endeten, die Atmosphäre im Land vor den Kriegen war alles andere als optimistisch. Das ist 1948 natürlich verständlich, als Israel gerade mal aus ein paar Hunderttausend Menschen bestand, die sich Millionen von Muslimen gegenübersahen. Aber auch 1967, als Israel bereits eine auch ausrüstungstechnisch starke Armee hatte, war es keineswegs klar, ob der jüdische Staat nach diesem Krieg noch existieren würde. Die Tage vor Ausbruch des Krieges – den Israel mit einem Überraschungsschlag gegen die am Boden befindliche ägyptische Luftwaffe begann – waren geprägt von der Sorge, dass es nun endgültig aus sein könnte. Der Strand von Tel Aviv, im Juni immer überfüllt, war menschenleer. Niemand wollte auf die Straße gehen, man blieb lieber daheim mit der Familie, die Stimmung war gedrückt. Man sprach sogar davon, Gruben auszuheben, um die Toten in Massen begraben zu können. Ägyptens Machthaber Gamal Abdel Nasser hatte ja verkündet, man werde »die Juden ins Meer werfen«, und es sah durchaus so aus, als ob dies Wirklichkeit werden könnte. Ägypten hatte sich mit Syrien und Jordanien verbündet, die Aussicht, von drei Seiten gleichzeitig angegriffen zu werden und im Rücken tatsächlich nur das Meer zu haben, war entsetzlich. Was viele heute nicht mehr wissen: Israel war an seiner schmalsten Stelle damals gerade mal 9 Kilometer breit. Zwischen Jordanien, das damals noch das Westjordanland als Staatsgebiet hatte, und dem Meer hätte man gemütlich in zwei Stunden von einem Ende zum anderen spazieren können.

Das Gefühl der Existenzbedrohung ist geblieben, auch wenn

die nachfolgenden Kriege und Auseinandersetzungen nichts mehr damit zu tun haben. So scheint es zumindest. Ist es auch so? Der Libanon-Feldzug 1982, die beiden Intifadas, die Selbstmordattentate, der Libanon-Krieg 2006, die drei Gaza-Operationen, wie diese Kriege offiziell heißen, all das hat auf den ersten Blick nichts mehr mit echter Existenzbedrohung zu tun. Kann die Hezbollah, konnten oder können der Islamische Jihad, die Hamas und ja, auch die Fatah mit ihren Al-Aqsa-Märtyrer-Brigaden Israel ernsthaft gefährden? Oder auch der IS oder al-Qaida? Nein, natürlich nicht. Aber das Gefühl der Unsicherheit auf israelischer Seite ist vor allem in den letzten Jahren wieder gestiegen. Es gibt keine arabische Armee mehr, die Israel ernsthaft gefährden könnte, das ist sicher richtig. Doch der Raketenkrieg der Terrororganisationen ist eine Folge der militärischen Übermacht Israels – und macht das Land damit enorm verwundbar. Die arabischen Organisationen haben begriffen, dass die »Homefront« die Achillesferse Israels ist. Dass es militärisch »schlauer« ist, den Krieg in die Zivilgebiete zu bringen, als an der Front eine echte Konfrontation zu suchen, die man wohl verlieren würde. Israel hat sich in den letzten Jahren zunehmend darauf eingestellt: In jedem neuen Haus, das im Land gebaut wird, in jeder Wohnung befindet sich ein »Mamad«, ein betonausgebauter Raum, in dem man vor Raketenangriffen einigermaßen sicher ist. Öffentliche Bunker gibt es im ganzen Land, jeder Israeli weiß, wo sich diese befinden, die Alarmsirenen im ganzen Land funktionieren bestens und werden mehrmals jährlich getestet, Kleinkinder lernen bereits im Kindergarten, wie sie sich im Falle eines Raketenalarms zu verhalten haben, die Sicherheitskräfte, die Heimatfront und die Rettungsorganisationen sind miteinander verzahnt und können im Ernstfall gemeinsam agieren und Leben retten. Die Armee entwickelt neue technologische Strategien, um einen solchen Krieg gewinnen zu können. Wenn man die Zahlen der letzten Kriege anschaut, so ist das Verhältnis tatsächlich stets disproportional. Allein im Gaza-Krieg 2014 starben über 2000 Palästinenser, auf israelischer Seite 73 Menschen, davon waren die meisten Soldaten, die im Kampf ihr Leben ließen. Hat Israel irgendetwas zu befürchten?

Gerade während dieses letzten Gaza-Krieges hatte US-Präsident Obama erneut die Angst der Israelis geschürt. Er wollte Netanyahu zwingen, den Krieg abzukürzen und ihn möglichst ohne hohe Verluste bei der palästinensischen Zivilbevölkerung zu führen, was in einem asymmetrischen Krieg so gut wie unmöglich ist, da die Milizen natürlich aus zivilem Gebiet heraus agieren, um hohe Zivilverluste zu provozieren, damit sie den Propagandakrieg in den Medien gewinnen. Ein Schlachtfeld, das heute im Zeitalter der Social Media immer wichtiger geworden ist und ein Krieg, den Israel regelmäßig verliert. Was tat Obama? Als eine Rakete aus Gaza in dem kleinen Ort Yahud, ein paar Kilometer entfernt vom internationalen Flughafen Ben Gurion einschlug, sorgte er dafür, dass die amerikanische Luftfahrtbehörde Tel Aviv zu einem unsicheren Landegebiet erklärte und somit alle US-amerikanischen Airlines ihren Flugverkehr nach Israel einstellten. Die Europäer zogen sofort nach. Da war es wieder, das Gefühl: Wir sind allein, vor uns der Feind, im Rücken nur das Meer, im Zweifelsfall lässt man uns im Stich, so wie damals in Auschwitz. Auch wenn das faktisch nicht stimmt, kennt Netanyahu die »jüdische Seele« zu gut und kann auf dieser Klaviatur bestens spielen. Als der Flughafen also von fast niemandem mehr angeflogen wurde, musste sich US-Außenminister John Kerry ein saftiges Donnerwetter von Netanyahu anhören. Und offensichtlich wirkte es. Nur Stunden später wurde das Flugverbot von den Amerikanern wieder aufgehoben, die Europäer folgten kurz danach. Was also als Druckmittel funktionieren sollte, wurde zum Rohrkrepierer. Wieder hatte Obama die Angst der Israelis, die so tief sitzt, nicht begriffen. Und nun hatte Netanyahu noch einen weiteren Trumpf in der Hand. Wenn schon eine kleine Rakete aus dem 70 Kilometer entfernten Gaza zu solch einer Reaktion der ganzen Welt führte, wie sollte er da das Westjordanland aufgeben? Denn dann könnten Raketen in 15 bis 25 Kilometer Entfernung vom Flughafen eine noch viel größere Bedrohung bedeuten!

Die Traumata der Kriege brauchen nicht »vererbt« zu werden. Jede israelische Generation erlebt mehr oder weniger heftig mehrere Kriege, ob als Soldaten oder Zivilisten. Bis heute ist der israelische Militärdienst lang. Und im Falle eines Krieges ist die Mobilmachung der Reservisten ziemlich sicher, das war auch in den Gaza-Kriegen der letzten Jahre stets der Fall. 2012 machte man mobil und sammelte die Soldaten an der Grenze zu Gaza, um ein Drohpotenzial aufzubauen. Anders 2008 und 2014, da marschierte Israel in Gaza ein. Israelis wissen, dass sie im Laufe ihres Lebens mehrmals mit dieser Situation konfrontiert werden können. Ja, die Angst der frühen Jahre ist vorbei. Doch seit 1991, seit dem Golfkrieg, als Saddam Hussein jede Nacht Scud-Raketen auf Israel abfeuerte, erlebten Israelis eine Form des Krieges, die sie vorher nicht kannten: die Raketenbombardierung der Zivilbevölkerung im Zentrum des Landes. Terror, Attentate, selbst Raketen auf Grenzorte kannte man. Später kamen die Selbstmordattentate der Islamisten dazu. Doch Raketen auf Wohngebiete in Tel Aviv, das war 1991 neu und wurde von der gesamten Bevölkerung als Schock empfunden, selbst wenn man bald begriff, dass Saddams Raketen nur konventionelle Sprengköpfe und kein Gas trugen und diese obendrein nur wenig Schaden zufügten. Die Hilflosigkeit, das Ausgeliefertsein in diesem Krieg, machte Israelis verzweifelt und wütend.

Nur wenige Jahre später dann der ganz andere, reale Schock: Die Selbstmordattentate der Islamisten. Autobusse, die mitten in Tel Aviv und Jerusalem in die Luft gejagt wurden, Attentate also, die wiederum die Zivilbevölkerung trafen, die wehrlos dieser neuen Variante des Terrors ausgeliefert war.

Ich erinnere mich gut an diese Attentate. Ich lebte Anfang der neunziger Jahre in Jerusalem und fuhr jeden Tag mit dem Bus in die Nationalbibliothek der Hebräischen Universität, weil ich dort für ein Buchprojekt recherchierte. Jeden Morgen zur selben Zeit stand ich an der Bushaltestelle und fuhr bis zum Universitätsgelände, wo ich dann den ganzen Tag im Lesesaal der Bibliothek verbrachte. Eines Morgens hatte ich verschlafen und kam zwei, drei Minuten zu spät zur Haltestelle. Der Busfahrer sah mich im Außenspiegel winken und laufen, doch schloss er die Türen wenige Sekunden, ehe ich den Bus erreicht hatte, und fuhr los. Ich fluchte ihm hinterher und ärgerte mich über diese offensichtliche Unverschämtheit des Fahrers. Mir blieb nichts anderes übrig, als auf den nächsten Bus zu warten. Keine zwei Minuten, nachdem der Bus vor meiner Nase abgerauscht war, hörten wir, die wir an der Bushaltestelle standen, einen entsetzlichen Knall. Jedem war sofort klar, dass eine Bombe in die Luft gegangen sein musste, dass es irgendwo in unserer Nähe offensichtlich ein Attentat gegeben hatte. Bald fanden wir heraus, dass der Bus, dem ich hinterhergerannt war, explodiert war. Ich verdankte der Unverschämtheit des nun toten Busfahrers mein Leben. Ich brauchte Wochen, um mit diesem Gedanken fertig zu werden. Ich war weniger entsetzt, dass ich beinahe unter den Toten hätte sein können, als über diese Absurdität meines »Überlebens«, ich schämte mich plötzlich, diesem Fahrer hinterhergeflucht zu haben, ihm, der jetzt tot war und wahrscheinlich einfach nur einen schlechten Tag gehabt hatte.

Ich war später, sehr viel später, während der Zweiten Intifada, erneut in einer ähnlichen Situation, wieder in Jerusalem. Eines späten Abends, im März 2002, betrat ein Palästinenser das beliebte »Café Moment« im Jerusalemer Stadtteil Rehavia, keine Hundert Meter vom Wohnsitz des israelischen Premiers gelegen. Das Café war rappelvoll, es war ein beliebter Treffpunkt vieler Künstler und Journalisten. In dem vollen Lokal jagte sich der Palästinenser in die Luft und riss elf Israelis mit sich in den Tod. Mehr als fünfzig wurden zum Teil schwer verletzt.

Das »Moment« war mein Stammcafé. Fast jeden Morgen ging

ich dorthin zum Frühstücken, las meine Zeitung, trank meinen Kaffee, aß mein Croissant. Stets traf ich dort ein paar Bekannte oder Freunde, man unterhielt sich ein wenig, dann ging man in den Tag. Ich hatte wieder einmal Glück. Denn abends ging ich nie ins »Moment«. Doch ich kannte einige der Getöteten, sie waren Stammgäste. Das Café wurde zwar wiedereröffnet, aber irgendwie war das alte Feeling dahin. Es wechselte später seinen Besitzer, änderte seinen Namen, das »Moment« von früher war mit dem Selbstmordanschlag ebenfalls gestorben.

Viele Israelis haben solche Erfahrungen gemacht. Ziv Koren, einer der bekanntesten israelischen Kriegsfotografen, erzählte mir, wie schrecklich es für ihn war, als er per Zufall bei der Busexplosion der Linie 5 auf der Dizengoffstraße in Tel Aviv dabei war. Er hatte seine Kamera dabei, riss den Apparat fast instinktiv hoch, knipste, drückte nahezu automatisch auf den Auslöser. Seine Fotos gingen um die Welt. Mit seiner Familie und seinen Töchtern lebte er nicht weit vom Anschlagsort entfernt. Später sollten in der Nähe seiner Wohnung noch mehrere Attentate stattfinden. Als Vater hatte er nur noch Angst um seine Kinder, als Fotograf und Israeli hatte er Angst, wenn er zum Fotografieren an Anschlagsorte kam, in den Säcken mit den Toten vielleicht einen Freund zu finden. Oder seine Frau. Oder seine Töchter.

Die Selbstmordattentate der Zweiten Intifada waren noch schlimmer als die Anschlagserie der neunziger Jahre. Über tausend Israelis starben in den Jahren der Intifada, mehrere Tausend wurden verletzt, zum Teil so schwer verletzt, dass sie für immer gezeichnet blieben. Für Israel eine unglaublich hohe Zahl an Opfern (wobei die Zahlen auf der palästinensischen Seite noch viel höher waren, das darf nie vergessen werden). Und schlimmer noch, man fühlte sich in jenen Jahren nirgends mehr sicher. Viele Menschen blieben zu Hause, man ging kaum noch aus. In jener Zeit wurden für jedes Lokal, jedes Geschäft, jede Shopping Mall Sicherheitskräfte rekrutiert, die jeden vor dem Eintritt kontrollierten.

So kam es, dass viele Selbstmordattentäter sich gleich beim Eingang eines Restaurants, einer Bar, eines Geschäfts in die Luft jagten. Diejenigen, die dennoch ausgingen, lernten, sich der Situation anzupassen. Wenn man im Straßencafé saß, dann immer so, dass man mit dem Rücken zum Cafégebäude saß, damit man sehen konnte, wer sich näherte. Wenn man drinnen saß, dann versuchte man stets, den hintersten Tisch zu ergattern, vorne beim Eingang hatte man kaum Chancen zu überleben, hinten schon eher. Wenn irgendwo eine einsame Tüte herumlag oder ein Rucksack, eine Tasche, wurde das Lokal sofort evakuiert, die Bombsquads eilten herbei, die Umgebung wurde großräumig abgesperrt, dann wurde die Tüte oder Tasche mittels eines Roboters auf Rädern in die Luft gejagt.

Eltern wurden in dieser Zeit zu Chauffeuren ihrer Kinder. Man ließ sie nicht mehr Bus fahren, nicht einmal die Teenager. Zu gefährlich. Lieber brachte man sie mit dem eigenen Auto zum Ballettunterricht, zur Klavierstunde, zum Karatetraining oder zum Geburtstagsfest eines Klassenkameraden. Man richtete sich ein, doch die Angst fuhr mit. Auch bei mir. Wenn ich mit meinem Auto im Stau hinter oder neben einem Bus stand, betete ich, dass dieser nicht ausgerechnet jetzt in die Luft fliegen würde.

Wenn man ins Kino oder Konzert ging, musste man hoffen, dass die Security-Leute am Eingang einen guten Job machten. Woran man manchmal durchaus zweifeln konnte. Häufig waren die Wachleute ältere Herren, zumeist Israelis, die aus Russland stammten. Diese durchsuchten nach einigen Monaten relativ unaufmerksam und oberflächlich die Taschen, hielten die Geräte, mit denen man Metallteile am Körper entdecken konnte, nur kurz an jede einzelne Person. Tschiktschak, wie das auf Hebräisch heißt, ganz schnell, ohne wirklich ordentlich zu checken, ob man ohne Waffe oder Bombengürtel war.

Es war diese Zweite Intifada, die die israelische Linke in der Bedeutungslosigkeit versinken ließ. Man vertraute den Slogans der

Linken nicht mehr. Es gab niemanden, mit dem man auf der anderen Seite hätte ernsthaft über Frieden reden können. Arafat hatte sich als palästinensischer Führer entpuppt, der ganz offensichtlich diese Intifada gewollt hatte. Davon waren in Israel alle überzeugt. Und die Rechte zog ihren Vorteil daraus. Nicht nur, dass Israels Premier Ehud Barak sich bei Wahlen während der Intifada dem Bulldozer Ariel Sharon geschlagen geben musste. Sharon war obendrein bereit, mit äußerster Brutalität gegen den palästinensischen Terror vorzugehen, die meisten Israelis fanden das auch richtig. Der Anschlag vor dem Dolphinarium in Tel Aviv im Juni 2001, einer Diskothek, wo am Freitagabend Jugendliche auf Einlass warteten und unter denen sich ein gleichaltriger Palästinenser in die Luft sprengte und 21 Teenager mit in den Tod riss, der Anschlag auf das Park Hotel in Netanya, im März 2002, ausgerechnet am Sederabend des jüdischen Feiertags Pessach, wo Familien gemeinsam am Tisch sitzen, die Geschichte vom Auszug aus Ägypten lesen, feiern und dann zusammen essen, bei dem 30 jüdische Zivilisten getötet und 140 verletzt wurden, und noch viele andere Attentate dieser Größenordnung sind traumatische Erinnerungen nicht nur derjenigen, die diese Anschläge überlebten, sondern der ganzen israelischen Nation. Sharon befahl nach dem Anschlag im Park Hotel die Einberufung von 20 000 Reservisten und begann daraufhin die Operation »Defensive Shield«. Die israelische Armee marschierte in palästinensische Städte und Flüchtlingslager ein, es kam zu blutigen Kämpfen, die Armee ging mit Macht und Aggression vor, um den Terror zu stoppen. Sharon ließ auch die Muqata, den Amtssitz von Palästinenserpräsident Arafat, bombardieren und belagern, sodass Arafat wie in einer Mausefalle saß und nicht mehr viel tun konnte. Wie immer in Kriegszeiten, machten Israelis Witze. Nach der Beinahezerstörung der Muqata kursierte dieser Witz: Arafat kommt aus der Muqata und macht mit seiner rechten Hand das V-Zeichen mit Zeige- und Mittelfinger, das als »Victory«, als Siegeszeichen bekannt ist. Doch er meinte – so der Witz – damals etwas anders: »Noch zwei Räume sind heil.«

Doch eigentlich war den Israelis während der Zweiten Intifada das Lachen zumindest zeitweise vergangen. Das ganze Land rückte insgesamt weiter nach rechts. Der Bau der Sperranlage im Westjordanland begann. Eigentlich ein Projekt der Linken, die die Idee hatte, eine Mauer und Sperranlage entlang der Grünen Linie, der Grenze von 1967, zu bauen, um die Bevölkerung vor dem Terror zu schützen. Ariel Sharon und die Rechte machten daraus einen Sperrzaun, der sich über Hunderte Kilometer zum Teil tief hinein in das Westjordanland zieht, denn er sollte auch viele Siedlungen schützen. »Einen Zaun, eine Mauer kann man wieder abreißen«, so argumentierte die Rechte gegen den internationalen Protest, »aber Tote kann man nicht mehr zum Leben erwecken.« Dass der Verlauf der Sperranlage palästinensische Dörfer von ihren Feldern abtrennte, dass die Dorfbewohner von ihren jeweiligen regionalen Städten wie Tulkarem, Qalqiliya, Jenin etc. abgetrennt wurden, dass die Sperranlage ein nerviges System von Checkpoints erforderte, um Palästinensern die Möglichkeit zu geben, sich dennoch irgendwie hin- und herzubewegen, das interessierte die meisten Israelis nach den Attentaten nicht mehr. Auch nicht die Schikanen an den Checkpoints, auch nicht Absurditäten wie das Haus eines Palästinensers gleich bei der Siedlung Elkana, das von allen Seiten mit Sperrzaun umringt war. Und wenn der palästinensische Besitzer rauswollte, musste er warten, bis eine israelische Patrouille kam und ihn durch einen eigenen Checkpoint, nur für ihn, ließ. Doch damit nicht genug. Dieser Palästinenser musste dann mit seinem Wagen mehr als zwei Stunden um die jüdische Siedlung herumfahren, um zu seinen Feldern zu gelangen. Wenn er durch die Siedlung hätte hindurchfahren dürfen, hätte das keine fünf Minuten gedauert.

Die Schikanen richteten sich auch gegen palästinensische Kinder, die mehrere Checkpoints überqueren mussten, um zur Schule zu gelangen. Und wehe, sie trödelten auf dem Hin- oder Heimweg. Denn dann konnte es passieren, dass sie vor geschlossenen Checkpoints standen und nicht weiterkonnten, weil die israelische Armee diese immer nur für ein paar Stunden offen hielt.

Alles, was aufgrund der Intifada in den besetzten Gebieten geschah, interessierte die meisten Israelis nicht mehr. Alles, was ihnen Sicherheit vorgaukeln würde, wurde akzeptiert. Und als drei Erwachsene und zwei Kleinkinder im Kibbutz Metzer ermordet wurden, waren selbst die friedfertigsten Israelis entsetzt. Der Kibbuz befindet sich unmittelbar an der Grünen Linie und hatte beste Beziehungen zu den arabischen Nachbardörfern, die nur wenige Kilometer entfernt im Westjordanland liegen. An dieser Stelle gab es keinen Sperrzaun, der Kibbuz hatte keine Schutzmaßnahmen getroffen, diese waren nicht nötig – so dachte man. Doch eines nachts schlich sich ein Palästinenser aus der Nachbarschaft hinüber und mordete. Auch ein schlafendes Baby. Was konnte die Linke da noch sagen? Welches »Friedensangebot« hatte noch Bestand? »Wir wollen von den Palästinensern nichts mehr wissen, wir wollen sie nicht mehr sehen!« – das war die Maxime jener Jahre. Abtrennen, abgrenzen. Doch nicht, indem man den Palästinensern einen Staat zubilligte, das wäre ja geradezu als »Belohnung« für die Intifada verstanden worden. Nein, die Palästinenser »verschwanden« hinter einem Geflecht von Zäunen und Mauern. Ab sofort durften Israelis nicht mehr hinüber in die besetzten Gebiete. Die Area A, das palästinensische Autonomiegebiet, war Israelis per Gesetz schlagartig unzugänglich. Wo man früher im Suk noch gemütlich Kaffee trank und mit den Einheimischen scherzte, herrschte nun Lebensgefahr. Endgültig vorbei die Zeiten einer vermeintlichen Koexistenz, die die Palästinenser doch immer nur als Unterdrückung empfunden hatten. Vorbei auch die Zeiten nach dem Friedensschluss von Oslo, als Palästinenser israelischen Soldaten Ölzweige überreichten, als israelische Soldaten palästinensische Kinder auf ihre Panzer hoben und sie mitfahren ließen. Vorbei die scheinbar guten Zeiten. Vorbei für immer. Die Palästinenser wurden nun auch real ausgegrenzt, nicht nur symbolisch oder virtuell.

Und allmählich, ganz allmählich, begann sich das Leben in Israel, zumindest oberflächlich wieder zu normalisieren. Die Kaffees, Bars und Restaurants waren wieder voll, die Kontrollen an den Eingängen dauerten an, aber irgendwann gehörten sie zum »Ritual«, und schließlich schienen sie überflüssig, die große Selbstmordterrorwelle war eines Tages wieder vorbei. Das Trauma aber blieb bestehen. Auch politisch. Seit damals schafft die Linke keine Mehrheit mehr in der Knesset herzustellen.

Doch die Palästinenser erinnerten die Israelis daran, dass es sie weiterhin gab – hinter den Zäunen und Mauern. Gaza, wo seit 2007 die islamistische Hamas allein herrscht, dankte Sharon den vollständigen Abzug der 8000 Siedler aus dem Gaza-Streifen mitsamt des Militärs, mit Hunderten, ja Tausenden Raketen, die in der Folge auf die benachbarten israelischen Orte abgefeuert wurden. Die Kassams. Selbstgebastelt, aus Wasser- und sonstigen Rohren. Sie richteten nicht viel Schaden an, aber Schrecken. Ab und an wurde ein Israeli getötet, doch das war eher die Ausnahme. Aber die Reichweite der Raketen nahm zu, die übrigens auch vom Islamischen Jihad und anderen Islamisten abgefeuert wurden, nicht nur von der Hamas. Aus den selbstgebastelten Raketen wurden allmählich gefährlichere Geschosse, die nicht mehr nur 3 Kilometer, sondern bald 12, dann 20, schließlich 50, 100, ja, 150 Kilometer weit reichten. Neben den Kassams hatte die Hamas zunehmend professionell gefertigte Raketen nach Gaza geschmuggelt, »made in Iran«. Was Saddam Hussein 1991 vorgemacht hatte, wurde in den 2000er Jahren die neue Realität, das neue Trauma Israels: Raketen aus dem Palästinensergebiet, die nicht mehr nur die Grenzorte treffen, sondern bis ins Herzen des Landes vordringen konnten. Bis nach Tel Aviv.

Israel fand auch darauf eine Antwort. Mit finanzieller Hilfe der

USA entwickelte man ein Raketenabwehrsystem, das jetzt, zum Ende des zweiten Jahrzehnts des 21. Jahrhunderts komplett fertiggestellt werden konnte. Es besteht aus drei Abwehrsystemen: der »Arrow«, der Interkontinentalraketen abfangen kann, zum Beispiel Atomraketen aus dem Iran, dann »David's Sling«, das Raketen mittlerer Größenordnung abfangen kann, und schließlich »Iron Dome«, das kleinere Raketen in der Luft zerstört, wie das vor allem eindrucksvoll während des Gaza-Krieges 2014 demonstriert wurde. Gewiss, diese Raketen geben den Israelis heute mehr Schutz, als die Europäer haben. Doch diese Abwehrraketen kosten sehr viel Geld. Und im fünfzig Tage währenden Gaza-Krieg drohte »Iron Dome«, die Raketen auszugehen, man hatte kaum noch welche. Was also wird wirklich geschehen im Falle eines Krieges mit der Hezbollah mit ihren 120 000 Raketen? Das vermutete Szenario habe ich ja bereits weiter oben beschrieben ...

Angst und Anspannung – sie sind immer dabei in Israel. Wie sehr, das merkt man erst, wenn man das Land verlässt und sich einige Zeit woanders aufhält. Nach einigen Tagen lässt der Körper zum ersten Mal los, die Muskulatur beginnt ihren Tonus zu verändern, entspannt sich. Natürlich – auf der palästinensischen Seite sind die Angst und die Anspannung noch viel größer. Die Ohnmacht, die Israelis auch kennen, sie ist bei den Palästinensern noch um ein Vielfaches schlimmer. Aber wie schon bei der Opferproblematik, bei der Shoah und der Nakba: Die objektive Wahrheit zählt nicht. Es ist die subjektive Wahrheit, die eigene Wahrheit, die eigene Angst, das eigene Trauma, der eigene psychische Stress, der als absolute Wahrheit erlebt wird. Der das eigene Fühlen, Denken und Handeln bestimmt. Nur das zählt.

Und dann gibt es da auch noch die unterschiedlichen Konzepte von Leben und Tod. Wie sagte Hezbollah-Führer Hassan Nasrallah einmal: Die Schwäche der Juden sei, dass sie das Leben lieben. Wohingegen sie, die Muslime, den Tod liebten. Ein politisch-militärischer Slogan, gewiss. Doch es ist etwas Wahres dran. Die muslimischen Milizen und Führer predigen seit Jahrzehnten die Liebe zum Tod, dass es eine Ehre sein, ein »Shaheed«, ein Märtyrer, zu werden, bis hin zum Versprechen, dass man nach einem Selbstmordattentat im Paradies Jungfrauen »geschenkt« bekäme. Nun, natürlich glauben die meisten Palästinenser solchen Unsinn nicht. Natürlich trauern Mütter um ihre Söhne und Töchter, die sich in die Luft jagen, um Juden zu töten. Doch sie zeigen auch Stolz für ihre »Märtyrer«, zumindest nach außen, zumindest für die TV-Kameras dieser Welt. Was sie tatsächlich fühlen, das bleibt privat. Und so setzt sich eine Kultur der »Todesliebe« im öffentlichen Raum durch, selbst wenn die Menschen in Wahrheit anders empfinden. Dass es Fanatiker gibt, die wirklich so fühlen, ist klar, doch sie sind nicht die Mehrheit.

Die Israelis aber lieben tatsächlich das Leben. Und es gilt, alles daranzusetzen, Leben zu bewahren und zu erhalten. Das gesamte Judentum ist darauf angelegt, jüdisches Leben unbedingt zu erhalten. Man darf am Shabbat sämtliche Gebote übertreten, um Leben zu retten. Das Konzept des muslimischen Shaheeds hat keine Parallele im Judentum. Jüdische Fundamentalisten mögen losziehen, um Muslime zu töten, aber sie würden sich selbst nie in die Luft jagen. Aus dieser Tradition heraus ist es zu verstehen, dass die israelische Armee alles daransetzt, ihre Soldaten zu retten, selbst Tote nicht zurückzulassen, sondern mitzunehmen, um sie ordentlich beerdigen zu können. Nur so ist zu verstehen, dass man bereit ist, für einen einzigen Soldaten wie Gilad Shalit, der 2006 von der Hamas entführt wurde, rund tausend palästinensische Gefangene für seine Freilassung auszutauschen, wie das 2011 schließlich geschah. Nur so ist zu verstehen, dass Israel viele Gefangene freiließ, um die sterblichen Überreste jener zwei Soldaten zurückzubekommen, die die Hezbollah 2006 entführt hatte, was zum Ausbruch des Zweiten Libanonkrieges führte.

Jeder gefallene Soldat bedeutet den Tod eines Sohnes oder einer Tochter. Das klingt banal. Doch in Israel hat das eine besondere

Bedeutung. Jeder tote Soldat ist der Sohn des ganzen Volkes. Es ist »unser« Sohn. Denn es könnte ja tatsächlich unser Sohn sein, der gerade gestorben ist, also der Sohn einer jeden israelischen Familie. So leidet jeder einzelne mit, wenn die Meldung von neuen Toten oder Gefallenen kommt. Die Namen der getöteten Soldaten werden natürlich erst veröffentlicht, nachdem die Familie informiert wurde. Wie das aussieht, habe ich vor vielen Jahrzehnten das erste Mal erlebt.

Ich war in den frühen siebziger Jahren mit meinen Eltern zu Besuch bei einer Familie, die mein Vater noch von daheim, aus der Zeit vor dem Holocaust gekannt hatte. Man stammte aus derselben Stadt in der Karpatho-Ukraine, die früher mal zu Ungarn gehört hatte. Die Familie lebte in einem kleinen Moschaw, es war später Freitagnachmittag, die Shabbatruhe begann sich allmählich über den Ort zu senken. Die Freunde meines Vaters wohnten in einer kleinen Straße mit Ein-Familien-Häuschen. Da tauchte unerwartet ein Militärjeep auf, wir konnten ihn durch das Fenster sehen. Unsere Freunde erschraken und blickten bange, wo der Jeep anhalten würde. Sie wussten sofort, was dieser Jeep wollte, warum er um diese ungewöhnliche Zeit kam. Vor einem Nachbarhaus blieb er stehen, zwei Uniformierte stiegen aus. Ich sah, wie die Militärs zur Tür gingen, klopften. Ihnen wurde aufgemacht, sie traten ein, die Tür schloss sich wieder. Gleich danach hörten wir den gellenden Schrei einer Frau. Einer entsetzten Mutter. Der Schrei war fürchterlich, er drang mit Gewalt aus dem Häuschen hinaus auf die fast schon unheimlich stille Straße. Im Nu waren alle Nachbarn draußen, auch wir. Und alle liefen hinüber zu der Familie, die soeben erfahren hatte, dass ihr Sohn bei einem Einsatz getötet worden war. Bis zum späten Abend saßen wir bei den verzweifelten Eltern. Als wir schließlich aufbrachen, blieben die meisten Nachbarn noch immer. Alle kümmerten sich um die Verzweifelten. Es war deren Sohn, aber es hätte auch der Sohn der anderen sein können, fast alle hatten Kinder in der Armee, und die Nachbarn kannten den Toten sowieso. Es war »ihrer aller« Sohn, um den getrauert wurde.

Jahrzehnte später erlebte ich Ähnliches auf der palästinensischen Seite, als eine fehlgeleitete israelische Granate eine 18-köpfige Familie in einem Dorf in Gaza tötete. Die Familie war vor ihrem Haus Trauer gesessen um einen Verwandten, der eines natürlichen Todes gestorben war. Das Haus befand sich in einer kleinen, engen Gasse, sodass beim Einschlag der Granate ein Entrinnen unmöglich war. Als ich mit meinem Kameramann dort ankam, war die sandige Gasse immer noch eine einzige große Blutlache. Wir liefen hin- und her, drehten, unsere Stiefel und Jeans färbten sich rot vom Menschenblut. Die Nachbarn brüllten vor Wut. Die Jüngeren skandierten Hassgesänge auf Israel. Blutige Rache wollte man nehmen und pries zugleich Allah, der ihnen die Macht geben werde, die Juden zu vernichten.

Gab es Menschen, die einfach nur verzweifelt waren und still trauerten, so wie damals in jenem israelischen Moschaw? Gewiss. Doch unsere Kamera durfte das nicht sehen. Wir sollten ja die Entschlossenheit, die Stärke des palästinensischen Volkes in die Welt, in die Tagesschau, tragen.

Als wir zurück waren in Tel Aviv, zog ich mich sofort um. Die Jeans, die Stiefel – natürlich versuchte ich nicht, sie zu reinigen, sondern schmiss alles weg. Wer möchte noch mal eine Hose oder Schuhe anziehen, an denen das Blut von Menschen geklebt hat?

Damals erinnerte ich mich wieder an jenen Freitagnachmittag im Moschaw und dachte über das Trauma der Kriege nach, das auf beiden Seiten zu finden ist. Wie beide Seiten in ihren Traumata eng aneinandergekettet sind. Ob sie wollen oder nicht. Wie sagt man in Israel: »Wir halten die Palästinenser an ihren Eiern, und sie halten uns an unserer Gurgel.« Drastischer kann man die tragische Verstrickung beider Völker nicht formulieren.

Doch Israelis argumentieren, dass sie gegenüber den Palästinensern einen entscheidenden Nachteil hätten. Sie dürften keinen einzigen Krieg verlieren. Sonst wäre es aus. Die Palästinenser aber können oft verlieren. Sie können warten, sagen viele Israelis. Und so ist jeder Todesfall, jeder gefallene israelische Soldat, jeder im Krieg umgekommene israelische Zivilist eine Niederlage, das Trauma, das Israelis nicht wirklich zugeben dürfen. Denn sie müssen ja stark sein. Stärker als die Feinde. Immer. Ob sie wollen oder nicht.

4 – Arroganz und Überheblichkeit, oder wie aus einem entrechteten Volk ein mächtiges Volk wurde

Statistiken besagen, dass in Israel rund 70 Prozent der Bevölkerung Antidepressiva und Tranquilizer nehmen oder schon mal in ihrem Leben genommen haben. Man muss dieser Zahl nicht viel hinzufügen, um zu begreifen, wie die Gemütslage der Israelis ist. Und doch ist das nicht das Bild, das sich dem Besucher bietet. Israelis sind stark, tough, haben vor nichts Angst, sind Draufgänger und Optimisten. So präsentieren sie sich, die Männer gerne auch als Machos. Andere würden sagen, Israelis sind arrogant, überheblich, besserwisserisch, laut und ungehobelt, und nicht nur die Männer. Wir haben hier zwei »Modelle« vor uns: einerseits das seelisch angeschlagene, andererseits das starke und arrogante Modell. Wenn man so will, sind das die zwei Seiten ein- und desselben Psychogramms.

Ehe man sich dieses allerdings näher anschaut, müsste man erst einmal fragen, wer denn »die Israelis« sind? Gibt es sie überhaupt? Wie bei allen Verallgemeinerungen stößt man auch hier schnell an Grenzen, in Israel umso mehr, weil die Gesellschaft in viele Gruppen und Ethnien zerfällt, die sich teilweise krass voneinander unterscheiden. Dessen bin ich mir beim Schreiben dieser Zeilen also durchaus bewusst. Die ultraorthodoxen Gemeinden haben nichts mit den russischen Einwanderern zu tun, der Misrachi aus Ashkelon nichts mit dem Aschkenasi aus Herzlia. Und doch gibt es eine Art Mainstream-Israeli, der hier gemeint ist. Es ist der Israeli, der nach der Armee ins Ausland geht, um zu chillen, dann zurückkehrt, studiert, früh heiratet, mit seinen Kumpels aus der Armee weiter eng befreundet bleibt, der ganz im Familienleben aufgeht, dessen Frau sich einerseits als »Weibchen« geriert, andererseits daheim die Hosen anhat, und die ebenso mit ihrer Peer-Group ein Leben lang befreundet bleibt, früh Kinder bekommt, einen Job macht, ein Leben lang in Israel bleibt, auch wenn sie viel mit ihrem Mann in der Welt herumreist, je weiter weg, desto besser. Weg vom Konflikt, weg vom Krieg, weg vom hypernervösen Israel. Das klingt alles nach Stereotypen? Ja und nein. Man findet diesen Typus überall.

Doch bevor wir das unsichere und problematische Terrain der Klischees gleich wieder verlassen, sei hier nur noch darauf hingewiesen, dass es eine gewisse allgemeine nationale und kulturelle Identität in Israel durchaus gibt, die die oben beschriebenen Eigenschaften immer wieder zum Vorschein kommen lässt.

Wenn man zurückgeht in die Geschichte, also lange vor der Staatsgründung, so findet man einen Typus unter den Zionisten, der kein Klischee ist, sondern das Ideal war, das es zu erfüllen galt: Es ist der Jude, der bereit ist, das Ghetto zu verlassen, der bereit ist, die Demütigung durch die Gojim hinter sich zu lassen, der bereit ist, ein Risiko einzugehen, der einer Idee folgt, weil er mit aller Macht daran glaubt, der bereit ist, in einem fremden Land etwas völlig Neues aufzubauen: den »Neuen Juden«, der sich nicht mehr bevormunden und schlagen und demütigen und auf keinen Fall vergasen lässt.

Man musste eine bestimmte Mentalität gehabt haben, um sich Ende des 19., Anfang des 20. Jahrhunderts nach Palästina zu begeben und dort eine Utopie Realität werden zu lassen. Es mussten starke Menschen sein, mutige Menschen, vielleicht sogar Abenteurer, häufig Menschen, die aufgrund der Anfeindungen und Pogrome, aufgrund des europäischen Antisemitismus nichts mehr zu verlieren hatten. Es gab nur den Weg nach vorn, der neue Staat musste entstehen, es gab keine andere Option.

Wer aus solchem Holz geschnitzt war, der hatte eine Chance in diesem unwirtlichen, heißen, wüsten Land. Wer gelernt hatte, dass er von Feinden umgeben ist, dass er sich wehren muss, mit der Waffe in der Hand, nicht nur mit den Worten des Talmuds, der hatte eine Chance. Wer gelernt hatte, dass Recht und Gerechtigkeit nicht identisch sind, dass Brutalität oftmals die einzige Möglichkeit war, sich durchzusetzen, dass Kampf die Waffe des Zionisten ist und nicht Worte, die die Waffe der rechtlosen Juden über Jahrtausende waren, wer gelernt hatte, dass die Gojim über Jahrtausende Schuld auf sich geladen haben und sie die letzten sind, die den Juden, diesem ewig verfolgten Volk, zu sagen hatten, was sie dürfen und was nicht, was Recht und was Unrecht ist, was richtig und was falsch ist, wer all das gelernt hatte, der überlebte in Palästina. Nur dieser »Neue Jude« garantierte das Überleben des Jischuws, der prästaatlichen jüdischen Siedlung in Palästina, und später das Überleben des jungen Staates. Es gab für sie nur eine einzige Möglichkeit: Zion.

Während Danny Kaye als Jude Jakobowsky, dem polnischen Offizier, gespielt von Curd Jürgens, in der Weltkriegstragikomödie *Jakobowsky und der Oberst* in jeglicher ausweglosen Situation immer wieder erklärte: »Es gibt immer zwei Möglichkeiten …« und eine Lösung fand, und somit jenen jüdischen Witz und Geist symbolisierte, dieses typische Durchwursteln des Diasporajuden in widrigsten Zeiten, während also der Diasporajude nach A u s - w e g e n suchte, um zu ü b e r l e b e n, suchte der Zionist nach einer L ö s u n g, um zu l e b e n.

Vor einigen Jahren drehte ich einen Film über das Start-up-Phänomen in Israel, über die High-Tech-Revolution, die den jüdischen Staat neben dem Silicon Valley in diesem Bereich zum wichtigsten Player weltweit machte. Eine der Start-up Größen erzählte mir im Interview, dies sei nur möglich geworden, weil »Wunder mit eingeplant waren« in allem, was man getan und entwickelt habe. Dieses »Wunder sind mit eingeplant« ist bis heute Teil der Erfolgsgeschichte Israels. Ohne Wunder hätte Israel nicht überlebt. Aber dieser Glaube an das Wunder, der Glaube an das Unmögliche, hat die Menschen in Israel von Anfang an beflügelt und unterscheidet sie grundsätzlich von vielen Europäern. Früher brauchte man das Wunder, um die Wüste zum Blühen zu bringen – und erfand die Tröpfchenbewässerung, später brauchte man das Wunder auf dem Schlachtfeld – und schuf eine der mächtigsten Armeen der Welt, heute spielt sich das Wunder im Hightech-Bereich ab. Nur im Umgang mit den Palästinensern, da fehlt das Wunder. Doch vielleicht ist es auch bezeichnend, dass fast kein Israeli da an ein Wunder glaubt.

Und so ist es k e i n Wunder, dass Israelis überheblich und arrogant daherkommen. Sie haben 1948 eine Überzahl an Arabern besiegt, sie haben in sagenhaften sechs Tagen drei Armeen vernichtend geschlagen und das ganze biblische Israel erobert. Da werden Kriege wie 1973, zwei Libanon-Feldzüge, zwei Intifadas, drei Gaza-Kriege und unzählige Selbstmordattentate schnell und gerne beiseitegeschoben. Uns kann keiner! Und immer noch ist die Situation so, dass Israel diese Chutzpe, oder Chutzpah, wie man es auf Hebräisch ausspricht, braucht. Selbst wenn Militärs und Geheimdienstleute in privaten Gesprächen ganz anders reden. Sie geben zu, dass Israel militärisch nicht mehr existenziell bedroht werden kann, doch sie alle machen sich Sorgen wegen der Besatzung und des Umgangs mit den Palästinensern und noch viel mehr inzwischen um den Krieg, von dem alle ausgehen, dass er kommt: Mit der Hezbollah und indirekt mit dem Iran.

»Uns wird die Situation irgendwann mitten im Gesicht explodieren. Aber unsere Politiker wollen das einfach nicht hören. Die denken nur an ihre Wiederwahl und wollen das Volk nicht mit schwierigen Entscheidungen konfrontieren, von denen sie Angst haben, es könnte ihren Stuhl in der Regierung gefährden.« Der mir das erzählte, wusste, wovon er sprach. Jahrzehntelang hatte er im Inlandsgeheimdienst gearbeitet, er kannte die Lage »on the ground« im Westjordanland sehr genau. »Wir geben den Palästinensern nicht einmal eine minimale Hoffnung. Das ist so irrsinnig dumm und kurzsichtig! Und wir haben unsere Seele als Besatzer vergiftet, den Preis dafür zahlen wir täglich. Und es wird noch schlimmer werden!« Doch derselbe Mann sagte auch das: »Wir müssen nach wie vor die beste Armee, die besten Geheimdienste, die besten Waffentechnologien haben. Da ist ja noch der Iran, das wird eines Tages doch noch eine echte existenzielle Bedrohung. Aber die Palästinenser? Die zerstören uns, weil wir uns dabei moralisch und menschlich selbst zerstören. So banal ist das!«

In dem preisgekrönten israelischen Dokumentarfilm *The Gatekeepers*, der auf Deutsch leider den unsäglichen und aus dem Zusammenhang gerissenen Titel *Töte zuerst* trägt, erzählen ehemalige Inlandsgeheimdienstchefs über die Lage in den besetzten Gebieten, über den jahrzehntelangen Kampf Israels gegen den Terror. Alle kommen zum selben Ergebnis. Die Lage sei so auf Dauer nicht zu halten.

Bezeichnend ist, dass diese hartgesottenen Männer, die Operationen befahlen, um palästinensische Terroristen unschädlich zu machen, am Ende ihrer jeweiligen Amtszeit nach »links« schwenkten. Diese Männer, allen voran Yuval Diskin, der zum Zeitpunkt der Dreharbeiten zu *The Gatekeepers* der jüngste Shin-Beth-Chef im Ruhestand war und somit die Lage in den Gebieten bis in die 2000er Jahre kannte, Diskin und die anderen also sind klare Befürworter eines Endes der Besatzung, eines Abzugs der Siedler und der Armee, und sie stehen für die Zwei-Staaten-Lösung, wenngleich ihnen durchaus bewusst ist, dass dies nicht so leicht umgesetzt werden kann, wie sich friedensbewegte Europäer das vorstellen. Denn was gerne übersehen wird, auch von der Linken in Israel, ist, dass auch die Palästinenser kein echtes Interesse an Frieden haben. Wer sich viel in den palästinensischen Gebieten aufgehalten hat wie ich, wer viel mit Palästinensern vor und hinter der Kamera gesprochen hat, der weiß, dass die Mehrheit immer noch davon träumt, dass Israel verschwindet, dass man eines Tages zurückkann, dorthin, wo heute das Kernland Israels ist.

Häufig sind genau diejenigen, die die Lage in den Gebieten wirklich kennen, die sehr viel besser als die Politiker auch die Stimmung in der palästinensischen Bevölkerung kennen, die größten Befürworter eines Abzugs. Und das aus tiefstem Patriotismus, da sie sehen, wie die Besatzung die israelische Gesellschaft korrumpiert. Sie waren »Machos« in ihren Jobs, sie taten Dinge oder ließen Dinge tun, die »unschön« waren, um es euphemistisch auszudrücken. Doch mit den Jahren gewannen sie die Einsicht, dass das alles sinnlos ist, sie wurden nachdenklich, vorsichtig, zweifelnd. Es sind die Israelis, die man derzeit im öffentlichen Diskurs, der von der Rechten und der radikalen Rechten bestimmt wird, kaum hört oder wahrnimmt. Aber es gibt sie. Sind sie die »schweigende Mehrheit«? Im Augenblick vielleicht gerade noch. Wie das in Zukunft sein wird, ist schwer vorherzusagen.

Eines darf man nicht vergessen: Dieses israelische Arroganzgehabe, von dem ich oben sprach, ist vergleichbar mit dem Getrommel des Gorillas auf seiner Brust, als Zeichen der Stärke, aber vor allem ist es der Versuch, sich selbst Mut zu machen gegen einen Feind, den man einschüchtern will und vor dem man zugleich Angst hat. Das Trommeln ist nötig, um den kleinen ängstlichen Ghettojuden in sich zu beruhigen und zum Schweigen zu bringen. Denn wie sagte schon Chaim Weizmann: Es ist leichter, einen Juden aus dem Ghetto zu holen als das Ghetto aus einem Juden. Der »Neue Jude« ist anders, aber das Ghetto lebt in ihm doch fort. Und zynische Stimmen in Israel sagen, Israel sei tatsächlich das größte Ghetto der jüdischen Geschichte mit einem Unterschied zu den früheren in Europa: Dort haben die Gojim die Mauern gebaut, hier sind es die Israelis selbst, die Mauern bauen, um sich zu schützen und abzuschotten.

Zweitausend Jahre war der Jude wehr- und rechtlos. Zweitausend Jahre hatte der Jude keine andere Möglichkeit, sich zur Wehr zu setzen, als auf seinen Gott zu vertrauen, die Heiligen Texte zu studieren um, so würde man neumodisch sagen, seine Identität zu schützen und zu bewahren. Als nach der Zerstörung des Zweiten Tempels Yochanan Ben Zakkai die Erlaubnis erhielt, eine Religionsschule in Yavne zu eröffnen, ahnten die Römer nicht, welche folgenschwere Entscheidung sie da getroffen hatten. Zusammen mit anderen Schriftgelehrten schuf Ben Zakkai das Judentum, wie wir es seit 2000 Jahren kennen. An die Stelle des Tempeldienstes kamen die Gebete, die über den Tempeldienst erzählten. An die Stelle der Tempelordnung kamen die Synagogen, die zum Tempelersatz wurden. Ben Zakkai und seine Jünger schufen gleichzeitig eine Vielzahl an Geboten im Geiste der Thora, die es den Juden unmöglich machen sollten, sich mit Nichtjuden zu mischen. Nur so konnte die eigene Identität erhalten bleiben. Man brauchte eine Gemeinschaft, um beten zu können, man interpretierte die Speisegesetze der Thora strenger, um nicht mit Nichtjuden zu essen. Absonderung war das Gebot der Stunde. Absonderung, um als jüdisches Volk zu überleben.

Und man wurde abgesondert. Das kam hinzu. Die Nichtjuden schufen ihre eigenen Gesetze gegen die Juden, die es ihnen unmöglich machen sollten, Teil der Gesellschaft zu werden, selbst wenn sie es denn wollten. Es gab Ausnahmen, es gab goldene Zeiten des Zusammenlebens und Austausches, ohne dass man seine jüdische Identität aufgeben musste, aber letztendlich wurde man im Laufe der Zeit zum Spielball der Nichtjuden, der Christen noch viel mehr als der Muslime. Man war rechtlos und auch nicht mehr Akteur in der Geschichte der Völker. Man besaß keine Waffen und was man an materiellem Besitz gesammelt hatte, konnte nach Gutdünken und Beliebigkeit jeden Moment weggenommen werden. Man spielte Geige und nicht Klavier, um auf der Flucht das Instrument mitnehmen zu können, man hatte lieber ein Säckchen

Diamanten bei sich als schwere Klumpen Gold, von Immobilien ganz zu schweigen, die man nicht transportieren oder verstecken konnte. Alles war auf Flucht angelegt. Nicht auf Sesshaftigkeit. Auf Reagieren, nicht Agieren.

Das änderte sich mit dem Zionismus. Die frühen Zionisten, sie waren die ersten Juden, die als Juden wieder in die Geschichte eintraten, nicht etwa als Bürger einer Nation, die zufälligerweise Juden waren, wie dies nach der Aufklärung geschehen konnte, das bekannteste Beispiel in Deutschland ist wohl Walter Rathenau.

Der Sprung vom Ghettojuden zum kämpfenden Zionisten, der obendrein noch mit eigenen Händen seine »Scholle« bebaute, das war ein Quantensprung für das jüdische Volk. Man musste alles erlernen, neu lernen. Selbstverantwortung und Freiheit, Selbstverteidigung und Staatskunst, Selbstbehauptung und eine neue, hebräische Kultur, die mitsamt der Sprache fast wie aus dem Boden gestampft wurde. Der Zionismus ist der sagenhafte Beweis menschlicher Kraft und Geistesfähigkeit, menschlicher Ausdauer, Leidenschaft und Kreativität. Der Zionismus ist der Wiedereintritt des Juden in die Geschichte. Vom Erleidenden zum Agierenden und, natürlich auch das, zum Leid Verursachenden. Denn mit Selbstbestimmung und Macht kommt auch die Fähigkeit, Gewalt zuzufügen, Unrecht zu verursachen, Macht zu missbrauchen.

Die Tatsache, dass die Welt so tut, als sei der jüdische Staat genauso einzuschätzen wie andere westliche Staaten und Demokratien, ist einerseits ein Beweis für die Erfolgsgeschichte dieses Staates. Doch es unterschlägt andererseits die Tatsache, dass Israel gerade mal siebzig Jahre alt ist, oder besser gesagt: siebzig Jahre jung und immer noch ein Staat »in the making«. »Nation building« ist ein beliebter Begriff in der internationalen Welt der Politik, wenn es darum geht, junge Nationen zu unterstützen beim Aufbau eines neuen Staatswesens oder einer neuen Staatsform. Im Grunde ist Nation building genau das, was Israel auch heute noch macht. Und das heißt: Es muss eine gemeinsame Identität geschaffen, eine neue Sprache, Hebräisch, erlernt, die Kultur weiterentwickelt, das demokratische System fest verankert werden – oder eben auch nicht, darüber wird noch zu sprechen sein. Wenn man einmal zurückblickt auf die letzten 30 Jahre, so ist allein die Absorption von etwa einer Millionen Menschen aus der ehemaligen UdSSR ein nahezu unmögliches Unterfangen und ein weiteres Wunder in der Geschichte des Zionismus. Mit Glasnost und Perestroika kamen Anfang der neunziger Jahre die sowjetischen Juden. Israel hatte damals rund sechs Millionen Einwohner, d. h. die Einwanderung hatte eine Größenordnung von einem Sechstel der Gesamtbevölkerung damals. Wenn man das einmal auf die Bundesrepublik mit ihren 80 Millionen Einwohnern umrechnet, dann würde das bedeuten, dass Deutschland innerhalb weniger Jahre mehr als 13 Millionen Menschen aufnehmen und absorbieren müsste. Menschen, die kein Deutsch können, wohlgemerkt. Denn die sowjetischen Juden sprachen kein Hebräisch! Bei solchen Zahlen würde in der Bundesrepublik der Notstand ausgerufen werden, die Gesellschaft würde das nicht verkraften (wollen), selbst wenn diese 13 Millionen deutschstämmig wären.

Und ich habe noch nicht die Einwanderungen aus Äthiopien, aus dem Jemen, aus anderen Ländern erwähnt, die zahlenmäßig wesentlich kleiner ausgefallen waren, die aber den Staat vor ganz andere Probleme stellten: die Schaffung von Wohnraum, Arbeitsplätzen und eine möglichst rasche Absorption, vor allem aber die Integration von Menschen, die teilweise wie aus der Steinzeit oder dem Mittelalter in das 20. Jahrhundert katapultiert wurden.

Als ich in den neunziger Jahren an meinem Buch *Der vergessene Stamm* über die Geschichte der äthiopischen Juden arbeitete, war ich längere Zeit in Israel, um zu sehen, wie die Eingliederung der rund 14 000 Äthiopier funktionierte, die 1991 in einer 35-stündigen Flugbrücke aus dem in einem Bürgerkrieg versinkenden Äthiopien nach Israel gebracht wurden. Diese Alija war eine besonders schwierige, die Äthiopier hatten oftmals keine Vorstellung, wohin sie eigentlich kamen. Ja, Zion war immer ihre Sehnsucht gewesen, und jedes Jahr, wenn die Störche zum Überwintern nach Äthiopien kamen, liefen die äthiopischen Juden, die auf Amharisch »Falashas« (»Fremde«) genannt wurden, auf die Felder und sangen ein Lied, in dem die Störche befragt wurden, wie es Zion gehe, da sie doch über Israel nach Afrika geflogen waren. Als diese Menschen am Flughafen Ben Gurion ankamen, muss das für sie ein Schock gewesen sein. Die meisten von ihnen stammten aus der Region Gondar, fernab von Addis Abeba, ihnen war das städtische Leben, aber mehr noch die Technologie fremd. Alles, was uns modernen Menschen selbstverständlich erscheint, war für die meisten von ihnen ein brutaler Kulturschock.

Israel brachte die Äthiopier zunächst in Absorption Centers unter oder in Wohnwagensiedlungen, wo auch viele russische Neuankömmlinge lebten. Allein das war problematisch. Denn die Russen tranken Alkohol, es gab in manchen provisorischen Auffanglagern Prostitution, auch Gewalt. Die Äthiopier waren überfordert, und ihre atemberaubend schönen Frauen und Töchter weckten Begehrlichkeiten bei den russischen Männern. Die israelischen Behörden hatten viel zu tun, um so schnell wie möglich Lösungen für die Situation zu finden.

Aber auch innerhalb der äthiopischen Familien kam es zu kleineren und größeren Katastrophen. Streng patriarchalisch organisiert, drohten vielerorts die Familienstrukturen auseinanderzubrechen. Die Kinder sprachen natürlich als erste Hebräisch und übernahmen somit die Führung in den Familien. Sie brachten ihre Eltern zu den Behörden, übersetzten, erklärten, entschieden – und die Väter waren zur Hilflosigkeit verdammt. Die Folge: Viele Patriarchen versanken in Depressionen. Es gab damals eine hohe Selbstmordrate unter den älteren Äthiopiern, für die diese Situation eine Schmach war. Aber auch die Äthiopierinnen kamen mit der neuen Situation kaum klar. Bald hatten sie begriffen, dass Frauen in Israel sehr viel mehr Rechte hatten als in der äthiopischen Gesellschaft, und viele, die unter der Knute des Patriarchats litten, ließen sich in den Anfangsjahren von ihren Ehemännern scheiden. Doch dann was? Diese Frauen hatten nichts gelernt, konnten nichts, sprachen kaum Hebräisch, hatten keinerlei Ausbildung, die es ihnen ermöglich hätte, allein zu überleben. Also blieb vielen nichts anderes übrig, als zu ihrem Ehemann zurückzukehren. Nun als geschiedene Frau. Und als solche wurde sie zwar vom Ex-Mann wiederaufgenommen, aber oftmals so schlecht behandelt, dass die israelischen Sozialämter sich gezwungen sahen einzugreifen. Also schuf man eine Vorstufe zur eigentlichen Scheidung. Eine Art Gericht wurde etabliert, wohin ausschließlich äthiopische Paare gingen, wenn eine Ehefrau die Scheidung wollte. Dort versuchten äthiopische Sozialarbeiter, Therapeuten und Anwälte, die Ehe zu retten. Diese äthiopischen Juden waren bereits in den achtziger Jahren mit der »Operation Moses« nach Israel gekommen, sie hatten also einen Wissens- und Bildungsvorsprung, sprachen Amharisch und Hebräisch, kannten die Sitten, die Traditionen, die Formen der Ehre und Würde, die es stets zu wahren galt. Es gelang diesen Institutionen, die meisten Äthiopierinnen von der Scheidung abzuhalten und die Ehen zu kitten. Was hier in wenigen Zeilen so hingeschrieben ist, muss erst einmal »erdacht« werden. Und welche logistische und kulturelle Leistung eines Staates steckt dahinter, um solche unkonventionelle Lösungen zu finden? Nein, die Geschichte der äthiopischen Alija ist dennoch nicht unbedingt eine Erfolgsgeschichte. Sie ist auch geprägt vom Rassismus der israelischen Gesellschaft. Und wer hasste die »Kushim«, die Schwarzen, am meisten? Jene orientalischen, dunkelhäutigen Israelis, die bei ihrer Einwanderung in den fünfziger und sechziger Jahren von den »Weißen«, den europäischen Juden, rassistisch behandelt wurden. Nein, es sind nicht immer nur Erfolgstories aus dem »Land der Wunder« zu berichten, wahrlich nicht, aber die Gesamtleistung bleibt dennoch enorm.

Ich erinnere mich gut an einen Vormittag in Jerusalem. Ein älteres äthiopisches Ehepaar sollte an diesem Tag seine erste eigene Wohnung bekommen. Es war aus Platzmangel nur eine Nacht im Absorption Center gewesen. Der Mann, er war ungefähr sechzig Jahre alt, verschwand in irgendeinem Zimmer. Seine Frau blieb mit den Sozialarbeitern in der Küche, die ihr wie einem kleinen Kind erklärt wurde. Was ist eine Geschirrspülmaschine, wie funktioniert der Kühlschrank. Ich war für mein Buchprojekt mit meinem äthiopischen Dolmetscher Shlomo dabei. Plötzlich kam der Ehemann zurück ins Wohnzimmer, ganz aufgeregt und redete auf seine Frau ohne Punkt und Komma ein. Shlomo übersetzte: Der Mann sei überglücklich, denn er sei jetzt zum ersten Mal in seinem Leben reich, die Familie sei reich. Denn nun gehöre ihnen eine eigene Quelle! Was für ein Wohlstand! Eine Quelle? Es dauerte nicht lang, und wir begriffen. Er meinte die Toilette, er hatte die Spülung gedrückt. Als ihm erklärt wurde, was eine Toilette ist, starrte er uns entsetzt an. Was für Barbaren sind wir denn? Sein eigenes Haus mit Exkrementen beschmutzen? Wie primitiv! In den Hütten von Gondar achtete man peinlichst auf die Sauberkeit. Um sein Geschäft zu verrichten, ging man natürlich raus, in die Natur.

Später hörte ich, dass der Mann mehrmals von der Polizei festgenommen wurde – wegen Erregung öffentlichen Ärgernisses. Denn er war auf die Straße gegangen, um sich dort zu erleichtern. In seiner Welt handelte er logisch. Wie entsetzt muss er gewesen sein, für etwas, was er für »würdevoll« hielt, in Zion im Knast zu landen.

Es sind diese Probleme, die die Nachrichtenwelt draußen kaum wahrnimmt. Natürlich nicht. Doch dieses vielleicht extreme Beispiel soll versinnbildlichen, wie sehr Israel als moderner Staat immer noch im Werden begriffen ist. Es macht auch die Faszination Israels aus: Auf der einen Seite ist Israel neben dem Silicon Valley der wichtigste Hightech-Hub der Welt, auf der anderen Seite aber auch ein Entwicklungsland, »Dritte Welt«, vom Einfluss der Religion auf das Land gar nicht zu sprechen.

Umso mehr ist es ein Wunder, dass dieser Staat mit seinen vielen, vielen Schwächen und Fehlern immer noch einigermaßen demokratisch ist, wenn man bedenkt, dass die Mehrheit der jüdischen Einwanderer nicht aus Ländern stammt, die Demokratien waren oder sind. Und doch, irgendwie funktioniert diese Demokratie, wenngleich, wie viele Kritiker behaupten, in erster Linie nur für Juden. Doch sei an dieser Stelle für den Moment angemerkt, dass Palästinenser mit israelischer Staatsbürgerschaft über mehr Rechte verfügen als die Bürger in allen muslimischen Staaten. Auch das ist so ein Antagonismus, der die Komplexität des Staates demonstriert, den viele im Ausland gerne simpel als »Apartheid-Staat« bezeichnen.

Trotz allem also ist Israel eine Erfolgsstory mit vielen kleinen und größeren Wundern. Darauf sind die Israelis natürlich stolz. Sie sind stolz, dass sie unter widrigsten Bedingungen eine Wirtschaft geschaffen haben, die boomt. Dass ihr Land besser für das 21. Jahrhundert und dessen Herausforderungen gerüstet zu sein scheint als viele europäische Länder. Macht das überheblich? Ja, auch das. Es macht überheblich, weil auch dieses Wunder nur durch die Überzeugung entstehen konnte, man sei schlauer als alle anderen. Und so nährt diese Chutzpah sozusagen die nächste Stufe der Chutzpah.

Doch, wie schon angedeutet, werden viele zunehmend nachdenklich. Sie sehen die Probleme, vor denen das Land steht, innenpolitisch, außenpolitisch. Sie verzweifeln, weil sie das Gefühl haben, dass die Lage eher schlechter als besser wird. Weil sie Angst haben, dass der Hochmut, der die israelische Gesellschaft im Griff hat, irgendwann bitter bezahlt werden muss. Und weil sie natürlich auch sehen, dass die unmittelbaren Nachbarn, die Palästinenser, gar keine Chance haben auf einen zumindest ansatzweise ähnlichen Erfolg. Denn da ist immer, immer und immer wieder das eine entscheidende Wort, das alles andere beiseite schiebt: Kibush auf Hebräisch. Ichtilal auf Arabisch. Die Besatzung.

Sie ist nicht nur ein moralisches, ethisches Problem. Sie frisst die israelische Gesellschaft von innen auf. Jahrzehntelang über ein anderes Volk zu herrschen heißt, es zu erniedrigen. Erniedrigung findet täglich statt: an den Checkpoints, bei Razzien, im Knast, bei Verhören, bei der Folter. Der Mächtige bestimmt, der Schwache hat zu ertragen, zu erdulden. Er wird erniedrigt. Und der Palästinenser, der Israelis noch nicht gehasst hat, der lernt sie hassen, wo er auf sie stößt. Im Leben draußen oder in einem Lager oder Gefängnis drinnen. Der Hass auf beiden Seiten ist tiefer denn je. Der »Andere«, wie der große Philosoph Emmanuel Lévinas dies einmal beschrieb, wird in seinem Menschsein nicht mehr wahrgenommen und kann deshalb ohne schlechtes Gewissen unmenschlich behandelt werden. Israel steht nicht alleine da mit solchen Entwicklungen. Militärs aller Staaten, auch demokratischer Staaten, geraten schnell ins moralische Abseits, wenn sie lange über andere das Sagen haben. Die menschliche Natur ist da ausschlaggebend, nicht das politische System allein. Abu Ghraib und Guantanamo sind symbolhafte Beispiele US-amerikanischer Brutalität geworden. Die Rote Armee, die chinesische, aber auch westeuropäische Armeen können Grausamkeiten begehen, es gab und gibt genug Beispiele. Macht und Besatzung kreieren Ungeheuer.

Die Demütigungen, die Palästinenser täglich an den Checkpoints erleben müssen, sind schon ausreichend, um das Blut zum Kochen zu bringen. Und das müssen nicht einmal spezifische Demütigungen sein. Allein das Prozedere ist demütigend, das lange Warten, der raue Ton. Ja, Israel muss sich gegen Attentate schützen, es hat jedes Recht, sich vorrangig zu schützen. Und es sind nicht die Sicherheitskräfte vor Ort, die sich die Frage stellen können, ob das Sinn macht, was sie tun müssen. Sie haben zu gewährleisten, dass nichts passiert. Hier und jetzt. Zwangsläufig ist die Situation schrecklich. Aber restlos problematisch wird sie, wenn unter den Israelis Sadisten oder abgestumpfte, verrohte junge Männer sind. Die bei Gluthitze den Wartenden befehlen, dass sie ihre Motoren abstellen – und die somit ohne Klimaanlage im Wageninneren Temperaturen von 50 bis 60 Grad ertragen müssen. Muss das sein? Macht das den Checkpoint sicherer? »The whole system sucks«, erklären israelische Menschenrechtsorganisationen immer und immer wieder. Das System frisst sich in die Seelen der Israelis, die sich längst an diese Form des Umgangs mit dem Feind gewöhnt haben. Einem Feind – das muss hier allerdings auch gesagt werden –, der in seiner Grausamkeit ebenfalls keinen Funken an Mitgefühl kennt. Doch die Palästinenser fühlen sich im Recht als Unterdrückte gegen die Besatzer.

Die Männer, die im Westjordanland ihren Militärdienst ableisten oder in den Verhörzellen israelischer Gefängnisse arbeiten, kommen danach wieder zurück zu ihren Familien und zurück in die Gesellschaft. Und was sie dort getan haben, wirkt sich hier aus. Aber auch da gibt es paradoxe Widersprüche: Auf Israels Straßen sieht man sehr, sehr viele Waffen. Soldaten und Security-Leute tragen sie sowieso immer mit sich herum, aber viele Israelis tragen Waffen, weil sie in Siedlungen oder in gefährdeten Gebieten leben und dadurch eine Genehmigung haben, eine Waffe als Zivilperson zu tragen. Wer das erste Mal aus Europa nach Israel kommt, ist geschockt und entsetzt. Doch erstaunlicherweise geschehen in Israel im relativen Vergleich zu Europa weniger Gewaltverbrechen mit Waffen, die meisten agieren überaus besonnen. Israelis sind kein schießwütiges Volk. Doch die Aggressivität im alltäglichen Umgang miteinander, hat spürbar zugenommen in den vergangenen Jahrzehnten. Die Besatzung hört nicht an der Grünen Linie auf.

Die Überheblichkeit ist ein hoher Preis, den die israelische Gesellschaft für ihre scheinbare Sicherheit bezahlt. Psychologen und Ärzte warnen seit Jahrzehnten vor den Langzeitfolgen. Doch die Politik ist nicht willens oder unfähig, den entscheidenden

Schritt zu gehen. Das ist jedoch nicht die ganze Erklärung. Die Besatzung ist zur Gewohnheit geworden, jenseits messianischer und sicherheitsstrategischer Überlegungen. Eine von Dr. Nimrod Rosler und Professor Daniel Bar-Tal im Jahr 2016 durchgeführte Umfrage – beide sind an der Tel Aviv University – stellte fest, dass rund 70 Prozent der Israelis die israelische Kontrolle des Westjordanlands nicht als Besatzung ansehen. Knapp 58 Prozent erklärten, dass die Herrschaft über die Palästinenser Israel gar nicht oder kaum schade, 67 Prozent sind überzeugt, dass die Situation die israelische Demokratie nicht beschädige. Immerhin knapp 68 Prozent waren sich allerdings bewusst, dass die Kontrolle des Westjordanlandes dem Standing Israels in der Welt schade. Andere Umfragen sagen allerdings, dass immer noch eine Mehrheit der Israelis für eine Zwei-Staaten-Lösung ist. Je nach Umfragen schwanken die Zahlen da zwischen 60 und 70 Prozent Wie geht das zusammen?

Es gibt inzwischen mehrere Generationen, die ihr Land nur noch mit der Besatzung kennen. Die Besatzung ist ihre normale Wahrnehmung als gegebener Ist-Zustand. Da die meisten niemals in die besetzten Gebiete fahren, ist dieser Teil des Landes zwar irgendwie ein »Bestandteil« Israels, aber für das eigene Leben innerhalb der Grünen Linie spielt das keine Rolle. Und jene, die aus ideologischen oder religiösen Gründen daran glauben, dass das Westjordanland, also das eigentliche biblische Israel, ein integraler Bestandteil des Staates ist, haben sowieso keine Zweifel. Hinzu kommt, dass die Terminologie sich mit den Jahren verändert hat. Seit jeher haben linke und nationalreligiöse Israelis gestritten, ob es »besetzte« oder »befreite« Gebiete sind. Lange Zeit blieb der Begriff »Gebiete«, auf Hebräisch: »Stachim«, in Umlauf. Doch immer häufiger setzen sich die biblischen Namen durch: Judäa und Samaria. Wer also auf Hebräisch in den Nachrichten oder Zeitungen immer öfter »Juda veShomron« hört, für den verwischen sich schon rein sprachlich die vorhandenen Grenzen.

Und dennoch ist man für eine Zwei-Staaten-Lösung? Wie soll das gehen? Da steckt die Sehnsucht nach Frieden dahinter, das Wissen, dass die Palästinenser einen eigenen Staat brauchen, allein schon deshalb, weil man nicht mit ihnen in einem Staatsgebilde zusammenleben will. Bedeutet das eine Rückgabe der »Gebiete«? Irgendwie schon, so denkt »es« sich. Aber da man eh nicht an Frieden mit den Palästinensern glaubt, ist diese Zustimmung bislang auch nie auf dem Prüfstand gewesen. »Frieden« wird so zu einem Abstraktum, einer Utopie, die man braucht, um überleben zu können. Aber sie hat keinen Realitätswert, vor allem, da man die Palästinenser mit ihren Vorstellungen nicht in Betracht zieht. Das war stets ein großes Problem der ideologischen Linken in Israel seit 1967: Sie träumte vom Frieden und stellte sich vor, dieser sei zu erreichen wie zwischen demokratischen europäischen Staaten. Doch sie haben nie Bezug genommen auf die Wahrheit der Palästinenser. Inzwischen ist viel Zeit vergangen, die »gefühlten« Grenzen verschwimmen mehr und mehr, wie lange wäre eine Zwei-Staaten-Lösung tatsächlich noch erreichbar?

II – Trennungslinien

1 – Das säkulare Tel Aviv gegen das orthodoxe Jerusalem

In den achtziger und neunziger Jahren hatte ich stets ein Pied-à-terre in Jerusalem. Ich liebte die Stadt viel mehr als Tel Aviv. Ich fand Tel Aviv damals nur langweilig, eine hässliche Stadt am Meer, nicht sehr anders als so viele Städte rund ums Mittelmeer. Um den Nahen Osten zu fühlen, um zu spüren, dass ich nicht mehr in Europa bin, musste ich in Jerusalem sein, im Zentrum des Konflikts, an der Nahtstelle zwischen Palästinensern und Israelis, zwischen Judentum und Islam. Und Christentum. Keine Frage, die Stadt ist rein architektonisch schöner als Tel Aviv. Die Luft, das Klima sind besser. Selbst im Hochsommer, wenn es extrem heiß ist, ist es dort angenehm trocken, nicht so schwül-feucht wie in Tel Aviv, abends kühlt es auf 20 Grad ab, man kann bei offenem Fenster schlafen und braucht keine Klimaanlage. Die Winter sind zwar härter als in der Küstenstadt – Jerusalem liegt immerhin auf 800 Meter –, der Wüstenwind pfeift, es regnet, manchmal schneit es sogar, und in den zum Teil schlecht beheizten Wohnungen friert man sich schnell den Allerwertesten ab.

Lange hatte ich meine kleine Bude in den Stadtvierteln Rehavia beziehungsweise Nachlaot. Dort gab es auf der Ussishkinstraße ein wunderbares Restaurant mit einem herrlichen, wunderschön angelegten Garten voller Palmen und Bougainvillea. Es hieß »Bassugra'im«, was auf Deutsch so viel heißt wie »In Klammern«. Das Essen war ausgezeichnet, die Chefin eine sympathische Dame, die mich bald zum Stammgast adelte, und selbst wenn ich erst nach zwei Monaten aus Europa zurückkehrte, gab es stets ein großes Hallo, wenn ich das erste Mal wieder ins Lokal kam und die Frage, ob ich »das Übliche« wolle. Ich gehörte dazu. Doch eines Tages kam ich wieder einmal aus Europa zurück, ging gleich am ersten Abend ins »Bassugra'im« und sah, dass sich irgendetwas verändert hatte. War es eine neue Einrichtung? Neues Mobiliar? Auch das. Aber mehr noch, das Publikum war ein anderes geworden. Da saßen Menschen mit Kippa und Kopftüchern! In einem nicht-koscheren Restaurant? Wie geht das? Die Chefin war nicht da, also fragte ich die Kellnerin, die mir eine völlig neue Karte gab: »Ja, wir haben umgestellt. Wir sind jetzt ein koscheres Restaurant. Was sollen wir machen? Schau dich doch um, Richard, das ganze Viertel wird orthodox, und wenn wir überleben wollen, müssen wir halt eine koschere Küche haben«, antwortete sie mir beinahe entschuldigend.

Und ebenso war es mit meinen anderen Lieblingslokalen, zum Beispiel auf der Emek Refa'im-Straße, in der »deutschen Siedlung«, der Moshava Germanit, einem eleganten Stadtteil Jerusalems. Auch dort hatten die Lokale irgendwann umgestellt, auch dort sah man auf den Straßen mehr und mehr religiöse Juden. Ich begriff, dass sich etwas Grundlegendes zu verändern begann in Jerusalem. Natürlich war die Davidstadt stets religiöser gewesen als Tel Aviv. Doch es hatte viele Nachbarschaften gegeben, die säkular waren, fromme und nichtreligiöse Juden ließen sich in Ruhe, man lebte nebeneinander her, es gab keine allzu großen Probleme. Aber irgendwann begannen die Frommen, die Stadt zu »übernehmen«. Sie hatten ihre Viertel verlassen, weil sie mehr Wohnraum brauchten. Vor allem die Ultrafrommen hatten sechs, sieben und mehr Kinder, es mussten Alternativen gefunden werden zu Mea Shearim oder anderen orthodoxen Wohngebieten. Und so zogen sie in einige der säkularen »Bastionen«. Meistens sah das so aus: Eine fromme Familie zog in ein Mehrparteienhaus ein, möglichst in eins der höheren Stockwerke. Irgendwann beschwerte sich die Familie, dass es keinen Shabbat-Lift gab, also einen Aufzug, der automatisch in jedem Stockwerk hält, weil es ja frommen Juden verboten ist, am Shabbat »Feuer« zu machen, also Elektrizität zu benutzen. Wenn der Lift von selbst fuhr und überall hielt, musste man ja nichts machen, also konnte man ihn benutzen (es gibt allerdings Ultraorthodoxe, die selbst das nicht akzeptieren würden). Also wurde aus einem der Lifte im Haus am Shabbat ein solcher Aufzug. Und dann zog bald eine zweite fromme Familie ein, dann eine dritte, das Leben in dem Haus begann, sich zu verändern, die Frommen beschwerten sich, wenn die Säkularen am Shabbat Musik hörten und Fernsehen schauten oder Partys feierten. Nach und nach zogen die nichtfrommen Familien aus diesen Häusern aus, sie hatten die Schnauze voll. Die »feindliche Übernahme« war gelungen.

Als meine Lieblingsrestaurants koscher wurden, wusste ich, dass es an der Zeit war zu gehen. Nicht, dass ich ein Problem damit habe, koscher zu essen. Ich habe auch kein Problem mit frommen Juden, solange sie mich leben lassen, wie ich will. Ich habe selbst eine religiöse Familie, ich bin diese Lebensweise gewohnt, ich will nur nicht, dass man in mein Leben eingreift, mir meine Freiheit raubt. Jerusalem war im wahrsten Sinne des Wortes: Geschichte. Ab nach Tel Aviv.

Tel Aviv! Was für eine Stadt! Im Augenblick ist sie für mich eine der aufregendsten Städte der Welt. Und eine der teuersten. Ein bitterer Wermutstropfen, und man fragt sich, wie sich der normal verdienende Israeli diese Stadt überhaupt leisten kann. Aber irgendwie geht es. Die Restaurants sind voll, die Kaffees, die Kneipen. Tel Aviv ist das Herz des Zionismus, es ist die erste »hebräische« Stadt, 1909 von einigen Familien gegründet. Hier sollte die zionistische Idee ihre wahrste Erfüllung finden. Juden leben hier in einer Kultur, die hebräisch ist. Und das bedeutet zuallererst einen radikalen Bruch mit der Kultur des Judentums, wie sie Jahrtausende gepflegt wurde. Es war eine religiöse Kultur. Tel Aviv ist hingegen steingewordene Abkehr vom Erbe der Väter. Jüdisches Leben außerhalb des Religionsgesetzes. Das Theater ersetzte die Synagoge als Versammlungsort. Am »Gymnasia Herzlia«, das dort stand, wo später der erste Wolkenkratzer Tel Avivs gebaut wurde, wurde die zionistische Elite unterrichtet und ausgebildet. Auf Hebräisch. Diese Schule war sozusagen das »Eton« des werdenden Staates.

Es gibt eine wunderbare Anekdote, die deutlich macht, was dieser Bruch tatsächlich bedeutete. Chaim Nachman Bialik, der große hebräische Schriftsteller, der Ende des 19. Jahrhunderts noch im zaristischen Russland geboren war und den größten Teil seines literarischen Werkes auf Hebräisch geschrieben hatte, saß an einem Nachmittag auf dem Rothschild-Boulevard in Tel Aviv zusammen mit einem Freund und unterhielt sich mit ihm auf Jiddisch. Da sollen Schüler des »Gymnasia« vorbeigekommen sein, die Bialik auch als Lehrer kannten und riefen ihm zu: »Hebräisch. Nur Hebräisch!« Man sollte nicht in der Sprache des Ghettos sprechen. Nicht einmal und gerade nicht ein Chaim Nachman Bialik. Die Vergangenheit sollte ausgelöscht werden, vergessen, denn das alte Judentum aus Europa war ein Judentum des Unterdrücktseins. Durch den Glauben und durch die Gojim!

Solange in Tel Aviv gelebt und gefeiert wird, ist der jüdische Staat am Leben, heißt es. An dem Tag, an dem dieses Herz aufhört zu schlagen, sei das Schicksal Israels besiegelt. Tel Aviv ist nicht nur kulturelles Zentrum des jüdischen Staates, sondern auch das Wirtschaftszentrum. Es ist, wie schon erzählt, neben Silicon Valley der wichtigste Hightech-Hub der Welt. »Silicon Wadi« wird es genannt, Wadi ist das arabische Wort für Tal. Natürlich zählt zu Tel Aviv auch das unmittelbare Umfeld, die Stadt Herzlia etwa, wo sehr viele Start-Ups und internationale R & D Centers ihr Zuhause haben. Aber die Grenzen sind fließend. Während der Stadtkern Tel Avivs nur knapp 350 000 Einwohner hat, leben im Groß- und Ballungsraum mehr als 1,5 Millionen Menschen. Die Stadt schläft nie, eine Stadt, die 24 Stunden, sieben Tage die Woche pulsiert. Ein kleines New York, ebenso energetisch, liberal, pluralistisch, multiethnisch und hedonistisch. Ein kleines New York mit einem Strand, der die Stadt erst so richtig lebenswert macht und das Zeigen von viel Haut zulässt. Tel Aviv ist zumeist hässlich, die Architektur, auch die moderne, ist entsetzlich, selbst wenn es in einigen älteren Stadtteilen wunderbare Gebäude gibt und mehr als 4000 Häuser im Bauhaus-Stil. In den vergangenen Jahren hat die Stadt ein Vermögen ausgegeben, um die Gebäude zu renovieren, und so erstrahlt Tel Aviv in manchen Vierteln immerhin wieder im alten Glanz und man ahnt, wie sich die Gründerväter ihre Stadt eigentlich vorgestellt hatten: mit vielen Grünanlagen zwischen den Häusern und luftigen Durchgängen, damit stets eine Brise den Menschen in dem ehemaligen Sumpfgebiet Abkühlung bringen kann. Von diesem Ideal ist Tel Aviv heute weit entfernt. Und aus Platzmangel werden immer mehr Hochhäuser gebaut, an manchen Orten schaut Tel Aviv inzwischen aus wie eine moderne Großstadt in Asien oder den USA.

Tel Aviv ist eine Stadt ohne Geschichte. Das liegt nicht nur daran, dass sie relativ jung ist, sondern das ist auch so, weil Stadtplaner sich in der Vergangenheit nicht darum kümmerten, ob etwas erhaltenswert gewesen wäre oder nicht. Ein neues Gebäude musste gebaut werden? Dann wurde, was vorher dort stand, einfach abgerissen, ganz egal, ob es ein bauliches Prachtstück war oder gar eine historische Bedeutung für die Stadt hatte, siehe das Schicksal des »Gymnasia Herzlia«. Eine Stadt ohne Geschichte ist Tel Aviv auch deshalb, weil der rasante Wandel Teil der Identität dieser Metropole ist. Es kann passieren, dass man die Stadt für ein paar Wochen verlässt, zurückkommt und die alten Geschäfte oder Restaurants nicht mehr findet, weil an ihrer Stelle schon wieder neue Lokale und Läden aufgemacht haben. Alles ist hier hektisch und kurzlebig. War einst San Francisco das Schwulenparadies, so sind dies heute Berlin und Tel Aviv, die Gay-Communitys beider Metropolen sind im ständigen Kontakt und pendeln gerne hin und her. Die Gay-Parade ist ein PR-Markenartikel der Stadt. Das ist eines der vielen faszinierenden Phänomene Israels. Jerusalem und Tel Aviv sind nur knapp 70 Kilometer voneinander entfernt, doch sie trennen Welten. Schwule Pärchen auf der Straße zu sehen, ist in Tel Aviv Normalität. Männer, die Händchen halten, Frauen, die sich küssen, niemand stört sich daran, ja, anders als in vielen westlichen Städten werden sie nicht einmal groß angestarrt. Live and let live, lautet hier das Motto. Wie anders Jerusalem. Bei der Gay-Parade in Jerusalem 2015 griff ein ultraorthodoxer Jude die LGBT-Gemeinschaft an, dabei wurde eine 16-Jährige getötet und sieben weitere Menschen verletzt. Schwul sein in der heiligen Stadt ist lebensgefährlich, und die Parade wurde öfters aus Sicherheitsgründen sogar abgesagt.

Tel Aviv ist, anders als Jerusalem, die Stadt, in der man dem Nahostkonflikt entrinnen kann. Zumindest für kurze Zeit. Die Menschen sagen selbst, dass sie in einer Blase, einer »Bubble«, auf Hebräisch: »Bu'a« leben. Man klammert den Konflikt einfach aus. Man will Normalität, man behauptet Normalität in einem nichtnormalen Umfeld. Und doch befindet sich mitten in Tel Aviv der Platz, auf dem alle Großdemonstrationen des Landes stattfinden, der »Kikar Rabin«, der Rabinplatz. Bis 1995 hieß er »Platz der Könige Israels«, doch als der damalige israelische Premier Yitzhak Rabin dort bei einer Friedensdemonstration von einem rechtsextremen Israeli ermordet wurde, benannte man den Platz Rabin zu Ehren um. Alle demonstrieren dort, Linke und auch Rechte. Selbst die Siedlerbewegung kommt nach Tel Aviv, um dort ihrer Meinung Gehör zu verschaffen. Mitten im vergnügungssüchtigen Tel Aviv befindet sich also der Ort, wo sich das Volk politisch kundtut. Eines der vielen Paradoxa Israels.

Palästinenser »finden« in Tel Aviv kaum »statt«, anders als in Jerusalem. In der Küstenstadt gibt es kaum welche und wenn, dann sind es die Araber aus Jaffa, die im Großen und Ganzen friedlich mit den jüdischen Israelis zusammenleben, oder es sind einzelne arabisch-israelische Promis wie die Moderatorin Lucy Aharish, die Filmemacherin Ibtisam Mara'ana, die Sängerin Mira Awad, die Schauspielerin Raida Adon, der Schriftsteller Ayman Sikseck, die alle längst zur Tel Aviver Kulturschickeria gehören. Diese Intellektuellen und Künstler brauchen die Stadt, da sie sich in ihrem palästinensischen Umfeld gar nicht verwirklichen könnten. Sie schreiben und arbeiten überwiegend auf Hebräisch – Juden sind ihr Publikum. Sie berühren Themen, die in ihren Gesellschaften Tabus sind, in Israel aber nicht. Sie können sogar die Besatzung und die Besatzer kritisieren, in Tel Aviv werden sie gehört und haben ein Publikum, das mit ihnen sympathisiert.

Wie anders dagegen Jerusalem. Die seit 1967 vereinte Stadt, die »ewige Hauptstadt Israels«, wie Premier Netanyahu nicht müde wird zu betonen, ist in Wirklichkeit eine geteilte Stadt. Keiner meiner israelischen Freunde traut sich in den Ostteil. Und wenn ich mich dorthin bewege, werde ich stets gewarnt, es sei zu gefährlich, ich sei lebensmüde. Sie wissen nicht, wie sich Ostjerusalem anfühlt, sie waren schon lange nicht mehr dort, sie haben noch die Bilder der Intifadas und anderer Aufstände, wie im arabischen Stadtteil Shuafat 2014, in Erinnerung. Meine israelischen Freunde meiden lieber arabische Viertel, wozu sich in Gefahr begeben? So traurig es ist, ich kann sie verstehen. Denn für mich ist es tatsächlich weniger gefährlich, dort herumzulaufen. Ich habe lange gebraucht, bis ich begriffen habe, warum das so ist. Ein palästinensischer Freund erklärte es mir: »Deine Körpersprache ist anders als die der Israelis, dein Blick ist anders, du ziehst dich anders an als Israelis.« Letzteres verstand ich nicht, was ist an mir anders, der ich in Israel meist nur Jeans, T-Shirts und Sneakers trage? »Ja, sicher, aber wie du dies trägst, ist so typisch europäisch, das erkennen wir sofort!«

Ähnliches hörte ich von einer israelischen Kellnerin in Tel Aviv. Ich saß im Restaurant mit Freunden, wir sprachen Hebräisch, sie verteilte die Speisekarten, ich war der einzige, der eine englische Speisekarte bekam. Ich fragte sie, warum, sie habe doch gehört, dass ich Hebräisch spreche. »Ich dachte, du kannst es nicht lesen, ich sehe doch, dass du Europäer bist«, erklärte sie mir. »Aha, woran denn?« – »An der Art, wie du deinen Pulli über die Schulter geworfen und vorne zusammengeknotet hast. Das macht kein Israeli!« Ich lachte, aber mir wurde schlagartig bewusst, wie gründlich beide Seiten, Israelis und Palästinenser, ihr Gegenüber beäugen, einordnen, taxieren müssen. Angst und Unsicherheit sind der Grund dafür, ein gewisses Maß an »Alertness« ist überlebensnotwendig, der Andere muss in Sekundenschnelle eingeschätzt werden können. Freund oder Feind? Gefährlich oder harmlos? Aber machen wir Europäer nicht dasselbe? Wie oft erlebte ich, dass ich mit einem israelischen Freund in Tel Aviv im Café saß und ihm zeigte, dass das Paar dort ganz hinten, noch etwa 400 Meter von uns entfernt, ganz bestimmt aus Deutschland kam. »Woher weißt du das?«, fragte er mich, und ich erklärte, ich sähe das an den Schuhen, den Socken, der Frisur. Und stets hatte ich recht. Wir kennen das eigentlich alle, dieses manchmal allerdings auch falsche Kategorisieren des Gegenübers. In Israel ist das Bedingung zum Überleben, selbst in Tel Aviv. Denn natürlich wurde und wird auch Tel Aviv von Anschlägen erschüttert, auch in der Stadt, die eine »Blase« ist, ist man nicht hundertprozentig sicher.

Tel Aviv steht für Aufbruch, für Moderne, für das 21. Jahrhundert und für Liberalismus, ja, ich würde sogar so weit gehen zu behaupten, dass keine europäische Stadt derzeit so liberal ist wie Tel Aviv, nicht einmal Berlin. Jerusalem ist dagegen steingewordene, verknöcherte Tradition. Geschichte, schwer auf den Schultern lastende Geschichte, Religion, Gottesgesetz, Reaktion, Fundamentalismus. Überall ist »Gott«. Ich schreibe Gott in Anführungszeichen, denn es ist keineswegs die spirituelle Erfahrung, die man im Alltag von Jerusalem macht, es ist dieses Drohende, Bedrückende, Bestrafende, das man in den Straßen von Jerusalem erlebt. Das von Menschen erschaffene Strafsystem im Namen des Glaubens, eines jeden Glaubens. Eine ähnliche Atmosphäre habe ich 2016, als ich in Rom gelebt habe, in der »Ewigen Stadt« erlebt, wenngleich die Römer viel lebenslustiger und lockerer sind als die Menschen von Jerusalem. Aber auch Rom ist steingewordene Geschichte und steingewordener Glaube, der sich an jeder Ecke mit zwar wunderschönen, künstlerisch atemberaubenden, aber doch einschüchternden Kirchenbauten manifestiert, die jedem, der nicht zum katholischen Glauben gehört, signalisieren: Du bist ein Fremder. Und dem Katholiken zurufen: Unterwerfe dich! Was Rom und Jerusalem außerdem gemeinsam haben: Sie sind die politischen Zentren ihres Landes. Politik, Verwaltung, Religion, Geschichte. Keine wirklich attraktive Mischung. Ist Rom das Jerusalem Italiens, so ist Mailand sein Tel Aviv, wenn man so will.

Doch zurück in den Nahen Osten. Seit Jahrzehnten tobt ein Kulturkampf in Israel, wer die Zukunft des Landes bestimmen wird. Und interessanterweise verwenden Intellektuelle den deutschen Begriff »Kulturkampf«, um zu beschreiben, was zwischen Säkularen und Frommen, zwischen Liberalismus und Fundamentalismus geschieht. Für den deutschen Beobachter von außen sind die jüdischen Frommen alle gleich. Man nennt sie in der Berichterstattung gern »Ultraorthodoxe«, doch das ist zu generell und häufig falsch. Es gibt mindestens drei große Gruppen. Da sind tatsächlich diejenigen, die man als »ultraorthodox« bezeichnen würde, jene aschkenasischen Frommen, die in dunkler Kleidung, Anzügen, Kaftanen und verschiedenen Hutformen, mit Bart und mit mehr oder weniger langen Schläfenlocken herumlaufen. Jede Hutform entspricht einer bestimmten Gruppe, die wiederum einem bestimmten Rebben oder Raw Gefolgschaft leistet. Da gibt es die Gurer und die Belser, die Bratzlawer und die Lubawitscher, um nur einige wenige zu nennen. Sie heißen nach den osteuropäischen Städten, aus denen sie ursprünglich stammen. Unter diesen Ultraorthodoxen gibt es wiederum noch extremistischere Gruppierungen wie etwa die Neturei Karta, die den Staat Israel nicht anerkennt, ihn für blasphemisch hält und nichts mit ihm zu tun haben will, ja, sich sogar mit den Feinden des Staates verbündet, um ihn zu vernichten, denn erst wenn der Messias kommt, darf es wieder einen jüdischen Staat geben. Die zweite Gruppe sind die Frommen der misrachischen oder sephardischen Juden, die sich, wie die aschkenasischen Frommen, oftmals in politischen Parteien organisieren, allen voran die ursprünglich marokkanische Shas-Partei. Sie sind auch ultraorthodox, aber die misrachische Orthodoxie ist einstmals etwas weniger rigide gewesen als die aus Europa stammende. Und schließlich gibt es die dritte Gruppe, die national-religiösen Zionisten, die vor allem in der Siedlerbewegung zu finden sind.

Alle diese Gruppierungen sind radikal, wenngleich mit zum Teil heftigen Unterschieden. Sie haben unterschiedliche Anschauungen zur Besatzung, der frühere spirituelle Führer der Shas-Partei, Rabbi Ovadia Yosef, der auch sephardischer Oberrabbiner Israels war, sagte zum Beispiel zum Thema Siedlungen: »Jüdisches Blut ist heiliger als jüdisches Land.« Mit anderen Worten: Gebiete könnten aufgegeben werden, wenn man damit jüdisches Blut rettet. Shas hat später diese Position revidiert. Alle Gruppierungen haben gemeinsam, dass sie das säkulare Leben und den säkularen Zionismus ablehnen. Sie wollen aus Israel in der einen oder anderen Form einen Gottesstaat machen, in dem die Gesetze Gottes die Gesetze des Staates werden sollen. Der israelische Popsänger Aviv Geffen hat dazu schon in den neunziger Jahren einen Song geschrieben mit dem Titel »Boker Tov, Iran«, »Guten Morgen, Iran«, in dem er singt, dass die Rabbiner bereits wie die Ayatollahs in Teheran seien.

Die nationalreligiösen Israelis, zu denen die Siedlerbewegung gehört, können sich mit den Säkularen noch am leichtesten arrangieren, allerdings sind sie in ihrem politischen Verhalten radikaler als alle anderen, drohen im Falle eines Abzugs aus den besetzten Gebieten mit »Bürgerkrieg«. Für alle Frommen ist Jerusalem wichtiger als Tel Aviv, das sie zutiefst verachten, von dem sie aber wirtschaftlich abhängig sind. Und das wissen sie. Denn die Menschen in Tel Aviv halten das Land wirtschaftlich am Laufen, ohne

»Tel Aviv« – und damit ist das gesamte säkulare Israel gemeint, Tel Aviv wird in diesem Zusammenhang gern als Metapher verwendet – könnten insbesondere die Ultraorthodoxen einpacken, denn sie leben von staatlichen Subventionen, um sich ihr lebenslanges Studium in den Talmudhochschulen zu ermöglichen. Säkulare Israelis nennen sie nicht ganz zu Unrecht Schmarotzer, die obendrein keinen Militärdienst leisten wollen und müssen.

Der Kulturkampf geht tief und weit. Dabei sind die Grenzen natürlich fließend. Nehmen wir nur einmal die neue Einwanderungswelle aus Frankreich als Beispiel. Seitdem in Frankreich der islamistische Terrorismus immer wieder jüdische Einrichtungen und Personen angreift, kommen französische Juden vermehrt ins Land. Spätestens seit Charlie Hebdo und den darauffolgenden Morden im Hyper Cacher, dem koscheren Supermarkt in Paris, reicht es vielen Juden. Knapp 10 000 haben inzwischen Aliyah gemacht. Wer sind diese Menschen? Mehrheitlich sind das Juden, deren Wurzeln im Maghreb liegen, also in den ehemaligen französischen Kolonien Algerien, Tunesien und Marokko. Sie sind, selbst wenn in zweiter oder dritter Generation bereits in Frankreich geboren, jüdisch-kulturell in der orientalischen Tradition verankert, das betrifft den Gebetsritus ebenso wie die Küche, das Familienleben und vieles mehr. Diese Juden sind sehr traditionell, wenngleich häufig nicht wirklich orthodox. Sie stehen politisch rechts, wählen in Israel rechts, sehen sich aber selbstverständlich als Demokraten ganz im Sinne des laizistischen Frankreich. Insbesondere nach ihren schlechten Erfahrungen mit Muslimen daheim sind sie nun kompromisslos gegenüber den arabischen Feinden Israels. Sie wählen den Likud Netanyahus oder noch weiter rechts verortete, nicht unbedingt jedoch ultraorthodoxe Parteien. Doch sie bestärken damit natürlich jene Strömungen, die Israel tiefgreifend verändern wollen, nicht nur in religiöser, sondern auch in demokratischer Hinsicht.

Dazu ein Beispiel, das auch international für Aufsehen gesorgt hatte. Die Regierung Netanyahu hat ein Gesetz verabschiedet, das linke NGOs zwingt, ihre Sponsoren zu nennen, insbesondere dann, wenn sie von ausländischen Regierungen oder direkt von der EU finanziert werden. Wenn Vertreter der NGOs in der Knesset verweilen, sollen sie sogar ein entsprechendes Schildchen tragen. Ziel ist es, sie politisch in der Öffentlichkeit zu diskreditieren und letztendlich zum Schweigen zu bringen. Denn sie sind »Vaterlandsverräter« oder, wie die ultrarechte NGO »Im Tirzu« sie in verschiedenen Propagandafilmchen nennt: »Maulwürfe«, die die Wehrhaftigkeit und die Identität des jüdischen Staates zersetzen wollen. Netanyahu und seine Mannen sehen darin nichts Schlimmes, ja, sie behaupten, dass sie der israelischen Demokratie sogar einen Dienst erweisen, weil somit die innenpolitische Debatte um die Zukunft des Landes nicht mehr ohne weiteres aus dem Ausland gesteuert werden kann. Warum sollen Deutschland, Frankreich, Großbritannien und andere Staaten Organisationen unterstützen, die Israels Politik – gemeint ist: die rechte Politik – kritisieren und das nicht nur im Land, sondern auch international? Ausländische Regierungen hätten kein Recht, sich auf diese Weise in politische Auseinandersetzungen einzumischen, bei denen es um die Sicherheit Israels und nicht um die irgendeines europäischen Staates gehe. Auf diese Weise werden zahlreiche Menschenrechtsorganisationen inzwischen stigmatisiert und an den Rand gedrängt, wie etwa »Betselem« oder »Shovrim Shtika«, international besser bekannt als »Breaking the Silence«, zwei prominente NGOs, die in Deutschland durch den Eklat beim Besuch von Außenminister Gabriel in Israel 2017 plötzlich ins Rampenlicht rückten.

Gabriel hatte darauf bestanden, mit Vertretern dieser beiden NGOs zu sprechen, woraufhin Netanyahu ihm ein Ultimatum stellte: Wenn Gabriel sich mit denen träfe, dann würde er, Netanyahu, das geplante Gespräch absagen. Und so kam es. Gabriel bestand darauf und wurde von Israels Premier vor die Tür gesetzt. Netanyahu argumentierte, dass »Breaking the Silence«, eine Organisation ehemaliger israelischer Soldaten, den Ruf der »moralischsten Armee der Welt« in den Schmutz zöge, weil sie Praktiken des Besatzungsalltags, den sie selber einst mitzutragen hatten, öffentlich kritisierten und israelische Soldaten gar der Kriegs- und Menschenrechtsverbrechen bezichtigten. Tatsächlich kann die Vorgehensweise von »Breaking the Silence«, wiewohl deren Arbeit wichtig ist, durchaus kritisch gesehen werden. Zum einen machen die ehemaligen Soldaten und Offiziere ihre Aussagen anonym, die Vorwürfe, die erhoben werden, sind kaum zu verifizieren. Zum anderen wurde bei einigen »Zeugenaussagen« nachgewiesen, dass sie falsch waren, dass bestimmte Praktiken, die genannt wurden, nachweislich niemals und nirgends stattgefunden hatten. Heißt das, dass »Breaking the Silence« stets lügt und falsch liegt? Gewiss nicht. Doch Zweifel sind angebracht, und man muss die Aussagen mit Vorsicht genießen, selbst wenn die allgemeine Tendenz stimmt. Es ist ja keine Frage, dass Besatzung nicht »schön« ist, dass Soldaten Dinge tun, die man lieber nicht immer veröffentlicht sehen will, schon gar nicht eine so rechte Regierung wie die aktuelle.

»Betselem« hatte jahrelang einen besseren Leumund, obwohl vor zwei Jahren auch gegen sie ein schwerwiegender Vorwurf erhoben wurde. Der amerikanisch-israelische Journalist Tuvia Tenenbom, der in Deutschland mit Büchern wie *Allein unter Deutschen* und *Allein unter Juden* bekannt wurde, hatte in letzterem berichtet, dass es bei »Betselem« einen palästinensischen Mitarbeiter gäbe, der den Holocaust verleugnete. Tenenbom konnte das beweisen, er hatte das Interview mitgefilmt und diesen Mitschnitt in Israel veröffentlicht. »Betselem« war desavouiert, die israelische Rechte jubelte, und so wurde die schon lange verhasste Organisation, die seit Jahrzehnten Menschenrechtsverletzungen gegen Palästinenser dokumentiert, öffentlich niedergemacht. Dass die NGO sich umgehend von dem Holocaust-Leugner trennte, wurde kaum noch wahrgenommen, der Vorwurf stand im Raum, dass die gesamte Organisation aus Lügnern und Heuchlern bestünde. Die Rechte sorgte im öffentlichen Diskurs dafür, dass rationale, analytische Kritik nicht mehr stattfand. Und über Menschenrechtsverletzungen wurde und wird von Seiten der Rechten sowieso nicht diskutiert.

Lassen sie mich da noch etwas genauer sein. Die heutige Rechte diskutiert kaum noch über Menschenrechte. Es gab und gibt noch einige Vertreter der »alten Rechten«, denen Fragen der Menschenrechte nach wie vor ein Anliegen sind und über die sie sprechen wollen. Moshe »Bogie« Ya'alon ist so einer vom alten Schlag des Likud, oder auch Benny Begin, der Sohn des früheren Ministerpräsidenten Menachem Begin und ganz besonders Reuven Rivlin, Israels aktueller Präsident.

Wie sehr die Diskussion um die Menschenrechte in Israel inzwischen verzerrt ist, zeigte sich an dem Skandal um den israelischen Soldaten Elor Azaria. Im März 2016 war es in Hebron zu einem Zwischenfall gekommen. Zwei Palästinenser hatten israelische Soldaten angegriffen und waren niedergeschossen worden. Zufälligerweise filmte ein Nachbar die Szene, das Material wurde von »Betselem« veröffentlicht. Auf dem Video sieht man einen Palästinenser regungslos am Boden liegen, um ihn herum Soldaten und Sanitäter, die den verletzten israelischen Soldaten abtransportieren. Plötzlich springt ein Soldat hervor, Elor Azaria, und schießt aus nächster Nähe dem am Boden liegenden Palästinenser in den Kopf und tötet ihn damit. Azaria wurde festgenommen, er gab an, er habe den Palästinenser getötet, weil er einen Sprengstoffgürtel an ihm vermutet habe. Gegen Azaria wurde Anklage auf Totschlag erhoben. Die öffentliche Diskussion, die folgte, war erschreckend. Viele Stimmen verteidigten den jungen Soldaten, er habe doch gar nichts Schlimmes gemacht, »lediglich« einen Terroristen getötet, der Junge sei eigentlich ein »Held«, »unser Sohn«, einer von uns. Befeuert wurde diese Sicht vom Führer der Siedlerpartei Naftali Bennett und vielen anderen, selbst Premier Netanyahu rief bei den Eltern Azarias an, um sie zu trösten und ihnen Mut zuzusprechen. Es war die Armeeführung, die den moralischen Kompass hochhielt. Generalstabschef Gadi Eisenkot und auch Verteidigungsminister Moshe Ya'alon erklärten, dass das Militärgericht zu entscheiden habe, ob hier alles mit rechten Dingen zugegangen sei, dass es nicht angehen kann, dass ein Soldat einen am Boden liegenden Palästinenser einfach so erschießen darf. Die Armee kritisierte sogar Premier Netanyahu für seine Parteinahme zugunsten Azarias. Es war nicht das erste Mal, dass die Armeeführung mehr Verstand bewies und mehr Einsatz für die Wahrung von Recht und Ordnung zeigte als die rechten Politiker. Azaria wurde verurteilt. Er musste eine Haftstrafe antreten. Bei Präsident Rivlin reichte er ein Gnadengesuch ein, das dieser ablehnte. Dafür kritisierte ihn Verteidigungsminister Lieberman. Und auch Netanyahu war sich nicht zu schade, Rivlin aufzufordern, seine Entscheidung noch mal zu überdenken. Die Politik kann und will Moral und Verantwortung innerhalb der Armee nicht mehr dem Militärgericht überlassen. Die Folgen, die das langfristig für die Moral der Armee haben wird, sind klar. Doch auch das interessiert die Rechte nicht bei ihrem Versuch, den Staat umzubauen, ein Phänomen, wie wir es inzwischen aus anderen westlichen Demokratien auch kennen.

Zurück zum umstrittenen NGO-Gesetz. Man mag einwenden, dass die Frage zulässig sei, inwieweit ausländische Regierungen israelischen Organisationen Geld geben dürfen, um die israelische Politik zu beeinflussen oder öffentlich an den Pranger zu stellen. Warum soll sich ein Staat das gefallen lassen? Kein Staat erlaubt das bei sich daheim, auch die westlichen Staaten nicht, die die israelischen Organisationen unterstützen. Das Problem des israelischen Gesetzes ist, dass es auf dem »rechten Auge« blind ist. Rechte NGOs wie »Im Tirzu« und andere werden auch aus dem Ausland mitfinanziert. Zwar nicht von Regierungen, aber von Privatpersonen, zumeist jüdischen Millionären aus den USA. Diese befürworten die Agenda Netanyahus und wollen dafür sorgen, dass es niemals zu einem Palästinenserstaat kommen wird. Also unterstützen sie die Siedlungspolitik beispielsweise über Stiftungen und Organisationen, die teilweise als »Deckorganisationen« Regierungsinteressen dort vertreten, wo die Regierung nicht agieren kann, weil sie gegen geltendes Recht verstoßen würde. So ist eine ziemlich unheilige Allianz entstanden. Ja, wenn das Gesetz vorsähe, dass jegliche ausländische finanzielle Unterstützung deklariert oder gar eingestellt werden müsse, dann könnte man das zwar grundsätzlich für falsch erachten, aber bezüglich einer gewissen Fairness des Gesetzes wäre dann nichts mehr dagegen einzuwenden.

Doch das ist nicht der Fall. Und ähnlich wird mit vielen Gesetzesvorlagen, von denen nicht alle, aber doch einige realisiert werden, versucht, allmählich den Liberalismus auszuhöhlen, den Staat unfreier, restriktiver, reaktionärer zu machen. Innerhalb der Regierungskoalition gibt es durchaus Vertreter, die als »faschistoid« bezeichnet werden müssen. Sie bringen einen Gesetzentwurf nach dem anderen ein. Fairerweise muss man erwähnen, dass Netanyahu viele von ihnen sofort in der untersten Schublade verschwinden lässt. Nicht, weil er gegen die Gesetze wäre, sondern weil ihm klar ist, dass ein kleiner Punktgewinn hier und da ihm international große Schwierigkeiten einbringen würde. Es ist also eher Kalkül und keineswegs demokratische Grundüberzeugung bei Netanyahu, das ihn so handeln lässt.

Es versteht sich von selbst, dass Israel noch kein faschistischer Staat ist, aber die Erodierung des fairen Streits zwischen »links« und »rechts« um den richtigen politischen Weg schreitet voran und gefährdet den liberalen Charakter der Gesellschaft zunehmend. Die Vorwürfe werden schriller, die Diskreditierungen aggressiver, persönlicher und beleidigender.

Vor rund drei Jahrzehnten versuchte der Schriftsteller Amos Oz die Auseinandersetzung zwischen Linke und Rechte in Israel zu beschreiben. Er sprach von einem Elternpaar, das am Bettchen des gemeinsamen kranken Kindes stünde. Es gehe um die Frage, ob man das Kind operieren lassen solle. Der Vater meint, es müsse operiert werden, sonst werde es sterben. Die Mutter ist strikt dagegen, sie ist überzeugt, eine Operation bedeute den sicheren Tod für das Kind. Beiden liegt das Wohl des Kindes am Herzen, sie wollen also dasselbe. Doch dieser Zustand zwischen »links« und »rechts« existiert nicht mehr in Israel. »Links« ist seit einigen Jahren gleichbedeutend geworden mit »antizionistisch«, ist »Vaterlandsverrat«, ist »fremdgesteuert«, ist im besten Fall »naiv«, »dumm«, »unrealistisch«.

Und genauso sehen viele französischen Juden die israelische Linke, oder die letzten Reste, die es davon noch gibt. »Wir kennen die Muslime«, sagen sie, »wir haben mit ihnen in Nordafrika gelebt, wir haben sie jetzt in Frankreich erlebt, die aschkenasische Linke weiß überhaupt nicht, mit wem wir es zu tun haben.« Ein Vorwurf, der nicht ganz unbegründet ist. Und so wird nicht nur das rechte politische Spektrum unterstützt, sondern der Demokratie weiterer Schaden zugefügt. Wo diese Franzosen leben? Ja, auch in Jerusalem, aber mehrheitlich in Tel Aviv und Netanya. Die Grenzen zwischen »Tel Aviv« und »Jerusalem«, zwischen den ideologischen Lagern, sind geografisch nicht mehr so genau zu ziehen. Diese Franzosen tragen viel bei zum säkularen Leben Israels und damit auch zum wirtschaftlichen Wohlstand und Aufschwung, aber politisch arbeiten sie eigentlich dagegen.

Premier Benyamin Netanyahu ist ja ebenfalls so ein »hybrides« Geschöpf. Der Mann ist gänzlich säkular, Religion ist ihm herzlich egal. Er ist ein materialistischer Genussmensch, der sich gerne Zigarren und besten Whiskey schenken lässt, die Polizei stellt Untersuchungen unter anderem auch deswegen an, es geht um Bestechung und Korruption, aber er paktiert mit den Siedlern und der Ultraorthodoxie. Im Sommer letzten Jahres zog sich Netanyahu den Zorn der Mehrheit der US-amerikanischen Juden zu. Es ging um einen mühsam ausgehandelten Kompromiss an der Klagemauer. Das Sagen hat dort die Ultraorthodoxie, doch man hatte eine Lösung gefunden, um den verschiedenen Strömungen des liberalen und reformistischen Judentums die Möglichkeit zu geben, ebenfalls an der Klagemauer Gottesdienste abzuhalten. Dafür sollte ein bestimmter Teil der Klagemauer vorgesehen werden. Doch Netanyahu steckte diesen Kompromiss im Juli 2017 einfach wieder in die Schublade. Die Juden in Amerika tobten. Das konservative Judentum (»conservative« ist eine eigene Denomination) und das Reformjudentum stellen die große Mehrheit der sechs Millionen US-Juden. Sie leiden seit jeher darunter, dass die Ultraorthodoxie das Monopol auf das Oberrabbinat des Staates Israel hat, dass ihre Übertritte oder Eheschließungen in Israel nicht anerkannt werden. Dennoch hat man den jüdischen Staat politisch und finanziell immer unterstützt, man wusste, wie wichtig die Existenz Israels ist. Doch diesmal schien Bibi zu weit zu gehen. Ein US-jüdischer Millionär setzte sofort alle seine Beteiligungen an israelischen Unternehmen aus, Spenden in Millionenhöhe wurden gestoppt, und die modernen Juden in den USA wollen weitere »Sanktionen« gegen Israel durchsetzen. Bibi ist ihnen endgültig zu weit gegangen. Wochen nach dem Skandal schien es, als ob Netanyahus Rechnung auch diesmal wieder aufgehen werde: Er hat Ruhe in seiner Koalition, die amerikanischen Juden werden angesichts des wachsenden Antisemitismus im eigenen Land Israel nicht die kalte Schulter zeigen, und alles bleibt beim Alten. So geht alles in Israel noch weiter in Richtung fundamentalistischer Lebensführung. Netanyahu geht es dabei nur um den Erhalt seiner Macht. Damit wird der säkulare, aschkenasische Premier, der mit seiner erstklassigen Ausbildung und Herkunft zur Elite Israels gehört, zum Kollaborateur der religiös-reaktionären Kräfte.

Zugleich aber ist Netanyahu der Premier, der den Hightech-Standort Israel immer weiter auszubauen versucht. Er sorgt dafür, dass Kooperationen mit anderen Ländern und Staaten vorankommen. Mit afrikanischen Staaten, die Israels Know-how brauchen, mit Indien, China und vielen anderen. Ihm ist natürlich klar, dass Israel als Start-up Nation und bedrohtes Land auch über ein riesiges Know-how im Bereich Sicherheit und Cybersecurity verfügt. Die aktuelle Bedrohung der Welt durch den internationalen Terrorismus treibt auch die Staaten in Israels Arme, die sich scharf gegen die Siedlungspolitik aussprechen. Und in der Tat, alle kommen nach Israel, um von den Israelis zu lernen. Sie wollen wissen, wie Spezialeinheiten der Polizei ausgebildet werden müssen, wie Häuserkampf in Großstädten durchgeführt wird, sie wollen die neueste Technologie in der Terrorbekämpfung einkaufen. Europa braucht Israel im Kampf gegen den Terrorismus. Darauf setzt Bibi.

Sind Sie jetzt verwirrt? Verstehen Sie gerade nicht mehr, was das mit dem Gegensatz »Tel Aviv – Jerusalem« zu tun hat? Mit dem Kulturkampf zwischen säkular und fromm? Ich verstehe Sie, denn es ist tatsächlich verwirrend. Aber diese Überschneidungen sind Teil der Lebenssituation vor Ort. Man paktiert mit dem, den man gerade braucht. Es sind vor allem diese rechten Säkularisten, die Verwirrung stiften und immer zwischen den Seiten hin und her pendeln. So kann also ein »Rechter« durchaus auch Chef eines Start-up-Unternehmens sein. Er unterstützt die Siedlerbewegung, die Israels Demokratie zerstört und von einem Königreich Israel träumt, und gleichzeitig sorgt genau dieser Unternehmer dafür, dass Israel bereits an das 22. Jahrhundert denkt. Und wie das aussieht, möchte ich Ihnen erzählen.

Im biblischen Israel gab es zwei Tempel. Der Erste Tempel, den König Salomon erbaut hat, den die Babylonier im 6. Jahrhundert v. Chr. zerstört haben und den Zweiten Tempel, der von Herodes verschönert und vergrößert wurde. Die »Klagemauer« ist Teil der äußeren Westmauer dieses Zweiten Tempels. Er wurde, wie schon erwähnt, von den Römern 70 n. Chr. zerstört. Seitdem warten Juden auf den Dritten Tempel, der mit der Ankunft des Messias entstehen wird. Es ist die Zeit der endgültigen Erlösung, das Ende der Geschichte, des ewigen Friedens, die Zeit, in der Schwerter zu Pflugscharen umgeschmiedet werden. Der ewige Menschheitstraum.

Sommer 2010: Als US-Präsident Barack Obama Premier Netanyahu zwang, einen zehnmonatigen Baustopp in den Siedlungen zu verfügen, gaben sich die radikalsten Kräfte der Siedlerbewegung damit nicht ab. Daniella Weiss, eine der Gründungsfiguren von »Gush Emunim«, die die wichtige Siedlung Kedumim aufgebaut hatte und jahrelang Bürgermeisterin dieses Örtchens gleich bei Nablus war, forderte die »Hilltop-Youth«, also jene jungen Siedlerkinder, denen das Siedlerestablishment bereits zu angepasst war, dazu auf, auf jedem Hügel neue Siedlungen zu gründen. Ich kannte Daniella Weiss seit den neunziger Jahren, als ich sie das erste Mail in Kedumim interviewt hatte. In ihrem Büro als Bürgermeisterin erzählte sie mir damals ihre Vision. Sie wolle das gesamte Israel zurückhaben, überall siedeln, wo Gott es befohlen hatte. Und sie träumte sogar davon, Israel bis nach Damaskus auszuweiten, schließlich habe sich das Königreich Israel zur Zeit seiner größten Ausdehnung einst bis dorthin erstreckt.

Daniella, die man keineswegs als verrückt bezeichnen kann, erklärte mir damals auch, wie sie das bewerkstelligen wolle. Es waren ganz praktische Ideen, sehr realistische Vorstellungen, die die Siedlerbewegung bereits damals erfolgreich durchgezogen hatte. An ihrer Pinnwand hing eine Postkarte mit Tulpen aus Amsterdam. Ich werde diesen Moment nie vergessen, wie Daniella anfing, von den Tulpen zu schwärmen. Sie liebe Tulpen, und sie könne es kaum erwarten, Samaria voller Tulpen zu sehen, das wäre ihr Traum. Jetzt allerdings dachte ich doch, dass sie verrückt sei. Nach Damaskus? Das traute ich ihr zu. Ein tulpenüberzogenes Samaria im Westjordanland? Das war eine groteske Vorstellung.

Daniella mochte mich. Sie wusste, dass ich ihre politische Einstellung nicht einmal im Ansatz teilte, aber sie schätzte mich, weil ich ihr religiöses Vokabular verstand, weil ich eine religiöse Erzie-

hung genossen hatte, die mir jetzt als Journalist half, die Siedlerbewegung und ihre Ideologie »von innen« zu begreifen. Damit war
ich anders als viele säkulare israelische Journalisten, die keinerlei
religiösen Background hatten. Wir gingen offen miteinander um.
Ich heuchelte ihr nichts vor und sie mir nicht. Aber ich nahm sie
ernst. Die Siedlung Kedumim, in der heute etwa 4000 Menschen
leben, war ihr Werk. In den frühen siebziger Jahren konnte sich
kein Mensch vorstellen, dass auf diesem Flecken Erde jemals ein
Städtchen dieser Größenordnung entstehen könnte.

2010 also rief Daniella Weiss die Jugend auf, Obama die Stirn
zu bieten. Gesagt, getan. Mittels einer eigenen App und eigenen
Chatgruppen, die verschlüsselt waren, sodass die Behörden keinen unmittelbaren Zugang hatten, kontaktierten sich die Aktivisten, um überraschend auf irgendeinem Hügel aufzutauchen und
aus vorgefertigten Teilen mehrere Hütten hinzustellen. Fertig war
der Grundstock einer neuen Siedlung. Durch dieses Vorgehen versuchten sie zu verhindern, dass die Regierung davon Wind bekam
und die Armee schickte, um den Bau der Hütten zu unterbinden.
Doch standen die Hütten erst einmal, wusste die Armee natürlich, wo sie hinmusste. Und so begann ein Katz- und Maußspiel.
Die Armee rückte stets bei Morgengrauen an, riss die Hütten ein.
Kaum verschwunden, bauten die Siedler die Hütten wieder auf
und warteten, bis die Armee an einem der nächsten Tage wieder
auftauchte und wieder alles einriss.

Auf einem Hügel wurde ich Zeuge dieses Hin und Her. Drei
Hütten standen da. Die Armee tauchte auf und zerstörte merk-
würdigerweise nur eine der drei Hütten. Ich fragte die Siedler nach
Abzug der Soldaten, warum dem so sei, die Soldaten wollten mir
nicht antworten, natürlich hatte ich sie zuerst gefragt. »Nun«, froh-
lockten die Siedler, »damit signalisieren sie uns, dass die Siedlung
eigentlich bereits akzeptiert ist, aber sie müssten dennoch pro
forma dagegen vorgehen!« Und gutgelaunt begannen sie, die dritte
Hütte wiederaufzubauen. Währenddessen riefen sie mir strahlend

zu: »Wir bauen das ›Dritte Haus‹«, eine Anspielung auf den Dritten Tempel.

Was man wissen muss: Diese Siedler meinen das wörtlich, das sind nicht nur spielerische Metaphern und Allegorien, sie träumen wirklich davon, den Dritten Tempel dort aufzubauen, wo heute Felsendom und Al-Aqsa-Moschee stehen. Ihr Vorbild ist der »jüdische Untergrund« der achtziger Jahre rund um Yehuda Etzion, der mit seinen Gefolgsleuten damals versuchte, die beiden muslimischen Heiligtümer in die Luft zu jagen, um den »Endkrieg« zwischen Judentum und Islam zu provozieren, damit der Messias, die Erlösung und der Dritte Tempel kämen. Zum Glück hatte der israelische Inlandsgeheimdienst von den Plänen erfahren, die ziemlich weit gediehen waren, und hob die terroristische Zelle aus. Etzion und seine Kumpane kamen ins Gefängnis, wurden aber nach ein paar Jahren wieder freigelassen, obwohl sie auch verantwortlich waren für brutale Terrorangriffe auf mehrere palästinensische Bürgermeister, von denen zwei schwer verletzt und verstümmelt überlebten. Etzion, der bis heute als Aktivist agiert, ist in den radikalsten Siedlerkreisen ein hochangesehener Mann, er hat eine neue Bewegung gegründet, die dafür kämpft, dass Juden oben auf dem Tempelberg-Plateau beten dürfen, das vom islamischen Waqf kontrolliert wird.

Dass Etzion aber auch von anderen religiösen Juden geschätzt wird, musste ich erleben, als ich ihn für einen Film über die Siedlerbewegung interviewte. Mein Producer, ein frommer Mann mit besten Beziehungen in die radikalsten Kreise, begrüßte Etzion beinahe ehrfürchtig. Etzion hatte ein riesiges Poster mitgebracht, auf dem der Tempel via Photoshop auf ein heutiges Panoramafoto Jerusalems eingearbeitet war. Das Foto war vom Ölberg aufgenommen, man sah also das Jerusalem mit Straßen, Autos und Bussen, und oben stand statt des Felsendoms mit seiner goldenen Kuppel und der Al-Aksa-Moschee der »Dritte Tempel«, nach den detaillierten Beschreibungen aus der Thora gezeichnet. Mein

Producer betrachtete das Poster ganz ehrfürchtig, schaute Etzion an, versicherte ihm, dass er eine ganz wichtige Arbeit mache und zeigte mir das Poster ganz begeistert in der Überzeugung, dass ich, der säkulare Jude, der aber immerhin doch aus einer chassidischen Familie stammte, die Bedeutung dieses Fotos zu schätzen wisse. Er war persönlich beleidigt, als ich ihn fragte, wie er sich das denn vorstelle. Wolle er einfach die muslimischen Heiligtümer sprengen und dann mal gucken, was geschehe? Kapiere er nicht, was für ein Wahnsinn das wäre? Dass dieses Foto den Untergang Israels bedeute? »Du glaubst nicht an Gott«, fauchte mich mein Producer an. Nun ja, in diese Diskussion wollte ich mich mit ihm wahrlich nicht einlassen, wir hatten sie viel zu oft miteinander geführt. Er konnte es einfach grundsätzlich nicht akzeptieren, dass jemand mit meinem Background politisch im »feindlichen« Lager wiederzufinden war.

Etzion gab sich im Interview relaxed und cool. Seine terroristische Vergangenheit sah er als notwendig an, um die Erlösung zu beschleunigen, man müsse aktiv helfen, um die Ankunft des Messias noch zu unseren Lebzeiten zu erleben. Und außerdem, wer könne Israels glorreiche Armee besiegen? Selbst wenn nach der Zerstörung der muslimischen Heiligtümer auf dem Tempelberg die gesamte muslimische Welt gegen Israel aufstehen würde, Israel würde doch gewinnen, das sei ja auch schließlich der Plan Gottes! Ich war in diesem Augenblick nur froh, dass nicht alle Frommen solch absurde Vorstellungen hatten, dass Etzion und die Seinen nur einen Teil der extremen Siedlerbewegung repräsentierten. Doch in Abwandlungen wie auf jenem Hügel war dieses ideologische Gift vielerorts wiederzufinden. Und es verbreitet sich und ist in einer modernen Demokratie nicht zu akzeptieren. Ja, der Staat geht gegen solche Radikale vor, wenn sie eine Straftat begehen oder begehen wollen. Aber wie geht man gegen eine Ideologie vor, die mündlich weitergegeben wird? Nach dem Abzug der Siedler aus Gaza 2005 haben sich Teile der Siedlerbewegung weiter radikalisiert. Man leistete damals den Sicherheitskräften nur passiven Widerstand. Viele hatten bis zum letzten Moment wirklich geglaubt, Gott werde den Abzug aus Gaza nicht zulassen. Doch es geschah, und zum Glück blieb die Konfrontation zwischen Siedlern und Armee unblutig. Doch das Trauma dieses Abzugs sitzt tief in der Siedlerbewegung. Und viele, vor allem Jüngere, die enttäuscht waren von der beschwichtigenden Politik der Siedlerführung, haben sich geschworen, die mögliche Auflösung weiterer Siedlungen im Westjordanland gewaltsam zu verhindern, wenn es denn eines Tages dazu kommen würde. Der Beschluss einer demokratisch gewählten Regierung würde von diesen Bürgern des Staates Israel nicht mehr akzeptiert werden. Sie nennen sich selbst auch nicht mehr »Israelis«, sondern »Juden«. Denn Israel ist für sie ein Staat, in dem Araber mehr Rechte hätten als Juden. So sehen sie das tatsächlich!

Solche Kräfte unterstützt also unser Entrepreneur, wenn er zur Wahl geht und seine Stimme einer rechten Partei gibt. Er, der auf den internationalen Hightech-Messen dieser Welt, irgendwo zwischen Silicon Valley und Shanghai herumreist, um seine Produkte anzubieten und das modernste Israel zu vertreten. Solche Kräfte, von denen er vielleicht im Einzelnen nichts weiß, über die er aber viel wissen könnte. Solche Kräfte, von denen sich die demokratische Rechte in Israel nicht strikt genug absetzt, weil sie mit den politischen Parteien, die diese vertreten, Koalitionen eingeht.

Unserem Unternehmer sind die schlimmsten Auswüchse dieser Extremisten bekannt, sie stehen in den Zeitungen. Wenn sie mutwillig und ohne Grund Olivenbäume der Palästinenser anzünden, wenn sie Moscheen anzünden als sogenannte »Price-Tag«-Angriffe, dann weiß unser Entrepreneur das, doch er schiebt es beiseite, verdrängt es. Das ist menschlich und geschieht so auch in anderen Gesellschaften, doch in dem religiös so aufgeheizten »Heiligen Land« ist das noch mal anders. Denn es geht immer noch um die Frage und den Kampf, ob Israel ein liberal-demokratischer Staat sein will oder ob es zum Gottesstaat mutieren möchte. Und wie das auch in anderen demokratischen Gesellschaften so ist, die Rechte ist häufig besser organisiert, motivierter, zielstrebiger als die liberalen oder linken Kräfte im Land.

Diese rechten Säkularen waren und sind die wahren Totengräber des liberalen Israel. Damit begonnen hat Menachem Begin, als er 1977 als erster rechter Politiker Israels Premier wurde. Er hatte den Siedlungsbau zusammen mit Ariel Sharon vorangetrieben, er hatte mit heftiger Polemik alles, was er als Bedrohung für Israel sah, angegriffen: Die Araber sowieso, aber auch die Linke und die »aschkenasische Elite«. Damit gewann er die Stimmen der einfachen orientalischen Juden, die bis heute traditionell rechts wählen. Und wieder so ein Paradoxon in Israel: Der polnische, aschkenasische Menachem Begin überzeugte die misrachischen Underdogs, ihn zu wählen, um die sozialistischen Aschkenasim an der Macht abzulösen. Begin wusste einen tiefen Riss in der frühen Gesellschaft Israels für sich auszunutzen und vertiefte ihn zugleich mit diesem Schritt. Für immer.

2 – Aschkenasim gegen Sephardim

Beginnen wir mit einer Begriffsklärung. Das hebräische Wort »Aschkenas« ist der alte Begriff für Deutschland und bezeichnet heute Juden, die aus dem europäischen Raum stammen. Das Wort »Sepharad« ist das hebräische Wort für Spanien und bezeichnet all jene Juden, die in Spanien lebten und nach der Reconquista 1492 in alle Himmelsrichtungen geflohen waren. Nach Marokko etwa oder in die Niederlande oder nach Bulgarien. Daher muss man bei Juden aus Europa genau schauen, woher die Vorfahren stammen, um wirklich zu wissen, wer nun »Aschkenasi« (Plural: Aschkenasim) ist und wer »Sephardi« (Plural: Sephardim). Die Bedeutung des Begriffs Sephardi hat sich in Israel noch einmal verändert. Man benutzte ihn für alle orientalischen Juden, selbst für diejenigen, die überhaupt nicht von den »echten« sephardischen Juden abstammten. Inzwischen hat sich der Begriff »Misrachim« eingebürgert, der alle orientalischen Juden meint. »Misrach« heißt auf Hebräisch »Osten«. Die US-amerikanischen Juden sind überwiegend Aschkenasim, doch auch unter ihnen gibt es Sephardim. In Marokko haben die »echten« Sephardim immer einiges auf sich gehalten. Bis heute wird in ihren Familien auch Spanisch gesprochen, man sah sich intellektuell und wirtschaftlich als Elite gegenüber den sogenannten »Berber«-Juden. Ein marokkanisch-kanadischer Freund von mir, der aus Montreal stammt, erzählte mir gleich zu Beginn unserer Bekanntschaft, dass seine Eltern, die aus Casablanca stammen, auch in Kanada immer noch miteinander Spanisch sprechen. Adel verpflichtet!

Der Zionismus ist ein durch und durch »aschkenasisches« Projekt. Die russischen Vordenker, Theodor Herzl mit seinem ungarisch-österreichischen Background und viele andere, die ihm folgten, bis hin zu David Ben-Gurion oder Chaim Weizmann, sie alle waren Aschkenasim und hatten die Gründung eines jüdischen Staates zum Ziel, um sich vom Antisemitismus der Russen und jenes Teils Europas zu befreien, in dem damals überwiegend Aschkenasim lebten, so auch in Frankreich.

Aschkenasim bauten also Israel auf. Sozialistische Aschkenasim. Ihre Partei – die übrigens mehrfach den Namen wechselte, doch dieses Chaos mag ich dem Leser gern ersparen – herrschte bis 1977 unangefochten. Sie herrschte im prästaatlichen Jischuw, und sie stellte nach 1948 29 Jahre lang den Premier des Landes. Mit dem Sieg des rechten Menachem Begin, eines polnischen Juden und Aschkenasi, änderte sich das schlagartig.

Bereits vor der Staatsgründung lebten Juden in Palästina. Das waren vor allem jene, die viele Generationen im Land geblieben waren, die Eretz Israel nie verlassen hatten. Sie waren natürlich »Misrachim«, Palästina war ja Levante, also »Osten«, dementsprechend auch der Ritus, nach dem in ihren Synagogen gebetet wird. Doch die Mehrheit der Einwanderer waren Aschkenasim oder, wie sie auch genannt werden: »Weiße«. Denn sie hatten hellere Haut als die meisten Misrachim und blaue Augen und sahen überhaupt nicht nahöstlich aus. Viele von ihnen hatten eine exzellente säkulare Ausbildung. Sie hatten studiert, kannten die europäische Literatur, die klassische Musik, sprachen mehrere damals international wichtige Sprachen wie Deutsch, Russisch, Französisch, Englisch, sie konnten Jiddisch, zumindest jene, die aus Osteuropa stammten, kurz: Sie waren Europäer durch und durch. Und Europa war Ende des 19., Anfang des 20. Jahrhunderts noch immer das kulturelle Zentrum der Welt. Und: Viele von ihnen waren typisch europäische Rassisten. Auch dieses kulturelle Erbe hatten sie mit in den Nahen Osten gebracht. Selbst Opfer des rassistischen, antisemitischen Europas, waren sie schnell dabei, alles als »primitiv« abzutun, was nicht europäisch war. Das wurde damals allerdings nicht als »Rassismus« verstanden, sondern als »ganz normale« Überlegenheit Europas gegenüber allen anderen. Da standen sie in bester Tradition der Alten Welt. Auf Araber wurde herabgesehen und auf jene Juden, die aus den orientalischen Ländern einwanderten: aus dem Irak, aus dem Jemen, aus Marokko und anderen Ländern. Auch sie galten als »Araber«, sie waren »Wilde«.

Ben-Gurion und seine Führungsmannschaft behandelten diese Neuankömmlinge wahrlich nicht besonders zuvorkommend. Es stimmt schon, viele von ihnen hatten tatsächlich keine besonders gute Ausbildung, konnten oftmals außer Arabisch oder Aramäisch keine andere Sprache, hatten kein technisches oder wissenschaftliches Know-how jener Zeit. Man hatte sie ins Land geholt, weil man sie brauchte, weil der Holocaust das aschkenasische Judentum dermaßen dezimiert hatte, dass nicht genug »Europäer« nach Israel kommen konnten. Und weil Israel schließlich Heimat für alle Juden sein sollte. Orientalische Juden mussten nach der Staatsgründung Israels oftmals fliehen, weil sie aus ihren arabischen

Heimatstaaten vertrieben wurden, viele wollten nicht unbedingt nach Zion, doch weil sie gläubig waren, hatten sie immer auf eine Rückkehr gehofft. Die kam nun. Allerdings anders, als sie sich das erträumt hatten. Denn als sie ankamen, wurden viele abgeschoben in die Peripherie des Landes. Ben-Gurion nutzte viele Misrachim als Mittel, um die Randgebiete des damals noch winzigen Israel zu besiedeln. Man brauchte und wollte sie nicht in den großen Städten – natürlich gab es Ausnahmen, aber so in etwa dachte die aschkenasische Führung und ging entsprechend vor.

Gleich bei der Ankunft erlebten die Misrachim ihre erste Demütigung. Sie wurden mit DDT besprüht, weil man Angst hatte, sie könnten allerlei Ungeziefer in das ach so europäische Israel einschleppen. Viele Misrachim kamen in »Ma'abarot« in Auffanglager, teilweise in den Städten, wie etwa in Jerusalem, wo sie aber als »Schwarze« hängenblieben und nur mühsam den Weg rausfanden, meistens in ärmere Stadtteile, die dann »typisch misrachisch« wurden. Das soziale Gefälle zwischen Misrachim und Aschkenasim war deutlich sicht- und spürbar. Ausnahmen bestätigten natürlich immer wieder die Regel. Im Irak beispielsweise gab es eine jüdische Elite an Ärzten, Anwälten, Richtern, Bankern, die die Geschicke des Landes intensiv mitgestaltet hatten. Anfang der fünfziger Jahre verließen viele den Irak. Ihnen wurde alles abgenommen, was sie besaßen, viele von ihnen waren vermögend gewesen und mussten nun alles zurücklassen und als arme Schlucker nach Israel gehen. Der Vater einer sehr guten Freundin war so ein Fall. Er hatte alles verloren damals und ging ohne einen Cent mit seiner Frau und seinen Kindern nach Israel. Meine Freundin war in Bagdad geboren und fünf Jahre alt, als sie nach Israel kam. Sie erinnert sich noch heute, wie das war am irakischen Flughafen. Alle mussten sich ausziehen, und die Soldaten inspizierten alle Körperöffnungen der Männer und der Frauen, ob darin nicht Goldmünzen oder Diamanten versteckt waren. Jedesmal, wenn sie darüber sprach, begann sie zu zittern. Und als ich mit ihr einmal in München in ein irakisches Restaurant gehen wollte, schaute sie mich entsetzt an und schrie: »Nein! Auf keinen Fall!« So groß war das Trauma jenes Abflugs aus Bagdad auch noch nach Jahrzehnten. Die Jahre in den Ma'abarot waren keine glücklichen Jahre. Sie war ein kleines Mädchen mit dicken schwarzen Zöpfen, dunklen Augen und einer olivgrünbraunen Haut. Eine Schönheit. Auch später als erwachsene Frau. Doch damals wurde sie nur »Kushit« genannt, »Schwarze« würde man das heute übersetzen. Ein Schimpfwort also. Nach der Armeezeit verließ sie Israel und ging nach Deutschland. Als misrachische Jüdin hatte sie keine Berührungsängste mit den Deutschen. In Deutschland wurde sie als Exotin bewundert. Zum ersten Mal erlebte sie Anerkennung, die Deutschen mochten sie, sie fühlte sich wohl mit Deutschen, nur wenn Araber in der Nähe waren, begann sie zu zittern und nervös zu werden.

Wer diese Zeilen liest und sich in der Geschichte des Staates Israel auskennt, mag nun einwerfen, dass er viele Erfolgsgeschichten orientalischer Juden in Israel kenne, auch aus der Anfangszeit des jüdischen Staates. Gewiss ist das so, dem widerspreche ich nicht, aber dennoch ist das »Makrobild« der Zeit damals, was misrachische Juden betrifft, eines der angeblichen Minderwertigkeit, der Unterdrückung, der Benachteiligung. Die »aschkenasische Elite« machte Politik mit den Misrachim, die sich bemühten, ihre Muttersprache Arabisch nicht mehr zu sprechen, da es die Sprache des Feindes und damit verpönt war. Und so begannen viele, ihre arabisch-jüdische Kultur zu verleugnen. Kulturelle Gepflogenheiten wie das Rauchen der Nargila, der Wasserpfeife, wurden aufgegeben oder nur noch daheim gepflegt. Erst heute ist das unter misrachischen Jugendlichen wieder »in« – und übrigens auch unter aschkenasischen Israelis, die ja nun auch schon »Orientalen« sind, da sie in Israel geboren und aufgewachsen sind. Die jüngere Generation findet Nargila-Rauchen cool, es ist ein Teil ihrer eigenen Identität und Kultur geworden.

Damals, in den fünfziger und sechziger Jahren verließen also viele Misrachim ihre Heimatländer oder mussten gehen, so auch die ägyptischen Juden nach dem Sechs-Tage-Krieg 1967. Jene, die über Bildung und Geld verfügten, wählten oftmals andere Länder als Israel. Viele gingen nach Frankreich, auch ein Teil der Juden aus dem ägyptischen Alexandria, weil viele von ihnen in den Schulen der »Alliance Israélite Universelle« Französisch gelernt hatten. Die AIU war eine jüdische Organisation aus Frankreich, die sich für die Stärkung des Judentums vor allem in der muslimischen Welt stark machte. Andere gingen nach Kanada und in die USA. Es waren also tatsächlich oft die ärmeren Schichten, die nach Israel kamen, sie hatten häufig keine andere Wahl.

Wie heikel die Beziehungen zwischen Aschkenasim und Sephardim / Misrachim war und immer noch ist, zeigt die Affäre um die verschwundenen jemenitischen Kinder. Zwischen 1948 und 1958 waren über 700 000 orientalische Juden nach Israel gekommen, darunter auch viele aus dem Jemen. Zwischen 1948 und 1954 verschwanden Hunderte jemenitischer Babys. Den Eltern wurde in den israelischen Krankenhäusern mitgeteilt, ihre Neugeborenen oder Kleinkinder seien gestorben. Doch genauere Informationen oder Belege bekamen diese Eltern nie. Sie behaupten bis heute, ihre Kinder seien gekidnappt oder aschkenasischen Familien übergeben worden. In einigen Fällen konnten solche Kinder später mittels DNA-Tests ihre biologischen Eltern ausfindig machen. Das Thema kommt alle paar Jahre in Israel wieder in die Medien. Es gab mehrere Untersuchungskommissionen, die alle mehr oder weniger zu dem Schluss kamen, dass die Kinder tatsächlich verstorben, die Behörden allerdings damit nicht richtig umgegangen seien und die Krankenhäuser und Ärzte Mist gebaut hatten. Zuletzt wurde wieder einmal im Jahr 2016 eine Untersuchung der Affäre auf Empfehlung von Premier Netanyahu durchgeführt. Im vergangenen Jahr kam man zu dem Ergebnis, dass keines der Kinder entführt oder zur Adoption freigegeben worden sei, dass sie tatsächlich verstorben seien, dass aber nicht der Staat

Israel dafür verantwortlich gemacht werden könne, sondern jene Ärzte damals, die mit den Kindern nicht sorgsam genug umgegangen seien und sie sträflich vernachlässigt hätten.

Was auch immer daran wahr ist oder nicht, wissen wir nicht. Selbst wenn der Staat Israel tatsächlich nichts mit dem Verschwinden der Kinder zu tun gehabt haben sollte, allein die Tatsache, dass die Ärzte möglicherweise medizinisch nicht aufmerksam genug mit den Babys und Kleinkindern umgegangen sind, spricht Bände über den »Wert« eines misrachischen Kindes in der damaligen Zeit. Dass diese Affäre immer wieder hochpoppt, hat auch damit zu tun, dass sich die Misrachim in Israel bis heute als benachteiligte Gruppe verstehen und die Aschkenasim immer noch als »Elite« ansehen.

Und im Prinzip haben sie recht. Ja, es gab inzwischen einen misrachischen Präsidenten – Moshe Katzav –, es gab und gibt misrachische Generalstabschefs und Minister, sogar die »aschkenasische« Arbeitspartei hatte schon einen misrachischen Vorsitzenden, Amir Peretz, und hat jetzt mit Avi Gabbay seit 2017 wieder einen Vorsitzenden, dessen Familie aus Marokko stammt. Aber noch nie war ein Misrachi Premierminister. Diese Bastion ist noch nicht genommen. Die Mehrheit der großen Wirtschaftstycoons in Israel sind Aschkenasim, die »alte« Elite, die reichen, großen Familien, sind immer noch überwiegend aschkenasisch und halten zusammen, denn sie versuchen, die misrachischen Tycoons, die es inzwischen ebenfalls gibt, außen vor zu lassen, das allerdings eher wegen der wirtschaftlichen Konkurrenz. Sie versuchen, die Pfründe, die sie seit Jahrzehnten unter sich aufgeteilt haben, zu erhalten. Das ist nicht nur in Israel so, sondern überall auf der Welt. Israel ist winzig klein, daher ist alles viel überschaubarer. Man spricht von sieben bis zehn Familien, die den größten Reichtum im Land unter sich ausmachen. Doch mit dem Hightech-Boom ist auch dieses Monopol nicht mehr garantiert, denn inzwischen verdienen junge Start-up Genies mit ihren Exits dreistellige Millionen- und Milliardensummen, sie erobern die neuen Märkte, in die die »alte Elite« nicht mehr hineinkommt, da sie von Hightech nichts versteht. Doch auch da muss man sagen: Die Mehrheit der Start-up Millionäre sind erneut Aschkenasim. Misrachim kämpfen immer noch für bessere Schulen, bessere soziale Bedingungen, bessere Voraussetzungen im Land.

Und spätestens seit den siebziger Jahren haben sie auch den Mut gehabt, den Mund aufzumachen. Damals entstand in Musrara, einem Armenviertel von Jerusalem, eine Protestbewegung, die sich »Black Panther« nannte, in Anlehnung an die schwarze Protestbewegung in den USA. Der israelische »Black Panther« hatte nur ein Thema: die soziale Diskriminierung der Misrachim. Damals wanderten viele Juden aus der UdSSR ein, und es war offensichtlich, dass die aschkenasische Elite diese Juden besser behandelte als die aus den arabischen Ländern. Mehrfach organisierte der »Black Panther« Demonstrationen, die nicht genehmigt waren, aber dennoch durchgeführt wurden. Am 18. Mai 1971 versammelten sich etwa 7000 Demonstranten auf dem Zionsplatz in Jerusalem, um gegen rassistische Diskriminierung zu protestieren. Auch diese Demonstration war von der Polizei verboten worden. Als die Sicherheitskräfte anrückten, um die Demo aufzulösen, wurde es gewalttätig. Die Demonstranten warfen Steine und Molotowcocktails. Es gab Verletzte und zahlreiche Verhaftungen. Während Premierministerin Golda Meir noch im April desselben Jahres nach einem Treffen mit der Führung des »Black Panthers« schnippisch erklärt hatte, diese Leute seien »nicht nett«, musste sie nach der gewaltsamen Demo reagieren. Und was machen Politiker in solch einem Fall? Genau, man richtete ein Komitee zur Untersuchung der sozialen Probleme ein.

Tatsächlich bestätigte es, dass es rassistische Benachteiligungen gab. Daraufhin wurden Gelder zur Verfügung gestellt, um neue soziale Programme aufzulegen. Doch dann kam der Yom-Kippur-Krieg 1973, das Geld wurde für die Verteidigung benötigt, aus den

Sozialplänen für die Misrachim wurde nichts. Irgendwann verschwand der »Black Panther«, doch viele seiner Führer und auch andere suchten und fanden den Weg in die Politik.

Ironischerweise war es ein Aschkenasi, der den Misrachim scheinbar eine politische Stimme gab, nachdem der »Black Panther« gescheitert war. Es war Menachem Begin, ein polnischer Holocaust-Überlebender, ein Falke und Rechter, lange Jahre Oppositionsführer. Ihm war die Quadratur des Kreises gelungen: Nach 29 Jahren Führung der Linken schaffte er bei den Parlamentswahlen 1977 den Wahlsieg und wurde Israels erster rechter Premier. Dies gelang ihm mit Hilfe der Stimmen der orientalischen Juden. Er schaffte es, sie davon zu überzeugen, dass er »einer der ihren« war. Auch seine Stimme, die Stimme der Rechten, würde nicht gehört, auch er und seine Partei seien der »Underdog« wie die Misrachim, auch er würde von der »aschkenasischen Elite« kleingehalten. Begin also, der Pole, die politische Rechte und die Misrachim, sie alle säßen im selben Boot, so zumindest lautete die Botschaft. Und sie funktionierte. Dass er ein europäischer, hochgebildeter Mann war, dass er im Grunde zur »Elite« gehörte, das wurde übersehen angesichts seiner nationalistischen, traditionalistischen Töne, die bei den eher konservativen und religiösen misrachischen Israelis ankam. So ist es bis heute geblieben. Denn auch Benyamin Netanyahu ist natürlich Teil der »aschkenasischen Elite«, doch auch er findet seine Wählerschaft in den ärmeren Vierteln von Ashdod und Ashkelon, wo viele Juden aus den orientalischen Ländern leben.

Legendär sind die Besuche des früheren Likud-Premiers Ariel Sharon im Machane-Yehuda-Shuk in Jerusalem, wo die Gemüse- und Obsthändler an ihre Buden Bildchen von sephardischen Rabbinern und Weisen befestigen, vom Baba Sali und Rabbi Ovadia Yosef und Rabbi Yitzhak Kadouri und vielen anderen. Sharon – der fast schon selbstverständlich k e i n Misrachi war – besuchte die Marktstände, schüttelte Hände, ließ sich mit den Händlern aus

Jemen und Marokko und dem Irak ablichten, um zu zeigen: Hey, ich bin einer von euch!

1984 entstand die »Shas«-Partei. Sie war eine misrachische Abspaltung von der aschkenasischen, ultraorthodoxen Partei »Agudat Jisrael«. »Shas« ist die Abkürzung für »Schomrei Thora Sephardim«, zu Deutsch etwa: »Sephardische Thora-Hüter«. Seit damals ist Shas politisch die wichtigste misrachische Partei mit mehrfacher Regierungsbeteiligung. Ihr Führer war und ist wieder Aryeh Deri. Anfangs gemäßigt, wurde die Partei unter ihm mit den Jahren immer extremistischer in ihren politischen Positionen, vor allem aber wollte sie die Stimme jener sein, die bis heute benachteiligt werden. Deri war der erste Misrachi, der sich nicht mehr schämte vor den Aschkenasim. Er bot ihnen die Stirn. Deri war ein brillanter Denker, er hatte rasch Befürworter unter den linken, aschkenasischen Intellektuellen ebenso wie unter den rechten »Europäern«. Da das weiße Israel seine Bevölkerungsgruppe stets vernachlässigt hatte, baute er ein eigenes Schulsystem auf, das Shas finanzierte. Absurderweise ist Shas aber dafür mitverantwortlich, dass die Armut in weiten Teilen der misrachischen Gemeinschaft weiter anhält. Die Wählerschaft von Shas ist die überwiegend arme Bevölkerung, einfache Arbeiter, Handwerker, Taxifahrer. Während Shas ultraorthodox ist, sind es die Wähler häufig nicht, wenngleich sie traditionell bis abergläubisch-religiös sind. Diese Menschen haben oft mehr als drei Kinder und alle Hände voll zu tun, um deren Mäuler zu stopfen. Das Leben ist hart und teuer in Israel, und diese Eltern arbeiten Tag und Nacht und müssen sich darauf verlassen, dass die älteren Geschwister nach der Schule auf die Jüngeren aufpassen. Shas dringt seit Jahrzehnten in genau diese Viertel und Gegenden ein, wo eine arme, kleinbürgerliche misrachische Gemeinschaft lebt.

Und was macht die Partei? Dasselbe, was die Hamas in Gaza und andere fundamentalistische Organisationen in anderen Ländern tun: Shas baute ein soziales Netzwerk auf, um den Armen dort zu helfen, wo der Staat sie im Stich lässt oder mit seinen Aufgaben nicht mehr nachkommt. Und so holt Shas die Kinder von der Straße, gibt ihnen ein warmes Mittagessen nach der Schule, gibt ihnen ein wenig Religionsunterricht, das kann ja nicht schaden. Ganz langsam werden diese Kinder fromm – und zwingen so ihre Eltern, ebenfalls religiös zu werden. Sie essen nur noch koscher – also müssen die Eltern daheim einen koscheren Haushalt führen. Sie wollen den Shabbat halten – also müssen die Eltern mitmachen. So »dreht« Shas eine Gesellschaft total um. Doch in deren Schulen lernen die Kinder nichts, was sie für einen sozialen Aufstieg gebrauchen könnten. Viel Thora und Talmud, Basiswissen in Mathematik und Ähnliches, nicht viel mehr. Natürlich gibt es inzwischen große, wunderschöne Schulen von Shas, etwa in Tiberias am See Genezareth oder in Beit Shemesh in der Nähe von Jerusalem. Doch mit ihrem sozialen Engagement perpetuiert Shas die Armut nur in die nächste Generation. Und das ist durchaus auch so gewollt. Denn nur so behält Shas seine Wählerschaft. Aufgeklärte Misrachim, erfolgreiche Misrachim wählen Shas nicht. Sie wählen andere Parteien, nach ganz anderen Gesichtspunkten als rein ethnischen.

Dennoch hatte Deri auf dem Höhepunkt seiner Macht die Möglichkeit, der erste misrachische Premier des Landes zu werden. Seine Partei kam 1999 mit 13 Prozent der Stimmen auf 17 Sitze in der Knesset und hätte wohl noch mehr bekommen können. Wenn Deri denn nicht ins Gefängnis gemusst hätte. Gegen ihn wurde ermittelt. Wegen Korruption. Und er wurde verurteilt. Deri wusste diese Verurteilung für sich zu nutzen. Er stilisierte sich zum Opfer der Aschkenasim. Es gäbe andere Politiker, die noch viel mehr Dreck am Stecken hätten als er, aber sie kämen davon, sie seien ja schließlich »Europäer«. Er ging ins Gefängnis und mit ihm, symbolisch, das gesamte misrachische Judentum. Es gelang ihm zwar, seine Biografie zur Biografie aller zu machen, er stilisierte sich zum »Märtyrer«, den die Aschkenasim fertigmachen wollen. Doch seine Jahre im Gefängnis haben ihn dennoch geschwächt. Unter Eli Yishai, der während seiner Haftzeit die Führung der Shas innehatte, verlor die Partei ihren Nimbus etwas, der spirituelle Mentor, Rabbi Ovadia Yosef, starb, was der Partei auch nicht guttat. Inzwischen ist Deri wieder an der Spitze der Partei und Minister. Ovadia Yosef hatte ihn wieder nach ganz oben katapultiert, Yishai verließ Shas und gründete eine eigene Partei, die jedoch nicht reüssierte. Zwar ist Shas Teil der Regierungskoalition von Premier Netanyahu, Deri agiert als Wirtschaftsminister, doch erneut wird gegen ihn vermittelt, er soll möglicherweise wieder in Korruptionsfälle verwickelt sein.

Außerhalb der Knesset gibt es eine andere kleine, aber feine misrachische Gruppe, die sich sozial engagiert und den Graben zwischen Aschkenasim und Misrachim schließen will: HaKeshet HaDemokratit HaMizrahit, die »Misrachische Regenbogen-Koalition« oder kurz nur »Keshet« genannt, zu Deutsch: Regenbogen. Diese NGO wurde von orientalischen Intellektuellen und Universitätsprofessoren gegründet und will, anders als der »Black Panther« und »Shas«, vor allem mit der Entwicklung von Förderprogrammen für Jugendliche den prozentualen Anteil orientalischer Juden in allen akademischen Berufen steigern. Keshet bemüht sich auch um den Dialog mit den Palästinensern. Bereits in den achtziger Jahren hatte eine Reihe von misrachischen Universitätsprofessoren die lose Gruppe »East for Peace« gegründet. Sie waren und sind überzeugt, dass nur sie Frieden mit den Palästinensern schließen können, schließlich sprächen sie dieselbe Sprache, nicht nur wortwörtlich gemeint, sondern auch kulturell.

Heute findet man zunehmend Kinder orientalischer Einwanderer, die von sich sagen: »Wir sind arabische Juden«, eine Selbstdefinition, die noch vor zwanzig Jahren undenkbar gewesen wäre. Aus der Beobachtung an mir selbst muss ich sagen, dass es für viele Aschkenasim schwierig ist, sich in die arabische Kultur hineinzudenken. Ja, es ist auffällig, dass die meisten Israelis kein Arabisch können, höchstens rudimentär. Die Sprache interessiert sie nicht. Ist das purer Hochmut? Ja, sicher auch das ein wenig. Aber es ist mehr noch die Überzeugung »zum Westen« zu gehören, Sprachen lernen zu wollen, die für den wirtschaftlichen Fortschritt und Aufstieg wichtiger sind als Arabisch. Ich treffe immer häufiger auf junge Israelis aus der Hightech-Branche, die fließend Mandarin sprechen. Business mit China, das ist ja die Zukunft. Geschäfte mit Arabern? Wäre schön, wird aber wohl so schnell nicht stattfinden, also wozu die Sprache? Das Bisschen, was man in der Schule gelernt hat, wurde vernachlässigt und ist längst vergessen. Drückt sich da nicht auch ein wenig der alte »westliche« Snobismus gegenüber den »Barbaren« aus, wenn auch wahrscheinlich unbewusst? Ob die Misrachim aber tatsächlich die besseren Gesprächspartner für die Palästinenser wären, sei dahingestellt. Ja, vor allem die Älteren unter ihnen sprechen noch Arabisch. Der inzwischen verstorbene, ehemalige sozialdemokratische Minister »Fuad« Ben-Eliezer hatte ein enges Freundschaftsverhältnis zum Beispiel mit Hosni Mubarak, Ägyptens früherem Präsidenten. Natürlich parlierten sie in ihrer beider Muttersprache miteinander. Aber sind Misrachim wirklich die verständnisvolleren Partner? Nicht selten hört man von ihnen Sätze wie: »Ihr Aschkenasim habt ja keine Ahnung, wie schrecklich die Araber sind. Wir haben mit ihnen gelebt, wir kennen sie in- und auswendig. Denen ist nicht zu trauen!« Und dann folgen oft Flüche und Drohungen, die um vieles schlimmer sind, als alles, was ich je von Aschkenasim über Araber gehört habe.

Wie sieht es nun heute aus mit dieser Trennungslinie zwischen Sephardim und Aschkenasim? Ist sie immer noch so scharf, so krass, wie oben beschrieben? Ja und Nein. Natürlich, das Problem beginnt allmählich zu verblassen, dafür sorgen die vielen Eheschließungen zwischen europäischen und orientalischen Israelis. Spätestens bei deren Kindern ist das Thema passé. Ich habe Freunde mit den interessantesten »Mischungen«: Eine Politologin, deren Vater aus Rumänien stammt und die Mutter aus dem Irak, eine Start-up-

Gründerin mit einer tunesischen Mutter und einem französisch-aschkenasischen Vater, ein Kameramann mit einem marokkanischen Vater und einer deutschen Mutter, ein Bauunternehmer mit einer britischen Mutter und einem jemenitischen Vater.

Diese Verbindungen werden zunehmend selbstverständlich, und wenn man junge Israelis fragt, so verstehen sie kaum noch die Problematik, allerdings gibt es auch hier wieder Ausnahmen: Lange lebte eine gute Bekannte namens Tal, die aus einer marokkanisch-libyschen Familie stammte, mit einem Mann zusammen, dessen beide Eltern aus Deutschland kamen, ein echter Jecke also. Die Familie des Mannes, er hieß Raviv, war eine typische assimilierte Familie aus Berlin, man war sozusagen erst durch Hitler wieder »jüdisch« geworden. Man floh nach Palästina und lebte dort das typische bildungsbürgerliche europäische Leben weiter, wenngleich anfänglich unter wesentlich schwierigeren Voraussetzungen. Die Familie der Lebensgefährtin des bereits in Israel geborenen Jecke hatte die »typischen« sozialen Umstände: arm, viele Kinder, sehr traditionell, ohne große Bildung. Aber Tal war wunderschön, ausnehmend schön, hatte studiert und war – schon rein äußerlich – für den jeckischen Israeli eine wunderbare »Trophäe«. Ihr Lebensgefährte liebte sie, aber er verachtete die Lebensweise ihrer Familie. Als typischer säkularer Tel Aviver machte er sich über all den abergläubischen Schnickschnack in ihrer Familie lustig. Wenn sie zum Shabbat-Essen bei ihr daheim eingeladen waren, machte er Witze und nahm die religiösen Zeremonien nicht ernst. Mal abgesehen davon, dass dies nicht von besonders guter Erziehung zeugt, so ist ein solches Verhalten durchaus typisch für die Arroganz der säkularen Tel Aviver. Anstatt ihren Freund in die Schranken zu weisen, wurde auch die Frau zunehmend säkular und machte sich irgendwann ebenfalls nur noch lustig über den einfachen Glauben ihrer Eltern und ihrer misrachischen Freunde. Sie wurde, wie konnte es anders sein, »päpstlicher als der Papst«, begann ihre eigene Identität zu verleugnen und wurde zunehmend »aschkenasisch« und

Tel Avivisch, obwohl sie aus Petach Tikva stammte. Nach fünf Jahren war die Beziehung vorbei, die beiden trennten sich. Im Guten, immerhin.

Wir kannten uns seit Jahren, und eines Tages fragte sie mich, ob ich sie schnell zu einem Termin fahren könnte, weil ihr Auto kaputt wäre. Ich holte sie ab, und während wir fuhren, fiel mir plötzlich ein, dass in wenigen Tagen Pessach war und ich unbedingt noch Mazza Schmura kaufen musste, die »beaufsichtigten« ungesäuerten Brote, die man an Pessach sieben Tage lang isst. Sie starrte mich an und fragte ungläubig: »Du isst Mazzot an Pessach?« Ich bejahte, und sie begann schallend, fast hysterisch zu lachen. Was denn dieser Schwachsinn solle, kein gesäuertes Brot zu essen, ich sei doch nicht religiös, ob ich noch alle Tassen im Schrank habe. Und außerdem sei ich doch Aschkenasi, was das denn solle? Ich schaute sie überrascht an und erklärte ihr, dass dies in meiner Familie Tradition sei und ich diese Tradition gerne aufrechterhalte, es brächte mich nicht um, eine Woche kein normales Brot zu essen, ich fände das als Ritual einfach schön. Wieder reagierte sie heftig, bezichtigte mich eines mittelalterlichen Aberglaubens, der so gar nicht meinem Lebensstil und meinem Bildungsgrad entspräche. »Das ist dein Problem«, sagte ich ihr, »ich kann beides gut miteinander vereinbaren, ich fühle mich damit wohl und ich mag diese Tradition«.

Ich verunsicherte sie. Sie habe noch nie einen Aschkenasi wie mich erlebt. Ob man denn in meiner Familie auch Kiddusch mache und den Shabbat halte. Ja, sagte ich, natürlich. Und wenn ich bei meiner Familie bin, dann respektiere ich das auch und verhalte mich dementsprechend, auch wenn ich selbst meinen Glauben nicht mehr praktiziere. Sie wurde still. Irgendwann aber schaute sie mich an und sagte: »Ich glaube, ich habe mit Raviv meine gesamte misrachische Identität verleugnet.« Und sie begann mir zu erzählen, wie sie sich nicht einmal mehr getraut habe, alte Kinderlieder, die ihr einst in judäo-arabisch vorgesungen wurden,

Raviv vorzusingen, um ihm zu zeigen, mit welchen Dingen sie groß geworden ist und was ihr ein Stück Heimat und Zuhause gab. Tal hatte danach ein allmähliches »Coming back« zu ihren Wurzeln. Sie begann damit, ihre Familie am Shabbat und an den Feiertagen wieder zu besuchen, freute sich an den Ritualen. Natürlich blieb sie weiterhin säkular, aber sie unterdrückte ihr Erbe nicht mehr, das einen wichtigen Teil ihrer Person ausmachte.

Vielleicht ist die Geschichte dieser Bekannten ein krasses Beispiel für das Lebensgefühl vieler Misrachim in Israel, die in der einen oder anderen Weise einen Minderwertigkeitskomplex gegenüber den europäischen Juden zumindest unbewusst noch haben. Doch für mich spiegelt diese Story das Lebensgefühl dieser Bevölkerungsgruppe ziemlich eindrucksvoll wieder.

Es gibt aber auch noch eine andere Seite des misrachisch-aschkenasischen Problems. Wie ja nun deutlich dargestellt, so haben es die misrachischen Einwanderer extrem schwer gehabt. »Na und?«, fauchte mich die berühmte Historikerin und Zionismusforscherin Anita Shapira bei einem Abendessen an, »was meinst du, wie unsere Vorfahren, die aus Russland und Polen kamen, hier im Land angefangen haben? Die hatten ja noch weniger als nichts, da gab es den Staat noch nicht, da mussten sie sich noch mit Malaria und Pocken und Cholera herumschlagen, wussten nicht, was der nächste Tag bringt. Denen hat niemand geholfen. Sie haben mit ihren bloßen Händen diesen Staat aufgebaut, ohne vorher zu wissen, ob das überhaupt gelingen wird. Auch sie waren in Zeltlagern, hatten außer dem Hemd und der Hose am Leib nichts besessen, als sie in Palästina ankamen. Die Misrachim sollen nicht so wehleidig sein, wir Aschkenasim kennen Not und Leid und Überlebenskampf mindestens ebenso gut wie sie.« Ein stichhaltiges Argument, so scheint es. Und es gewährt auch einen Einblick in den Unmut vieler europäischer Juden, die ja nicht weniger gelitten hatten als die Misrachim, von den Holocaust-Überlebenden, die nach 1945 ins Land kamen, mal ganz zu schweigen.

Inzwischen gewinnen die Misrachim den Wettlauf mit den aschkenasischen Israelis auf ganz eigene Weise. Israel heute ist einerseits unglaublich amerikanisiert, gleichzeitig wird das Land fast zwangsläufig immer orientalischer. Lange als europäische Bastion in der Levante angesehen – und so sahen sich die frühen Aschkenasim auch – kommt der jüdische Staat doch allmählich im Nahen Osten an, der arabische Einfluss nimmt zu, »typisch israelische Speisen« wie Hummus, Falafel, Tehina, Shuarma sind natürlich in Wirklichkeit arabisch. Die Gewürze, die man auf dem Markt bekommt, sind orientalisch und werden in der Küche der misrachischen Familien seit jeher verwendet. Die Köstlichkeiten aus Marokko und dem Irak, aus dem Jemen und Persien passen viel besser zum Klima Israels als das »graue Essen« der Aschkenasim aus Osteuropa, wie die Misrachim verächtlich Gefilte Fisch und andere Spezialitäten der armen ostjüdischen Küche nennen. Und als Aschkenasi muss man neidlos anerkennen, dass deren Küche eindeutig besser ist als die eigene. Selbst die orientalische Musik und Harmonielehre hat längst Eingang gefunden in die moderne israelische Pop- und Jazzmusik, von den Rhythmen gar nicht zu sprechen.

Und dennoch: Vorurteile sind tief verwurzelt und kommen immer wieder hoch. Aschkenasim unter sich haben kein Problem, von den »Schwarzen« zu reden, von den »Franks«, den »Arssim« und »Frechot«, abfällige Begriffe für orientalische Prolls, die dem Klischee des deutschen »Mantafahrers« entsprechen. Die bösesten Witze werden über orientalische Frauen gemacht, die ihre pechschwarzen Haare blond färben (übrigens auch bei arabischen Frauen sehr beliebt). Man nennt diese Frauen auf Hebräisch »Schchordinit«, eine Wortzusammensetzung aus »Schachor«, schwarz, und »Blondinit«, Blondine. Oder, noch böser: eine »Blondine mit schwarzer Vergangenheit«. Und die neueingewanderten Franzosen, deren ungehobeltes, lautes und überhebliches Benehmen selbst den lauten Israelis auf die Nerven geht, heißen im Volksmund »Zarfokaim«, eine Wortbildung aus dem Wort

»Zarfat« für Frankreich und »Marokkaim«, für Marokkaner. Und keiner dieser Begriffe ist verniedlichend oder lieb gemeint. Es sind aschkenasische Erfindungen, denen die Misrachim nur mit einem schwachen Terminus wie »Wuswus« für Aschkenasim begegnen, vom Jiddischen »Wus?« für »Was?«.

Die Vorurteile auf beiden Seiten sind also da und blitzen vor allem bei Streitereien plötzlich massiv und aggressiv auf. Aber halt, habe ich nicht vorhin geschrieben, dass es bei jüngeren Israelis kaum noch eine Rolle spielt und immer mehr Ehen zwischen Misrachim und Aschkenasim geschlossen werden? Ja, habe ich. Halten Sie das für einen Widerspruch, ja? Willkommen in Israel, dem Land der Paradoxa!

3 – Steinzeit gegen Start-up

Das Phänomen ist inzwischen überall auf der Welt zu finden. Ein Staat, in dem es quasi verschiedene »Zeitalter« gibt, alles zwischen Steinzeit und dem 21. Jahrhundert. In Indien kann man das erleben, in China, in Afrika und auch in Israel. Steinzeit klingt bösartig, aber so ist es nicht gemeint. Es will nur sagen, dass es in jenen Ländern Menschen gibt, die die Errungenschaften beispielsweise der Elektrizität noch nicht kennen. Ich habe ja bereits beschrieben, dass es unter den Einwanderern aus Äthiopien so manchen gab, dem alles, womit wir seit Jahrhunderten leben, fremd war. Diese Menschen konnten und mussten sich den Umgang mit der modernen Welt in Israel erst erobern, was für einen hochzivilisierten Staat eine unglaubliche Anstrengung bedeutet.

Viele Israelis leben aber auch noch im »Mittelalter«, vielleicht sollte ich hier eher sagen, sie leben noch im 18. und 19. Jahrhundert. Ich meine damit Gruppen der ultraorthodoxen Juden, die sich in Israel vollständig von der Außenwelt abzuschotten versuchen. Wohlgemerkt, nicht alle Haredim tun das. Einige von ihnen arbeiten sogar an Computern oder lehren an Universitäten. Zugegeben, man findet solche Ultras in den USA häufiger als in Israel, doch auch hier gibt es sie. Aber dann sind da eben jene, die vollständig abgeschottet leben, wie etwa in Mea Shearim in Jerusalem. Alles ist Teufelszeug, was von der Welt da draußen kommt. Ja, man nutzt Elektrizität, aber Fernseher, Computer, Smartphones sind des Teufels und ebnen den Weg für ein ungezügeltes Leben ohne Moral, wo die Gesetze Gottes missachtet werden, Sex an jeder Ecke zu finden und zu sehen ist und wo man sich mit Dingen außerhalb der Thora beschäftigt. Auch hier gibt es Abstufungen, es gibt Gruppen, die beispielsweise das Nutzen eines Smartphones komplett verbieten, andere nutzen ein »koscheres« Smartphone, das ist ein Handy ohne Internetzugang. Verschmitzte haben ein »koscheres« und ein »unkoscheres« Handy, mit dem sie verbotene Dinge sehen können. Das tun sie aber nur, wenn sie allein und unbeobachtet sind. Der Geist ist willig, doch das Fleisch ist schwach. Selbst bei Gottesfürchtigen.

In diesen Kreisen gibt es keine Zeitungen, sondern Wandzeitungen, also Wände, an die hinplakatiert wird, wer gestorben ist, wer heiratet, wer Bar Mitzvah hat, welcher Rabbiner was wo gesagt oder gemeint hat. Andere religiöse Gruppen haben reguläre Zeitungen, die sich jedoch ausschließlich mit religiösen Dingen beschäftigen, dazu gehört auch die Politik der orthodoxen Parteien. Man besitzt keinen Fernseher, kein Videogerät. Es ist eine hermetische Welt mit ihren eigenen Gesetzen und Lebensvorstellungen, die aus einer Zeit stammen, die wir für längst vergangen halten. Tatsächlich ist ein Besuch in Mea Shearim, dem berühmtesten orthodoxen Viertel von Jerusalem, eine Zeitreise. Man hat tatsächlich das Gefühl, mit einem Schritt 200 bis 300 Jahre zurückgeworfen zu sein in die Lebenswelt des osteuropäischen Stetls. Was es allerdings bedeutet, in dieser Welt aufgewachsen zu sein, begreift man erst, wenn man in Kontakt kommt mit jungen Ultraorthodoxen, die den Weg hinaus gewagt haben, die geflohen sind aus dieser beengenden Welt.

Diesen jungen, mutigen frommen Juden hilft eine Organisation wie »Hillel«. Sie besteht aus Israelis, die ebenfalls vor langer Zeit den Weg »hinaus« gemacht haben, die also genau wissen, was dieser Schritt für den Einzelnen bedeutet. Auf Umwegen kam ich in Kontakt mit den Leuten von »Hillel« und so auch mit einigen Ultras, die es gewagt hatten, ihre Welt zu verlassen. Um zu verstehen, was das bedeutet, muss man wissen, dass für sie kein Weg zurückführt, sobald sie draußen sind. Man verlässt diese Welt und ist danach nicht nur in ihr geächtet, sondern man wird sogar für tot erklärt. Buchstäblich. In dem Augenblick, in dem ein ultraorthodoxer Mann oder eine ultraorthodoxe Frau aus diesen allerextremsten Gruppierungen den Weg nach draußen findet, sind er oder sie für die Eltern und die gesamte Familie gestorben. Die Familie sitzt Trauer, Shiva, sieben Tage lang, wie für einen echten Toten. Hinzu kommt die Schande für die Familie, dass ein Kind lieber zu jenen »Zijojnim«, zu den Gotteslästerern, zu den Sündigen gegangen ist, als hier zu bleiben, wo das Wort Gottes gilt. Diese Schande ist kaum wiedergutzumachen. Hinter dem Fliehenden schließt sich eine unsichtbare Pforte, und er oder sie sind sich bewusst, dass sie ihre Eltern, ihre Brüder und Schwestern, ihre Verwandten und Freunde nie wiedersehen werden. Es ist aus und vorbei.

Das Trauma, das diese jungen Menschen erleiden, ist nur zu erahnen. Die Schuldgefühle, die Einsamkeit, der Verlust. Nichts wird jemals mehr so sein, wie es war. Um aber einen solchen Schritt überhaupt gehen zu können, muss der Leidensdruck unerträglich groß gewesen sein. Es ist nicht nur die Neugier auf die andere Welt, die diese jungen Menschen treibt, weil das nicht ausreichen würde, um die brutalen Konsequenzen zu ertragen, es muss ein tatsächliches Verzweifeln an dieser Lebensweise vorangegangen sein. Und das bedeutet schlussendlich auch einen Zweifel an Gott. Denn wer aus dieser Welt bereit ist, die vermeintlichen Befehle Gottes zu verweigern, der muss Zweifel an Ihm bekommen haben. Nicht nur an der Lebensweise der Haredim. Diese Zweifel aber können sie mit niemandem teilen, denn in dieser Welt ist Zweifel an Gott nicht erlaubt. Es gibt andere orthodoxe Gruppen, in denen Zweifel an Gott zugelassen ist, Fragen dürfen gestellt werden, wenngleich man im Rahmen des Religionsgesetzes verbleibt. Aber Zweifel und Unsicherheit werden als normale Bestandteile des Glaubens wahrgenommen. Bei jenen Ultras, von denen ich hier spreche, ist das unmöglich. Der junge Haredi hat nirgends eine Anlaufstelle, nirgends die Möglichkeit, sein Herz auszuschütten, vielleicht sogar Antworten auf seine Fragen zu erhalten, die es ihm ermöglichen würden, in seiner Welt zu bleiben. Wer also dieses hermetische Judentum verlässt, hat einen riesigen Leidensdruck, der mit dem Ausbruch nicht aufhört. Im Gegenteil. Es wird ein langer Weg zur inneren Ruhe werden. Ein sehr langer Weg. Wenn er überhaupt zum Ziel führt.

Ich habe solche »Ausbrecher« kennengelernt und wollte unbedingt einen Film über sie machen, doch dazu hatten sie zu viel Angst. Sie wollten anonym bleiben, um den Eltern nicht noch mehr Schande zu bereiten. Ab und an stellen sie sich dem israelischen Fernsehen: verpixelt, mit veränderter Stimme. Aber gewiss nicht dem deutschen Fernsehen. Das ist das Fernsehen der Nazis, damit wollen sie nichts zu tun haben. So ist es ihnen beigebracht worden. Für Mädchen ist der Schritt besonders schwer. Stets »züchtig« gekleidet, sodass man außer Arm- und Fußgelenken nie etwas sah, beginnen sie allmählich Kleider zu tragen, die für uns immer noch anständig, für sie aber schon geradezu frivol sind: Röcke, die knapp über den Knien enden, Blusen mit Halbarm und einem leichten Dekolleté, das aber nicht einmal die Zäsur des Busens freilegt, sondern weit darüber endet. Und sie beginnen plötzlich, Männern die Hand zu geben, was ein ultraorthodoxes Mädchen oder gar eine verheiratete Frau grundsätzlich nicht tut. Mit achtzehn, zwanzig oder vierundzwanzig Jahren erfahren sie das erste Mal, wie es ist, einem Mann die Hand zu geben. Berührt zu werden. Denn sie sind im wahrsten Sinne des Wortes unberührt. Dasselbe gilt für die Männer, die plötzlich mit der Nacktheit unserer

Welt konfrontiert werden. Ihre Hormone drehen völlig durch, sie wissen nicht, wohin sie schauen sollen, es ist ihnen ja verboten zu schauen, und es ist peinlich und unangenehm. Aber sie wollen doch schauen und tun es, obwohl sie gelernt haben, dass sie das nicht dürfen, und ihr Blut gerät natürlich in Wallung, und schon fühlen sie sich schuldig und voller Scham.

»Hillel« und andere Organisationen versuchen, diesen Menschen Orientierung zu geben. In seelischen, in physischen Dingen. Aber mehr noch: Im Lebensalltag einer Welt, die ihnen fremd ist. Sie wissen nicht, wie man ein Bankkonto eröffnet, sie haben nichts gelernt, was man in unserer Welt gebrauchen könnte, um zu überleben, sie wissen nichts. Nichts über Geschichte, nichts über Politik, nichts über Chemie oder Physik, nichts über Computer oder Literatur, Theater, Musik. Nichts. Gar nichts. Nur Thora und Talmud. Es ist ein großartiges Wissen, keine Frage. Ich weiß, wovon ich rede. Es ist ein Wissen und ein Studium, das die Sinne und den Geist schärft. Aber damit kann man keinen Lebensunterhalt bestreiten. Diese jungen Ausreißer können nicht Auto fahren, wissen nicht, wie man einen Bus benutzt, sind noch nie in ihrem Leben geflogen und haben auch nie die U-Bahn genommen. Sie sind auf einem anderen Planeten gelandet und sind verloren.

Viele Israelis kennen das Drama dieser jungen Menschen nicht, von denen manche nur Jiddisch und kein Hebräisch können. Man weiß, es gibt da diese »Durchgeknallten«, die abgeschottet leben, aber mehr weiß man nicht. Interessiert auch nicht, es gibt ja keinerlei Zugangsmöglichkeit zu dieser Welt und besonders verlockend ist sie auch nicht. Und so weiß man nicht, dass die Zahl derer, die dieser Welt entfliehen oder künftig entfliehen wollen, wächst. Wir sprechen nicht von Hunderten oder gar Tausenden. Doch die Tendenz ist steigend, die Verlockungen unserer Welt nehmen zu. Was wird aus diesen Ex-Haredim? Was wird aus jenen Einwanderern, die nicht einmal Elektrizität kannten? Was wird aus jenen Teilen der israelischen Gesellschaft, die zwar

Strom benutzen, aber dennoch relativ altmodisch leben, wie manche Beduinen oder Drusen oder andere Gruppen auf dem Land oder in der Wüste? Wie überleben sie in einem Land, das zu den wichtigsten High-Tech-Zentren der Welt zählt?

Denn auch das ist Israel: Eine »Start-up-Nation«, wie der jüdische Staat nach dem gleichnamigen Buch seit Jahren bezeichnet wird. Kaum ein Land ist innovativer als Israel, kaum ein Land hat so viele Start-ups im Bereich Hightech, Biotech, Greentech, Cybersecurity, Medizin und vielen, vielen anderen Branchen anzubieten wie Israel. Ob MobilEye oder Waze, ob USB-Stick oder automatische Ferndiagnose, jedes Jahr werden in Israel Tausende Patente angemeldet. Israel hat längst begonnen, sein Know-how zu exportieren. Der Markt expandiert exponenziell. Das Phänomen dieser digitalen Revolution in Israel hat viel mit der Unsicherheit und der »Größe« des Landes zu tun. Alles in Israel ist Improvisation. Der Staat kennt keine alteingesessenen Industriefirmen wie Deutschland etwa mit Siemens oder Bosch, mit BMW, Mercedes oder ThyssenKrupp. Israelis waren schon vor der Entstehung des Staates gezwungen, flexibel zu sein, auf plötzliche Veränderungen und Bedrohungen schnell und unkonventionell zu reagieren.

Die Armee ist in diesem Sinne aufgebaut. Israel hat keine Manpower wie die arabische Welt. Israel hat kein Geld, kein Personal und keinen Platz, um sich etwa eine Luftwaffe mit, sagen wir mal, 3000 Kampfjets zu leisten. Es gibt auch nicht genug junge Männer, die sich dafür eignen würden. Also wurde Israel führend in der Entwicklung der UAVs, der unbemannten Drohnen. Man entwickelte eine technologisch hochgerüstete Armee, deren Mangel an Manpower durch Hightech-Überlegenheit ausgeglichen wurde. Allein die Tatsache, dass Israel aufgrund seiner Größe immer exakt Bescheid wissen musste, was in seiner feindlichen Nachbarschaft geschieht, die nur 25 Kilometer von der nächsten israelischen Großstadt entfernt ist, allein das führte dazu, dass Israel im Bereich Spionageabwehr Technologien entwickelte, die heute weltweit im Einsatz sind. Natürlich hat die Zusammenarbeit mit dem wichtigsten Hightech-Land der Welt, den USA, mit zu dieser Überlegenheit geführt. Aber längst ist Israel nicht nur ein empfangender »kleiner Bruder«, sondern es liefert den großen Hightech-Konzernen der USA Lösungen und Tools, die häufig innovativer und besser sind als das, was die Amerikaner allein entwickeln. Kein Wunder also, dass die großen Konzerne ihre ersten ausländischen R & D Centers in Israel eröffneten. Ob Apple, Intel oder Microsoft oder demnächst auch Amazon, sie alle bauen auf israelisches »Brain«. Oder sie kaufen die Start-ups mit ihren Erfindungen auf. Milliardenbeträge werden mittlerweile gezahlt, mindestens aber dreistellige Millionensummen. Und die jungen Israelis, die oft schon mit Ende 20, Anfang 30 steinreich werden, hören nach einem solchen »Exit« nicht auf, sondern machen weiter. Noch ein Start-up und noch eins und noch eins.

Neben der Flexibilität und der Improvisationsfähigkeit der Israelis gibt es andere Gründe für diese Erfolgsgeschichte. Da ist also zunächst die Armee mit ihrem Tech-Vorsprung. Die Elite-Einheit »8200« ist inzwischen über die Grenzen des Landes hinaus berühmt geworden. Sie hat den Erstzugriff auf Neurekrutierte. Wenn sich »Schmone Mataim« (»Acht Zweihundert« auf Hebräisch) für einen jungen Soldaten interessiert, dann muss er oder sie ein ziemlich hartes Testprogramm absolvieren, damit man sieht, ob der Rekrut nicht nur die Wissensvoraussetzungen hat, die nötige Intelligenz, sondern auch bestimmte menschliche Eigenschaften, die ihn oder sie dazu prädestinieren, der Elite anzugehören. Und damit ist nicht die kämpfende Elite einer Einheit wie »Sayeret Matkal« gemeint. Die Ausgewählten und Auserwählten durchlaufen ein knallhartes Trainingsprogramm. Sie müssen »out of the box« denken, müssen über Bord werfen, worauf Deutschland und viele andere europäische Staaten bauen, also auf »Tradition« und das Verharren in alten Bahnen. Den jungen Soldaten werden Aufgaben gestellt, die man eigentlich nicht lösen kann, schon gar nicht in der kurzen Zeit, die ihnen zur Verfügung steht. Keine Antwort zu finden, ist jedoch inakzeptabel. Es m u s s eine Lösung gefunden werden. Und die, die es bis hinein in »8200« und andere Tech-Spezial-Einheiten geschafft haben, wie etwa »Talpiot«, finden stets eine Lösung. Damit erfüllen sie natürlich auch geheimdienstliche Aufgaben, »Intel«, wie es auf Englisch heißt.

Wenn diese Superwunderkinder die Armee verlassen, sind sie prädestiniert für die Start-up-Welt, ihr prozentualer Anteil an Start-up-Unternehmern ist überdurchschnittlich hoch. Neben ihrem technischen Know-how kommen menschliche Voraussetzungen dazu, die sie sich im Laufe ihrer Armeezeit erworben haben: Durchsetzungsfähigkeit, Lösungsorientiertheit, Unkonventionalität, Teamfähigkeit.

Neben »8200« und anderen militärischen Hightech-Kaderschmieden gibt es aber auch zivile Voraussetzungen für den Boom in Israel. Das »Technion« ist eine der besten technischen Universitäten der Welt, die seit ihrer Gründung immer wieder Fakultäten geschaffen hat, die es zuvor nicht gab. In den letzten 25 Jahren wurden im Technion eine Reihe von interdisziplinären Instituten gegründet, weil man frühzeitiger als anderswo erkannt hat, dass die Grenzen der Wissenschaft verschwimmen. Unterschiedliche Disziplinen finden gemeinsam neue Lösungen – und neue Aufgabenstellungen, die sich erst aus der Vielzahl der Spezialisierungen ergeben.

Nicht zu vergessen sind einige glückliche Zufallskomponenten, die das Hightech-Wunder befeuert haben. Die Masseneinwanderung von Ingenieuren, Mathematikern und Informatikern aus der ehemaligen Sowjetunion in den neunziger Jahren zum Beispiel. Diese russische Aliyah hat den Wissenschaften vor allem im Computer- und Programmierbereich einen wichtigen Schub und Personal beschert. Die israelische Regierung hatte damals kluge Finanzierungsprogramme aufgelegt, die Investitionskapital und Venture Capital angelockt haben. Israel hat im weltweiten Vergleich das höchste Venture Capital-Aufkommen. Es übersteigt das VC in Deutschland um das Zigfache.

Investieren, Riskieren, Ausprobieren und internationale Kontakte sind das A und O des Erfolgs. Hinzu kommen typisch israelische Charaktereigenschaften. Man muss schon sehr viel Chutzpah haben, um mitten in einem Meer von Arabern, einen kleinen Staat aufzubauen und überzeugt zu sein, dass er überleben wird. Man muss schon sehr viel Chutzpah haben, um mit einer kleinen Armee davon überzeugt zu sein, alle feindlichen Armeen nicht nur in Schach halten, sondern gar besiegen zu können. Diese Chutzpah, eine gewisse Arroganz und Überheblichkeit, die einem im israelischen Alltag auf den Nerv gehen kann, ist in der Start-Up-Welt eine Grundvoraussetzung für Erfolg. »We don't take No for an answer« – ausländische Firmen verzweifeln an dieser Mentalität und kommen genau deswegen nach Israel. Und es sind keine Legenden, jene Geschichten, die davon erzählen, dass große CEOs US-amerikanischer Konzerne nach Israel gekommen sind, um eine kleine Start-Up-Company von vielleicht 20, 30 jungen Nerds zu übernehmen und diesen erklärten, wie ab jetzt alles laufen solle. Woraufhin diese jungen Israelis den großen Bossen erklärten, dass alles Quatsch sei, was sie redeten, so ginge es gar nicht, sie hätten keine Ahnung, weil es in Wirklichkeit doch ganz anders sei … Und die CEOs mussten tatsächlich klein beigeben. Die armeegeschulten Techbesessenen behielten recht.

Neben der Chutzpah sind es Eigenschaften wie ungestillte Neugier und die Begeisterung der gesamten Gesellschaft für technische Neuerungen, die den Hightech-Boom mit entfachten. In Israel gibt es dieses typisch europäische oder gar deutsche Misstrauen gegenüber einer hochtechnologisierten Welt nicht, weil man stets den Untergang der abendländischen Kultur befürchtet. Israelis sehen das grundlegend anders. Technologie bedeutet für sie ein bequemeres Leben, aber zuallererst das sichere Überleben.

Mit dem Start-Up-Wunder hat Israel wieder einmal großes Glück. Das kleine Land, das schon mehrere große Wirtschaftskrisen erlebt hat, steht heute wirtschaftlich besser da denn je, wenngleich die Schere zwischen Arm und Reich immer weiter aufgeht. Jedes dritte Kind in Israel lebt unterhalb der Armutsgrenze. Gleichzeitig erlebt man in Städten wie Tel Aviv oder Jerusalem einen sagenhaften Bauboom, die Nachfrage wächst immer weiter, die Immobilienpreise sind horrend, seit Jahren prophezeien Experten, dass diese »Blase« bald platzen wird, doch danach schaut es bislang nicht aus. Tel Aviv erfüllt Voraussetzungen für das moderne, mobile Internet- und Büroleben wie kaum eine Stadt in Deutschland oder Europa. Überall in der Mittelmeermetropole gibt es kostenloses WLAN, kleinste Cafés haben Wifi, überall sieht man Menschen mit ihren Laptops und einem Kaffee stundenlang herumsitzen und arbeiten. Die mobile Büroidee »Mindspace«, die es inzwischen auch in Hamburg, München und Berlin gibt, ist eine israelische Company, wenngleich das Konzept aus den USA kommt. Für wenig Geld kann man sich ein Büro »mieten«. Mobiliar, Telefon, Fax, Getränke, Sitzungsräume werden gestellt, man kann sich sogar seine Post an diese Adresse schicken lassen. Man nimmt sich einen Tisch im Großraum oder ein abgetrenntes Zimmer für so viele Tage, wie man will. Für einen oder zwei, für einen Monat oder länger. Man bringt seinen Laptop mit, sein Tablet und Smartphone und schon kann's losgehen. Ohne weitere Verpflichtungen, aber mit vielen Vorteilen und Komfort. Man muss sein Büro nicht einmal selber putzen. Alles ist im Preis inklusive. So schaut die moderne Welt aus. Es ist eine exklusive Welt. Nicht unbedingt für Menschen mit viel Geld, aber mit viel Wissen. Mit Flexibilität, Ideen, der Bereitschaft, immer und jederzeit zu arbeiten, polyglott. Eine Welt, die all jenen verschlossen bleibt, die keine Ausbildung haben oder in einem anderen Jahrhundert leben. Auf Dauer wird das dem Sozialgefüge eines Staates nicht zuträglich sein. Schon jetzt trägt ein immer kleinerer Teil der Gesellschaft zum Wachstum des BIP in Israel bei. Damit werden auch all diejenigen finanziert, die nicht mithalten können. Und naturgemäß haben diese meist mehr Kinder als die Erfolgreichen. Ricardo, ein guter Freund, der vor 40 Jahren aus Argentinien nach Israel eingewandert ist, brachte es einmal auf den Punkt: »Ich finanziere mit meinen Steuern 50 Fromme, meine Tochter wird bereits 250 mitziehen müssen, meine Enkelkinder 500. Irgendwann bricht dieses System zusammen, wenn der Staat nicht eingreift.« Doch danach sieht es zumindest bislang nicht aus. Niemand traut sich, daran zu rühren.

III – Das Prinzip Bibi

1 – Alle sind gegen uns

Benyamin Netanyahu. Vielleicht ist er einer der international am meisten gehassten Politiker der Welt. In der öffentlichen Meinung sowieso, aber auch bei Politiker-Kollegen ist er nun wahrlich nicht sonderlich beliebt. Der frühere französische Staatspräsident Sarkozy hat bei offenen Mikros – was er nicht wusste – über »Bibi«, wie er in Israel genannt wird, geschimpft. Die deutsche Kanzlerin Angela Merkel, eine Freundin Israels, hat mehrfach ihren Unmut über Netanyahu geäußert, und dass Barack Obama ihn nicht mochte, ist allgemein bekannt.

Benyamin Netanyahu also. In den neunziger Jahren war er schon einmal Premier, wenngleich ein ziemlich glückloser. Seit 2009 ist er nun ununterbrochen an der Macht, man kann inzwischen von einer »Ära Netanyahu« sprechen. Er hat viele Feinde, aber kaum Konkurrenz. Die israelische Politik ist inzwischen so geschwächt, dass Netanyahu eigentlich keinen ernstzunehmenden Gegner hat, im Augenblick sieht es so aus, als ob er nur noch an sich selbst scheitern könnte.

Seine Vorzüge sind klar: Er spricht perfektes amerikanisches Englisch, weil er viele Jahre seines Lebens in den USA verbracht hat, er ist hochgebildet, Winston Churchill ist sein Vorbild. Er war bekannt für seine perfekten Soundbytes als israelischer Botschafter bei der UN. Während des Golfkrieges 1991 war er auf CNN die Stimme seines Landes: geschliffen, scharfzüngig, reaktionsschnell. Damals wurde er berühmt. Die ganze Welt kannte Benyamin Netanyahu.

Netanyahu ist ein leidenschaftlicher Leser, er verschlingt Bücher, selbst heute noch. Sein Wissen ist enzyklopädisch, er kennt die europäische, die amerikanische und selbstverständlich die Geschichte des Nahen Ostens im Detail.

Aber Netanyahu ist der Sohn seines Vaters und der Bruder seines Bruders. Und das ist eine schwere Bürde. Vater Benzion wurde in Warschau geboren und war Sekretär von Zeev Jabotinsky, dem Begründer des »revisionistischen Zionismus«, des rechten Flügels der zionistischen Bewegung. Benzion Netanyahu besetzte Positionen, die so extremistisch waren, dass selbst ein Menachem Begin, der erste große Führer und Ministerpräsident des Likud, ihn nicht in der Politik haben wollte. Benzion Netanyahus Äußerungen über Araber sind ohne weiteres als rassistisch einzustufen, er misstraute ihnen zutiefst, war ein vehementer Vertreter eines Gesamt-Israel, also eines jüdischen Staates, der sich vom Mittelmeer bis zum Jordan erstrecken sollte. Benzion sah »den Araber« als geborenen Feind an, derselbe Benzion Netanyahu, der als Historiker mehrere Bücher veröffentlichte und die Encylopaedia Hebraica herausgab.

Er beeinflusste Bibi zutiefst. Er lehrte ihn das Weltbild, das ihm heilig war: Mit eiserner Faust das jüdische Volk gegen seine Feinde verteidigen. Der Welt keinen Glauben schenken. Nur dann sei das Überleben des jüdischen Volkes möglich. Netanyahu war und ist ein Produkt seines Vaters, die israelischen Medien haben immer und immer wieder darüber berichtet, und so mancher hatte gehofft, dass mit Benzions Tod 2012 Bibis politischer Standpunkt »weicher« werden könnte. Er wurde es nicht.

Sein Bruder Yonathan, genannt Yoni, ist ein Held in Israel. Er hatte das Kommando bei der Befreiung der Geiseln des von deutschen und arabischen Terroristen entführten Flugzeugs nach Entebbe in Uganda 1976. Joni starb bei der Befreiungsaktion. Bibi leitete jahrelang eine Stiftung, die nach Yonathan benannt war und sich dem Kampf gegen den Terrorismus widmete, ein Thema, über das Bibi später selbst ein Buch schrieb und das für ihn eines der zentralen Themen seines Lebens geblieben ist. Lange Jahre fühlte er sich im Schatten seines großen Bruders, das Heldenepos, das die Geschichte über Yonathan zu schreiben schien, war nicht zu überbieten. Doch längst ist Bibi über seinen Bruder hinausgewachsen. Er hat Israel seinen Stempel aufgedrückt, er ist neben dem Staatsgründer David Ben-Gurion der am längsten amtierende israelische Premier mit dem größten Einfluss. Und nichts und niemand scheint diesem mit allen Wassern gewaschenen, gewieften, schlauen, trickreichen Politiker Paroli bieten zu können.

Das, was Bibi so verhasst macht in der Welt, ist zugleich seine Stärke: seine Ruchlosigkeit, sein Misstrauen alles und allem gegenüber, sein Ausmanövrieren europäischer und US-amerikanischer Friedensversuche, die er deswegen grundsätzlich ablehnt, weil er sie alle für naiv hält. Die Europäer verstehen überhaupt nichts vom Nahen Osten, davon ist Netanyahu zutiefst überzeugt, die USA, insbesondere unter Präsident Barack Obama, leider auch nicht. Bibi ist von Natur aus »Republikaner«, er ist ein Liebling dieser amerikanischen Partei, die ihn als Buddy sieht, als harten Kerl, der die konservative Weltsicht, die pessimistische Weltsicht des rechten Flügels dieser Partei teilt. So mancher »Republican« wäre froh gewesen, wenn Bibi einer der ihren wäre, er wäre mit Sicherheit deren beliebtester Kandidat geworden, wenn er denn nur US-amerikanischer Bürger wäre. Er hätte im Vorwahlkampf mit Sicherheit Donald Trump geschlagen, und »alles wäre gut« geworden.

Bibis Weltsicht ist, mit aller gebührender Vorsicht, eine simple: Die Welt ist gegen uns Juden. Die Araber sowieso, der Iran erst recht, die Europäer, vor allem die Linke, natürlich auch, die US-amerikanischen Demokraten inzwischen wohl (leider) auch. Putin ist ein Antisemit, das sind Russen per se, aber er ist ein harter Realpolitiker, mit dem man »ins Geschäft kommen kann«. Putin ist kein westeuropäisches Weichei, das mit irgendwelchen Friedenskonferenzen und kriecherischer Liebedienerei gegenüber den Palästinensern und den Islamisten alles, was dem zivilisierten Westen heilig ist, aufgibt. Und Trump ist ein Glücksfall. So in etwa sahen Bibi und die Seinen das zumindest zu Beginn des Jahres 2017. Inzwischen hat sich das geändert.

Für Bibi ist der islamistische Terrorismus das Lebensthema. Für ihn ist ein Anschlag in Jerusalem gleichzusetzen mit einem Anschlag in Paris oder Berlin. In seinen Augen steckt immer dasselbe Motiv hinter Anschlägen: der Hass der Islamisten auf den Westen, auf unsere Lebensart, auf die freie Welt. Historisch-politische Unterschiede lässt er nicht gelten. Da'esh, Hezbollah, Hamas, Islamischer Jihad, Fatah, alle haben nur ein Ziel: die Zerstörung Israels und der westlichen Welt. So das Credo Bibis.

Und darum schürt Bibi Angst. Seine Politik ist das Prinzip der Angst. Sie vertraut darauf, dass die Wähler Angst haben und sich von ihm auch immer wieder in ihrer Angst bestätigen lassen. Ein Beispiel: Im Jahr 2011 entwickelte sich aus der persönlichen Initiative einer jungen Frau, die in Tel Aviv keine bezahlbare Wohnung finden konnte, ein Massenprotest, der seinen Ausdruck in Hunderten von Zelten fand, in denen Menschen entlang des Rothschild-Boulevards campierten, um gegen die wirtschaftlichen Probleme in Israel zu protestieren. Israel ist extrem teuer, weswegen der gebildete Mittelstand, im Grunde das Rückgrat jeder Gesellschaft mit freier Marktwirtschaft, in Israel drauf und dran ist, in die Armut zu kippen. Ein akademisch gebildetes Ehepaar muss häufig in zwei bis drei Jobs parallel arbeiten, um sich die Wohnung, die Erziehung und Ausbildung der Kinder überhaupt leisten zu können, von einer Rücklage für das Alter kann es nur träumen. Der Protest war berechtigt. Es war immerhin auch Netanyahu als Finanzminister, der zu Beginn des 21. Jahrhunderts mit seiner neoliberalen Wirtschaftspolitik einerseits Israel zu einem wohlhabenden, wachstumsgetriebenen Land machte, den Mittelstand andererseits, nicht zu reden von den sozial Schwachen, dabei jedoch in eine existenziell bedrohliche Lage hineinmanövrierte.

Der Protest 2011 war beeindruckend und dauerte Wochen. Jeweils samstagabends wurde eine große Demonstration organisiert, an der bis zu einer halben Million Menschen teilnahm, bei einem Land mit knapp acht Millionen Einwohnern ein sehr hoher prozentualer Anteil. Nur zum Vergleich: In Deutschland müssten fünf Millionen Menschen auf die Straße gehen. Das war nicht einmal bei der großen Demo zum Nato-Doppelbeschluss in Bonn 1983 gelungen.

Was tat Netanyahu auf dem Höhepunkt des sozialen Aufstandes? Nun, zunächst setzte er eine Kommission ein, ein beliebtes Vorgehen vieler Politiker, wenn man keine Lösung hat und das Problem auf die lange Bank schieben will. Dann aber begann er plötzlich, von neuen Gefahren zu sprechen, der Iran würde immer bedrohlicher werden. Er nutzte Äußerungen iranischer Politiker gegen Israel – im Nu war die soziale Revolution erledigt. Das Land ist in Gefahr? Da gehen mal alle lieber schnell nach Hause und scharen sich um die Regierung, da ist Opposition nicht mehr gefragt. Es geht um die Existenz, es geht ums Überleben, es geht um das Verhindern eines zweiten Holocaust. Die Grassroots-Revolution war erledigt, als hätte es sie nie gegeben. Und tatsächlich sind ihre Forderungen bis heute kaum umgesetzt worden, obwohl die Stars dieser Revolution wie Stav Shaffir oder Merav Michaeli längst in der Arbeitspartei eine Heimat gefunden haben und versuchen, für ihre Anliegen innerhalb des parlamentarischen Gefüges zu kämpfen.

Netanyahus Mission ist dagegen noch lange nicht vorbei. Der Mann hat tatsächlich eine Mission, und er macht auch keinen Hehl daraus. Er fühlt sich dazu bestimmt, die Existenz Israels zu sichern, das jüdische Volk tatsächlich vor dem Zweiten Holocaust zu bewahren. Von wo auch immer dieser kommen könnte – Netanyahu blickt da zunächst nach Teheran –, er, Bibi, werde es nicht zulassen.

So rief er auf dem Höhepunkt der Iran-Krise internationale Medien zu sich, um der Welt seine Botschaft zu vermitteln. Als klar wurde, dass die internationale Staatengemeinschaft drauf und dran war, mit Teheran ein Abkommen zu schließen und damit die Mullahs in den Kreis der Weltgemeinschaft aufzunehmen und mit ihnen auch ganz schnell das ganz große Geschäft zu machen, da sah Bibi seine Felle davonschwimmen. Und startete eine ähnlich intensive Medienkampagne wie später während des Wahlkampfes 2015.

Auch ich war als Vertreter des deutschen Fernsehens »geladen«. Alles war exakt vorbereitet. Man wurde in das Zimmer des Premiers gebracht, dem Kameramann wurde genau erklärt, von welcher Seite er den großen Staatsmann drehen durfte, dem Korrespondenten wurde erklärt, was er sagen oder nicht sagen dürfe. Und während wir alles vorbereiteten und darauf warteten, dass Netanyahu kommt, blickte ich mich im Arbeitszimmer des israelischen Staatsmannes um. Am eindrucksvollsten war die Landkarte, die an der Wand hing. Eine Karte des Nahen Ostens, die jedoch nicht Israel im Zentrum hatte, sondern den Iran. Von dort ging die Gefahr aus, von dort aus musste man den Nahen Osten betrachten, von dort aus konnte man erkennen, wie klein und schwach Israel doch eigentlich ist.

Und dann kam Bibi. Grüßte, nahm Platz, begann zu sprechen. Fünf Minuten »Interview« sollten wir bekommen, nicht mehr. Es wurde ein Vortrag. Mehr wollte er ja auch nicht. Fragen waren lästig. Und als ich ihm doch welche stellte, ihn manchmal rüde unterbrechend, um irgendwie durchzudringen, spielte er das berühmte Politikerspiel. Er antwortete ausweichend, um gleich wieder bei seiner »Botschaft« zu sein. Und die hieß: Die Welt macht einen Fehler. Und Israel werde es niemals zulassen, dass der Iran eine Nuklearmacht werde. »Heißt das, Israel wäre auch bereit, den Iran anzugreifen?«, unterbrach ich Bibis Wortflut. »Ich sagte ihnen: Wir werden es nicht zulassen, dass der Iran eine Nuklearmacht wird. Ich glaube, das ist deutlich genug.« Was immer das in der Realität dann auch bedeuten möge.

Fünf Minuten hatten wir bekommen, die fünf Minuten waren

um, vielleicht waren es dank meiner Zwischenfragen sieben Minuten geworden. Netanyahu stand auf, drückte mir die Hand und verschwand. Wir mussten auch verschwinden, das nächste TV-Team, die Franzosen, durfte sich vorbereiten für die nächste »Audienz«. Die Botschaft war immer und für alle die gleiche.

Mit Bibi zu sprechen ist schwierig. Er, ganz Amerikaner, interessiert sich für die Morningshows der US-Sender, für »60-Minutes«, er spricht mit Wolf Blitzer und kommt in die Talkshows williger US-Talkmaster. Wenn es sein muss, dann spricht er noch mit der BBC, aber ansonsten hat er keine große Lust auf europäische Medien. Seine Welt ist CNN und FOX, NBC und ABC und CBS.

Seine Backgroundbriefings sind Monologe, Lehrstunden, als ob die anwesenden Journalisten verblödet seien, er behandelt sie auch gerne so. Netanyahu ist ein Meister historischer Verdrehungen, die jeweils für Schlagzeilen sorgen. Dessen kann er sich sicher sein. Und so bedient er sich der Medien, der israelischen zumal.

So auch im Oktober 2015. Da tagte der 37. Zionistenkongress in Jerusalem. Natürlich war der israelische Premier als Redner geladen. Und gab sich als Historiker. Als ein recht eigenartiger allerdings. Bibi kam auf das Treffen zwischen dem Großmufti von Jerusalem, Haj Amin al-Husseini, und Adolf Hitler zu sprechen, das am 28. November 1941 in Berlin stattgefunden hatte. Netanyahu erklärte seinen zum Teil verblüfften Zuhörern, dieses Gespräch sei der Wendepunkt in der Geschichte des Holocaust gewesen. Denn bis dahin habe Hitler, so Netanyahu, nicht die Absicht gehabt, die Juden zu ermorden, sondern lediglich zu vertreiben. Auf Englisch sagte der Premier wörtlich: »Hitler didn't want to exterminate the Jews at the time, he wanted to expel the Jews.« Der Großmufti habe sich daraufhin besorgt geäußert. Wenn Hitler die europäischen Juden lediglich vertreibe, dann werden sie alle nach Palästina kommen, und das wäre für ihn, den Großmufti und sein Volk, eine Katastrophe. Hitler habe daraufhin al-Husseini gefragt, was er dann mit den Juden machen solle. Und Netanyahu »zitierte« den

Großmufti so: ›Burn them‹, soll er gesagt haben, ›verbrenne sie‹. So weit Netanyahu.

Diese Auslassungen des israelischen Premiers sind schlichtweg: falsch! Das Gespräch, wie er es zitierte, war nicht wörtlich protokolliert worden, es ist also eine reine Erfindung des Premiers. Es gibt allerdings ein Protokoll, das den Inhalt der Unterredung wiedergibt. Jeffrey Herf hat sich 2009 in seinem Buch »Nazi Propaganda for the Arab World« damit auseinandergesetzt. Husseini kommt zu dem Treffen mit Hitler und will vom »Führer« ein Versprechen, dass dieser nach dem Krieg die arabische Unabhängigkeit unterstützen und einen jüdischen Nationalstaat in Palästina nicht zulassen werde. Husseini wies darauf hin, dass Araber und Deutsche eine Reihe von gemeinsamen Feinden hätten: Die Briten, die Bolschewiken und die Juden.

Hitler gab keinerlei Versprechen, er würde sich das für später aufheben, nachdem seine Armee in Russland und Nordafrika Fortschritte gemacht habe. Aber er erklärte Husseini, dass der Krieg gegen den Bolschewismus und den britischen Kapitalismus in beiden Fällen ein Kampf auf Leben und Tod zwischen dem Nationalsozialismus und »dem Juden« sei. Und er versicherte al-Husseini, dass er, nachdem er das »jüdische Element« in Europa ausgerottet haben werde, selbiges natürlich auch im Nahen Osten vorhabe.

Der Großmufti hat also keineswegs Hitler auf die Idee gebracht, die Juden zu ermorden. Die Ermordung der Juden war längst im vollen Gange. Nur einen Monat vor dem legendären Treffen hatten die Nazis im ukrainischen Babi Yar in nur zwei Tagen über 34 000 Juden ermordet.

Wovon redete dann der israelische Premier, der doch hochgebildet und belesen ist? Um das zu begreifen, muss man die Wochen in Israel nach seiner Rede betrachten. Denn natürlich entbrannte sofort ein heftiger Streit über die falschen Aussagen des Premiers. Historiker eilten herbei, und je nach Temperament verurteilten sie diese Äußerungen als puren Fehler oder aber als Geschichtsklitterung. Die Verteidiger Netanyahus wiesen auf ein paar Fachleute hin, die in dieselbe Richtung »gedacht« hätten wie der Premier, er hätte diese Bücher gelesen, und es sei ja keine Frage, dass al-Husseini ein Antisemit und Nazi gewesen sei und alle Juden tot sehen wollte. Womit diese Apologeten den Fokus mehr auf das, was war, als auf das, was Netanyahu behauptet hatte, drehten.

Netanyahu, der politische Fuchs, hatte erreicht, was er erreichen wollte. Denn plötzlich ging es darum, dass »die Palästinenser« die Ausrottung der Juden schon lange vor der eigentlichen Staatsgründung Israels zum Ziel hatten. Mit anderen Worten, die Palästinenser seien wie die Nazis, und der Kampf zwischen Palästinensern und Juden sei ein nahezu mythologischer Kampf zwischen Gut und Böse. Denn wenn die Palästinenser wie die Nazis oder gar Nazis sind, dann ist der Kampf gegen sie ein Kampf gegen das Ewig-Böse. Es geht nicht um die Grenzen von 1948, es geht nicht um die Grenzen von 1967, es geht nicht um den Tempelberg, es geht einzig und allein um die Ausrottung des jüdischen Volkes. Das ist der wahre Kern der Botschaft, die Netanyahu seinen Israelis, seinen Wählern mitgeben wollte. Nicht mehr, nicht weniger. Amalek, der biblische Feind des jüdischen Volkes steht in jeder Generation erneut auf. Amalek. Die Hydra gegen das jüdische Volk. Der Konflikt zwischen Palästinensern und Israelis ist kein Konflikt um Territorium, es geht nicht um Grenzziehungen, sondern um Sein oder Nichtsein.

Bibis Weltbild: Es geht immer um »uns« oder um »die«. Immer nur um den Überlebenskampf. Und er wird nicht müde, dieses »wir« gegen »die« wie ein Mantra auch in der öffentlichen Politik zu wiederholen. Nach den Attentaten auf »Charlie Hebdo« und den jüdischen Supermarkt »Hyper Cacher« 2015 war Bibi sofort nach Paris geeilt, um sich als Verteidiger der jüdischen Bevölkerung darzustellen und sie aufzufordern »nach Hause« zu kommen. Die französischen Juden bedankten sich, sie fanden das überhaupt nicht witzig. Sie verstanden sich als ganz normale »çitoyens« im laizistischen Frankreich, doch da kommt der israelische Premier und führt sich als ihr persönlicher Bodyguard auf. Dass Bibi da auch rein zionistisch handelte, versteht sich. Israel ist nun mal als Staat ins Leben gerufen worden, um allen Juden eine sichere Heimstätte zu garantieren und Juden, die irgendwo auf der Welt bedroht werden, aufzunehmen. Aber seine Äußerungen gingen eindeutig zu weit. Immerhin können die französischen Juden für sich selbst entscheiden, wer sie beschützen soll, was sie machen sollen. Manche gingen ja, wie schon erwähnt, nach Israel, Französisch ist auf den Straßen von Tel Aviv und Netanya inzwischen ständig zu hören, nicht nur zur Ferienzeit, sondern das ganze Jahr hindurch. Und immer häufiger eröffnen an Straßenecken kleine »Boulangeries« oder »Patisseries«, schicke Boutiquen mit der neuesten Mode aus Paris sind in Tel Aviv auch keine Seltenheit mehr.

In jenen Tagen nach dem Attentat im »Hyper Cacher« entschieden sich die Eltern einer Freundin, Paris zu verlassen. Beide hatten den Holocaust überlebt, die Geschichte ihres Überlebens ist Stoff für Romane oder Filme. Sie waren in Frankreich geboren, hatten sich nach dem Krieg in Frankreich beruflich etabliert, sie waren überzeugte Franzosen, ohne sich allerdings der Illusion hinzugeben, dass Frankreich für Juden ein »sicherer Hort« sei. Kurz nach den Attentaten entschieden sie sich, nach Israel auszuwandern. Da waren beide schon über 80 Jahre alt. Auslöser war eine Demonstration auf den Straßen von Paris. Die Mutter meiner Freundin war vom Einkauf zu Fuß unterwegs nach Hause, als sie an der Demonstration vorbeikam. »Und da hörte ich genau die Slogans gegen Juden, die ich schon als Kind von den Nazis gehört habe. Es war schrecklich, einfach schrecklich, das will ich kein zweites Mal erleben«, erzählte sie mir später in Jerusalem. Sie kam heim, sagte ihrem Mann, es sei Zeit zu gehen. Und beide gingen, ohne Zögern. Seit drei Jahren leben sie in Israel und tun sich natürlich schwer in der neuen Umgebung und mit der neuen Sprache. Ob sie den Schritt bereut haben? »Mais non, ja, es ist schwierig hier und Bibi, um Himmels Willen, was für ein grässlicher Politiker! Aber hier bin ich frei. Als Jüdin einfach frei. Was soll ich? Mit Mitte 80 wieder Angst haben, in Europa auf offener Straße erschlagen zu werden?«

Dieser grässliche Politiker. So viele Israelis denken und sagen das gleiche. Und doch wird er immer wieder gewählt. Vor kurzem hörte ich einer fast schon typischen Diskussion zweier israelischer Intellektueller zu, beide würde man als »links« einstufen, doch beide sind realistisch genug, um nicht mehr an Ideologien zu glauben, sondern lieber an »Realpolitik«. Der eine ist Journalist bei der linksliberalen Zeitung Haaretz, der andere Professor an der Uni Tel Aviv. Nachdem sie über Bibi in gewohnter Weise schimpften, kam dann die Volte: »Aber wer könnte ihn ersetzen? Yair Lapid? Herzog? Livni? Um Himmels Willen, die haben keine Ahnung von Politik, die würden nur Fehler machen, einen nach dem anderen. Dann ist Israel schon sicherer mit Bibi, der versteht zumindest sein Geschäft, der ist mit allen Wassern gewaschen!«. Eine verständliche, aber doch auch gefährliche Einstellung. Man will einen Politiker behalten, dem man eine schlechte Politik attestiert, nur weil es angeblich keinen besseren gibt?

»King Bibi« – so titelte das TIME Magazine 2012 seine Coverstory. In der Tat, Netanyahu ist es gelungen, seinem Land seinen Stempel aufzudrücken. Er hat mit seiner Angst, seiner Paranoia, mit seiner Großmannssucht, mit seiner Arroganz, aber auch mit seiner Schlauheit, seiner Erfahrung, seinem Wissen und seinem internationalen Know-how Israel bislang irgendwie mehr oder weniger sicher durch die vergangenen Jahre gebracht. Und anders als seine ausländischen Gegner glauben, hat Bibi keine große Lust auf Kriege. Er ist vorsichtig, wenn es darum geht, einen Krieg größeren Ausmaßes zu befehlen. Man darf nicht vergessen, dass er zusammen mit Verteidigungsminister Moshe »Bogie« Ya'alon und der damaligen Justizministerin Zipi Livni während des Gaza-Krieges 2014 die moderate Stimme im Kabinett darstellte und Forderungen einer kompletten Wiederbesetzung des Gaza-Streifens von

Hardlinern wie Avigdor Lieberman oder Naftali Bennett strikt ablehnte.

Seit einigen Jahren triumphiert Bibi. Aus seiner Sicht scheint die Welt sich allmählich auf ihn zuzubewegen. Der islamistische Terrorismus hat die westliche Welt erreicht, hat sie in Angst und Schrecken versetzt, und schon beginnt sie sich zu verhalten wie Israel, das man bis vor kurzem noch für genau die Maßnahmen kritisiert hatte, die nun Einzug halten in Europa. Schärfere Gesetze, Kontrollen und Strafen sind überall in der Diskussion oder schon verabschiedet. Frankreich kam weit über ein Jahr nicht mehr aus dem verhängten Ausnahmezustand heraus. Rechtsextreme Parteien drohten an die Macht zu kommen, und haben zumindest das Parteiengefüge durcheinandergewirbelt. Selbst im liberalen Deutschland musste Kanzlerin Merkel eine drastische politische Kehrtwende in der Ausländerpolitik vollziehen, die Menschen folgen ihrer Flüchtlingspolitik nur zögerlich, erst recht nach dem Attentat auf den Weihnachtsmarkt von Berlin im Dezember 2016. Bei den Wahlen im September 2017 wurde die CDU/CSU ja auch dementsprechend abgewatscht.

Inzwischen wird in der EU »racial profiling«, in Israel eine Selbstverständlichkeit, in Europa noch immer als menschenrechtswidrig eingestuft, als vielleicht notwendiges Mittel zur Prävention von Terroranschlägen diskutiert. De facto ist das längst der Fall, wie das Verhalten der Kölner Polizei an Silvester 2016 zeigte. Man wollte die Vorkommnisse des Jahres zuvor unbedingt verhindern. An Silvester 2015 hatten junge Nordafrikaner viele Frauen sexuell belästigt oder sogar angegriffen. Und so wurden alle Männer, die wie Nordafrikaner aussahen, nur ein Jahr später besonders gründlich kontrolliert, von der abschätzigen Bezeichnung »Nafri«, wie die Polizei sie an diesem Abend für die Nordafrikaner benutzte, mal ganz abgesehen.

Die westliche Welt driftet nach rechts. In den USA mit Trump allemal. Die Welt bewegt sich damit auf ein Weltbild zu, das dem

Netanyahus ähnelt. Er fühlt sich bestätigt. Die Welt scheint allmählich aufzuwachen und zu begreifen, dass mit dem Feind nicht geredet werden kann. Dass man Härte zeigen muss, Unerbittlichkeit, dass man mit liberalem Gesäusel in Teheran nur Gelächter auslöst, dass al-Qaida, Islamischer Jihad, Hamas, Hezbollah, ISIS in anderen Kategorien denken und handeln, als die westliche Welt dies glauben will.

Kein Wunder, dass das Verhältnis zwischen Benyamin Netanyahu und dem liberalen amerikanischen Präsidenten Barack Obama von Anfang an schwer belastet war. Da war das pessimistische Weltbild Netanyahus, da war der junge, dynamische Schwarze aus Chicago, der seiner Wählerschaft und der gesamten Welt zurief: »Yes, we can!« Und der, wie schon erwähnt, von Anfang an tatsächlich eine Reihe von strategischen Fehlern in seiner Nahostpolitik machte und darüber hinaus meinte, besser zu wissen, was für Israel gut sei, als Netanyahu. Er und sein Außenminister John Kerry.

Bereits in seiner Zeit als »lame duck«, verpasste Obama Netanyahu noch mal schnell eine schallende Ohrfeige, die in Form der UN-Resolution 2334 noch lange nachhallen dürfte. Sie wurde am 23. Dezember 2016 vom UN-Sicherheitsrat verabschiedet. Die USA hatten zum ersten Mal seit langer Zeit kein Veto eingelegt und Israel somit nicht verteidigt, sondern sich der Stimme enthalten. Man hatte schon seit einiger Zeit befürchtet, dass Obama nach den US-Wahlen Netanyahu noch einen Denkzettel mitgeben könnte. Er tat es. Die Resolution nennt die Siedlungen eine »flagrant violation«, eine flagrante Verletzung internationalen Rechts, die Siedlungen hätten keinerlei »legal validity«, keine rechtliche Bedeutung. So weit also nichts Neues. Allerdings betonte die Resolution, dass der UN-Sicherheitsrat keinerlei Änderung der Grenzlinien vom 4. Juni 1967, inklusive Jerusalem, anerkennen würde, außer der, die von den beiden involvierten Seiten, Israel und die Palästinensische Autonomiebehörde, akzeptiert werde.

Wenn man mal beiseitelässt, dass der Gesamttext der Resolution auf die Verfehlungen der palästinensischen Seite weitaus weniger eingeht als auf die israelischen, wenn man für einen Augenblick vergessen will, dass die UN ein Organ ist, das in seinen diversen Einrichtungen Israel häufiger verurteilt hat als Saudi-Arabien, Iran, Nordkorea und viele andere zusammen, so ist diese Resolution für Israel aus mehreren Gründen problematisch. Sie wird es Palästinensern und anderen ermöglichen, Israel wegen seiner Siedlungspolitik vor den Internationalen Strafgerichtshof in Den Haag zu bringen, sie wird auch Staaten, Organisationen und Firmen Sanktionen gegen die Siedlungen erleichtern.

Na und, mag man sich zunächst denken, die Siedlungen sind völkerrechtswidrig, die ganze Welt sieht das so, was ist denn nun auf einmal so anders?

Für Netanyahu und seine Gefolgschaft sehr viel. Denn die Resolution betrachtet selbst jüdische Heiligtümer wie etwa die Klagemauer am Tempelberg, das Grab der Stammmutter Rachel bei Bethlehem, die Grabstätten der anderen Stammväter und -mütter in Hebron als »besetztes Gebiet«, eine Definition, die so niemand mehr in Israel akzeptieren würde, nicht einmal die Linke. Erst wenige Wochen zuvor, im Oktober 2016, hatte die UNESCO eine Resolution verabschiedet, in der zwar von der historischen Verbindung des Islam zu Jerusalem, aber nicht von der jüdischen Verbindung zur Davidstadt gesprochen wird. Den Juden, und indirekt damit auch den Christen, wird jeder historische-religiöse Bezug zu Jerusalem, zum Tempelberg abgesprochen. Einfach mal so.

Die UNESCO-Resolution, aber mehr noch die UN-Sicherheitsratsresolution 2334, die bis auf die USA einstimmig angenommen wurde, empfand Netanyahu erst recht als Hohn, nachdem es nur eine Woche zuvor dem Sicherheitsrat nicht gelungen war, eine Resolution zum großen Schlachten in Aleppo zu verabschieden. Die UN als moralische Autorität? In Israel lacht man seit Jahrzehnten darüber. Schon David Ben-Gurion machte sich mit dem hebräischen Wortspiel »Um Schmum« lustig über die UN (»Um« ist UN auf Hebräisch, das »Sch« wird Worten gerne vorangestellt, wenn man sie veralbern will). Man muss Ben-Gurion in letzter Zeit leider immer häufiger recht geben.

Obamas Entscheidung zur Stimmenthaltung bei der Resolution im Dezember 2016 ist problematisch, könnte sie doch zunächst die Position Netanyahus und der israelischen Rechten stärken. Ein Beweis mehr, dass die Welt »gegen uns« ist. Der designierte US-Präsident Donald Trump twitterte sofort, dass nach dem 20. Januar 2017, also nach seiner Amtseinführung, alles ganz anders sein werde, dies konnte Netanyahu also zunächst beruhigen, ebenso Trumps Ankündigung, er wolle die US-amerikanische Botschaft von Tel Aviv nach Jerusalem verlegen.

Nachdem Trump nach Amtsantritt zunächst die Botschaft nicht nach Jerusalem verlegen wollte, und Jerusalem enttäuscht war, weil alles bleiben sollte wie bislang, änderte Trump im Dezember 2017 seine Meinung, als er offiziell Jerusalem als Israels Hauptstadt anerkannte und erklärte, dass man schon bald die Botschaft dorthin verlegen wolle. Bei seinem Besuch in Israel im Januar 2018 verkündete schließlich Vizepräsident Mike Pence, ein Evangelikaler, der für Trumps Entscheidung verantwortlich zeichnet, die US-Botschaft werde schon 2019 von Tel Aviv nach Jerusalem umziehen.

Ist Donald Trump also der neue »Messias« der israelischen Rechten? Zwar will er immer noch Frieden zwischen Palästinensern und Israelis vermitteln, den »ultimate deal« machen, wie er das nennt, aber ob ihm das jetzt noch gelingt, darf man bezweifeln. Dennoch ist Bibis Kampf um das, worum es letztendlich geht, nämlich die Verhinderung eines Palästinenserstaates, noch lange nicht vorbei. Obwohl er selbst im Jahr 2009 in einer programmatischen Rede in der Bar-Ilan-Universität bei Tel Aviv von einer Zwei-Staaten-Lösung gesprochen hatte, so wird inzwischen innerhalb seiner Regierungskoalition die Realität des neuen Nahen Ostens offen ausgesprochen: Die Zwei-Staaten-Lösung ist vorbei. Lasst uns die »Area C« annektieren. Das sind 60 Prozent des Westjordanlands. So will und sagt es Siedlerführer und Erziehungsminister Naftali Bennett, so wollen es viele andere auch, sagen es aber nicht. Und die Palästinenser? Die interessieren in Israel sowieso niemanden. Und nach der Wutrede von Präsident Abbas im Januar 2018 als Reaktion auf Trumps Entscheidung scheint auch für die Palästinenser die Zwei-Staaten-Lösung inzwischen Makulatur.

2 – Iran, Iran, Iran

Vor einigen Jahren las ich einen entsetzlich schlecht geschriebenen, pathetischen und schmalzigen Roman. Er heißt *The Last Israelis*, der Autor ist Noah Beck, der an der Westküste der USA aufgewachsen ist, zwei Ivy League Abschlüsse hat, für Breitbart News schreibt und vom Thema Iran besessen ist. Ich las dieses wirklich schlechte Stück Literatur, wobei »Literatur« eigentlich schon zu viel des Guten für dieses Werk ist, mit großer Spannung, Niedergeschlagenheit und Entsetzen. Nein, nicht wegen der mangelnden Qualität, sondern wegen des Themas. In dem Roman geht es um eines der U-Boote, die Israel besitzt, um die atomare Zweitschlagmöglichkeit zu haben, das heißt, dass Israel selbst dann noch Atomraketen abfeuern kann, wenn ein Land, heute am ehesten der Iran, Israel mit einer Atombombe zu vernichten droht. *The Last Israelis* erzählt von genau dieser Apokalypse. Israel wird vom Iran atomar vernichtet, und die Besatzung des U-Bootes, die »letzten Israelis«, nimmt Kurs auf den Iran und feuert ihre Atomraketen auf das schiitische Land ab.

Das Buch ist trotz seines schlechten Stils atemberaubend, denn es denkt zu Ende, was niemand zu Ende denken will. Das Ende des jüdischen Staates und der totale Atomkrieg. Kann das jemals kommen? »Niemals!« rufen alle, die meinen zu wissen, wie sich die Welt entwickeln wird. »Die Mullahs sind viel zu rational, viel zu machiavellistisch, um so etwas zu tun, selbst wenn sie technologisch dazu in der Lage wären!«, sagen alle, die den Iran zu kennen glauben, auch viele Iraner, die es wahrlich gut meinen mit Israel. »Nein, das kann nicht geschehen«, sagen auch viele Israelis, weil sie einfach nicht daran glauben wollen, dass der Iran so selbstmörderisch sein könnte, die Bombe zu werfen, da dies das sichere Ende des »Persischen Reiches« wäre. Immerhin geht man davon aus, dass Israel mehr als 200 taktische Atomsprengköpfe hat, das reicht, um das riesige Land zur Nuklearwüste zu machen. Aber ist das alles tatsächlich undenkbar?

Hier kommen die Endzeitwarner ins Spiel, all jene, die Katastrophen lieben und auch davon leben, Katastrophen an die Wand zu malen. Sie profitieren davon. Bibi Netanyahu ist einer von ihnen. Der vielleicht größte Apokalyptiker, den die jüdische Welt derzeit hat. »Alle sind gegen uns, der Iran ganz besonders!«, das war schon zu Zeiten des iranischen Präsidenten Ahmadinejad klar, dessen Hasstiraden auf Israel brutalste Provokationen waren, der Israel »von der Landkarte« wischen wollte, der stets davon sprach, wie das »Zionistische Gebilde« bald vom Erdboden verschwunden sein werde.

Braucht das jüdische Volk nach dem Holocaust mehr als solche Drohungen? Selbst in jenen Jahren, also noch vor der großen Charmeoffensive des jetzigen Präsidenten Rouhani gegenüber dem Westen, gab es viele, die meinten, Ahmadinejad plappere nur so vor sich hin. Da er nicht mehr an der Macht ist, könnte man jenen Beschwichtigern ja recht geben. Kann man wirklich, wenn man obendrein die Konsolidierung der iranischen Macht in Syrien beobachtet?

An dieser Stelle greift die Vorgeschichte zum Zweiten Weltkrieg. Bereits 1925 hatte Adolf Hitler in seinem Buch »Mein Kampf« beschrieben, was er mit den Juden vorhabe. Niemand nahm ihn ernst. Auch die Juden nicht. Er kam an die Macht, die ersten antijüdischen Gesetze wurden beschlossen, die ersten Schikanen, die ersten Angriffe. Niemand wollte glauben, was er immer und immer wieder den Juden prophezeite, der »Führer«. Der Ausgang der Geschichte ist bekannt.

Man kann jenen Juden von damals zugutehalten, dass sie sich Auschwitz nicht hatten vorstellen können, weil es einen industriellen Massenmord dieser Größenordnung in der Menschheitsgeschichte zuvor noch nicht gegeben hatte. Wie also sich das Unmögliche vorstellen? Doch es gab welche, die begriffen, die genug »Fantasie« hatten, um nicht zu bleiben, sondern die gingen und flohen, als Hitler an die Macht kam. So schnell wie möglich.

Aber heute? Die Shoah ist geschehen. Sie war möglich. Ist sie nie wieder möglich? Wer dies glaubt, ist der nicht ebenso naiv wie die Juden von damals? Der Mensch hat doch gezeigt, wozu er fähig ist, also warum sollte man jetzt den Worten und Drohungen aus Teheran nicht Glauben schenken? Wäre es nicht geradezu fahrlässig, die Worte Ahmadinejads und Khameneis und vieler anderer Mullahs und Ayatollahs nicht ernst zu nehmen?

Wie schon gesagt, Netanyahu weiß genau, wie er auf der Klaviatur der Angst spielen muss, um die Israelis dorthin zu bugsieren, wo er sie haben will. Doch wenn es um das Atomprogramm des Iran geht, dann musste sich Bibi bis zur Unterschrift des Atomabkommens mit Teheran nicht sonderlich anstrengen, um die Israelis von seiner Weltsicht zu überzeugen.

Der israelische Journalist Amir Oren, der für die linksliberale Tageszeitung Haaretz schreibt und auch in deren Redaktionsleitung sitzt, ist einer der wichtigsten israelischen Militär- und Strategieanalysten für den gesamten Nahen Osten. Oren ist kein Freund Netanyahus, er steht politisch den rechten Parteien seines Landes wahrlich nicht nah. Doch in einem Gespräch vor einigen Jahren, als die Irankrise am heftigsten tobte, fand er durchaus lobende Worte für Netanyahu. »Mit seinen ewigen Drohungen, Israel werde den Iran angreifen, mit seinen ständigen Warnungen, Israel werde keinen zweiten Holocaust zulassen, hat er immerhin erreicht, dass die Weltgemeinschaft ernst machte und eine Koalition gegen den

Iran bildete und Sanktionen erließ. Ohne die Drohungen Netanyahus wäre das sicher nicht geschehen.«

Oren hat Recht. Lange, allzu lange hatte die Weltgemeinschaft weggeschaut beziehungsweise keine Konsequenzen daraus gezogen, was die eigenen Geheimdienste und natürlich der israelische Geheimdienst nach Washington, Berlin, Paris und London berichteten. Hatte nicht reagieren wollen darauf, dass der Iran sein Atomprogramm mit aller Intensität vorantrieb. Dass Teheran zwar stets nach außen betonte, man habe nur die Absicht, die Atomkraft für friedliche Zwecke zu nutzen, aber das Vorgehen der Mullahs das genaue Gegenteil vermuten ließ. Dass man Atomanlagen tief unter der Erde baute, um sie vor Raketenangriffen zu schützen, dass man immer mehr Zentrifugen aufstellte, die Plutonium auf 20 Prozent anreicherten, was für die friedliche Nutzung von Kernenergie überhaupt nicht notwendig ist. Und die Geheimdienste entdeckten auch eine Atomanlage, die der Iran geheim hielt und erst zugab, dass es sie gibt, als die Welt es bereits wusste.

Wozu das alles, wenn man Nuklearenergie lediglich für friedliche Zwecke benutzen wollte? Netanyahu wurde nicht müde, diese Frage immer und immer wieder zu stellen. Die Welt war genervt von Netanyahu, wenngleich sie allmählich einsah, dass er so ganz unrecht ja nun doch nicht hatte. So gut wie jeder in Israel stimmte Bibi mit seinen apokalyptischen Befürchtungen zu. Israel konnte es nicht zulassen, dass möglicherweise ein zweiter Holocaust bevorsteht. Und auch Amir Oren, der wahrlich kein Kriegstreiber ist, erklärte ernst: »Wenn es um unser nacktes Überleben geht, werden wir mit Sicherheit militärisch eingreifen, wenn wir keine Wahl hätten, hätten wir keine Wahl.«

In den Jahren vor dem Abkommen, dem »Joint Comprehensive Plan of Action«, das 2015 abgeschlossen wurde, ging Israel auf mehreren Ebenen gegen die »Appeasement«-Politik der internationalen Staatengemeinschaft vor. Rechte Kräfte in Israel waren stets bemüht, historische Vergleiche zum Münchner Abkommen 1938 zu ziehen, so schräg sie auch sein mochten. Dass man aber insbesondere Obamas Haltung als reines »Appeasement« ansah, war unüberhörbar, Bibi und andere hielten sich mit ihrer Kritik gegenüber Obamas Politik nicht sonderlich zurück. Es war also zunächst ein offenes und lautes Kontra, zugleich setzte man alle diplomatischen Bemühungen ein, derer Israel sich bedienen konnte, um die Verhandlungspartner des Iran davon zu überzeugen, dass es ein großer Fehler sei, das Abkommen zu unterschreiben. Man drohte mit Krieg, man ließ den Mossad agieren. Wie und was er genau machte, das weiß man offiziell natürlich nicht. Doch es war auffällig, dass 2010 und 2011 fünf iranische Atomwissenschaftler im Iran ermordet wurden. In der Öffentlichkeit war man sich schnell einig, das musste der lange Arm Israels gewesen sein. 2010 wurde ein Virus weltberühmt, den die Fachleute als »Computerwurm« bezeichnen. Sein Name: Stuxnet. Er legte große Teile des Computersystems in der iranischen Urananreicherungsanlage Natanz und im Kernkraftwerk Bushehr lahm. Auch hier vermutete man sofort die Israelis hinter diesem Cyberangriff. Fachleute und Hacker untersuchten den Code des Virus' und waren sich aufgrund seiner Komplexität schnell einig, dass nur hochtechnologisierte Staaten ihn entwickelt haben konnten. Jahre später hieß es dann, der Virus sei von den USA und Israel gemeinsam entwickelt worden. Von den USA? Von Obamas USA? Ja, genau. Denn selbst Obama hatte irgendwann begriffen, dass die Iraner keineswegs so »koscher« waren, wie sie gerne behaupteten. Er wollte in erster Linie eine Lösung finden, ohne einen einzigen Schuss abgeben, ohne eine einzige Rakete oder Bombe abwerfen zu müssen. Verhandeln ist gut, Geheimdienstaktivitäten konnten aber nicht schaden. Natürlich wissen wir alle nicht, was die Geheimdienste, insbesondere der israelische, alles getan haben und wahrscheinlich auch jetzt noch tun. Doch Kenner in Israel erklären immer wieder, dass der Mossad unter seinem früheren, inzwischen verstorbenen Leiter Meir Dagan mutige und wichtige Dinge im Iran getan habe, die weitaus effektiver waren, als man im Allgemeinen weiß.

Während also die Geheimdienste ihre Arbeit machten, ließ Netanyahu die Armee auf den Ernstfall vorbereiten. Milliarden wurden ausgegeben, um einen möglichen Angriff auf den Iran zu trainieren. Ich erinnere mich gut, wie ich im Sommer 2012 am Strand von Tel Aviv saß und Kampfjetdonner in ungeheurem Ausmaß hörte, ohne auch nur ein einziges Flugzeug zu sehen. Israel veröffentlichte hier und da »kleine Informationen« über Angriffsübungen weit draußen im Mittelmeer, man wollte den Iranern eine Botschaft zukommen lassen: ›Seht her, wir sind vorbereitet, wir kriegen euch, wenn ihr uns nicht in Ruhe lasst!‹

Die israelischen Medien spekulierten, wie ein Angriff aussehen könnte. Sind die Kampfjets in der Lage, bis in den Iran zu fliegen, ohne aufzutanken? Wie müsste man sich ein Auftanken in der Luft vorstellen, wenn die nötigen Flugzeuge dafür nicht vorhanden sind? Wie könnten die Angriffswege ausschauen? Spekuliert wurde schon 2012, dass es längst geheime Absprachen zwischen den Saudis und Israel gibt. Der Feind meines Feindes ist mein Freund, nach dieser Devise arbeiten beiden Staaten bereits zusammen, das ist mittlerweile kein Geheimnis mehr, sondern eine Tatsache, die kaum noch verheimlicht wird, spätestens seit Mohammad bin Salman in Riyadh das Sagen hat. Hatten die Saudis bereits 2012 den Israelis die Überflugrechte zugesichert für den Fall eines Angriffs auf die iranischen Atomanlagen? Über heilige muslimische Erde? Über Mekka und Medina? Kaum vorstellbar, aber nicht unmöglich, längst nicht mehr unmöglich. Der Zweck heiligt die Mittel. Und hat Israel nicht gezeigt, dass man für einen gezielten Angriff nicht einmal mehr bis in den Iran fliegen muss? Als der syrische Diktator Assad mit Hilfe Nordkoreas eine Atomanlage baute, griffen israelische Kampfjets den al-Kibar-Reaktor im September 2007 an und zerstörten ihn. Auf türkischem Territorium wurden israelische Tankfüllungen gefunden. Mittels

Präzisionsraketen müssen heute Kampfhubschrauber oder -jets nicht einmal mehr israelisches Territorium verlassen, um Ziele in Syrien anzugreifen. Israel hält sich seit Jahren aus dem syrischen Bürgerkrieg mehr oder weniger raus, wenngleich es Rebellen an seiner Grenze unterstützt im Kampf gegen die schiitische Achse. Aber wann immer Waffen an die Hezbollah im Libanon geliefert werden sollen, greift Israel diese Konvois oder Waffenlager an und zerstört sie. Die Hubschrauber steigen über Israel auf, geben die Koordinaten ein, und die Raketen treffen über viele Kilometer genau ins Ziel. Sollte sowas nicht bei einem Iran-Angriff auch möglich sein, spekulieren die Medien. Außerdem verfügt Israel über eine riesige Anzahl an erstklassigen UAVs, die wahrscheinlich jetzt schon Aufklärungsflüge über iranisches Staatsgebiet machen.

Weitere Spekulationen machten damals die Runde in Israel: Im Falle eines Angriffs würden die Hightech-Cracks von »8200« und ähnlichen Einheiten magnetische Schockwellen vorausschicken, die sämtliche Radar- und Computeranlagen im Iran blockieren könnten, sodass die israelische Luftwaffe auch unbehelligt über dem Iran Einsätze fliegen könnte. Andere Gerüchte gingen um: Israel verfüge über eine Militärbasis in Aserbaidschan, nachdem die Basis in der Türkei aufgegeben werden musste. Tatsächlich arbeiteten die türkische und israelische Armee ebenso wie die Geheimdienste der beiden Länder aufs engste zusammen. Bis zum Vorfall 2010, als die israelische Armee eine Flottille, die in der Türkei gestartet war, um die israelische Blockade von Gaza zu durchbrechen, blutig stoppte. Israelische Soldaten enterten die »Mavi Marmara«, die »Zivilisten« an Bord hatten Waffen oder auch Brechstangen parat und griffen die Soldaten an, dabei töteten die Israelis neun Aktivisten. Erdogan reagierte prompt, zwischen den beiden Partnern herrschte fortan Eiszeit, die diplomatischen Beziehungen waren schon eine Zeitlang zuvor in die Krise geraten. Wilde Gerüchte kursierten über die angebliche israelische Militärbasis in der Türkei. Der jüdische Staat habe dort sogar Atombomben gelagert. Viel Humbug wurde erzählt und geschrieben.

Die israelische Regierung ging dabei stets nach derselben Devise vor: Wir sagen nichts. Wir bestätigen nichts, wir dementieren nichts, wir lassen das alles mal so im Umlauf. Netanyahu konnte das nur dienlich sein. Je wilder die Spekulationen, desto besser. Irgendwo war und ist immer auch ein Körnchen Wahrheit dabei, die Iraner aber sollten nicht wissen, was nun wahr ist und was nicht, was übertrieben ist und was nicht.

Im Sommer 2012 kontaktierte mich schließlich ein israelischer Journalist mit besten Beziehungen in die Armee hinein. Ich sollte ihm helfen, Kontakt mit dem deutschen Außenministerium aufzunehmen. Er wisse, dass Netanyahu und sein damaliger Verteidigungsminister Ehud Barak einen Angriff auf den Iran planten, und dieser müsse mit allen Mitteln verhindert werden, die Weltmächte müssten eingreifen. Die Armee und die Geheimdienste wären strikt dagegen, aber er fürchtete, die beiden könnten das Sicherheitskabinett überreden, dem Angriff zuzustimmen, und dann müsste die Armee den Befehl durchführen. Das wäre eine Katastrophe.

Wenige Tage nach unserem Gespräch erschien ein Artikel in der Tageszeitung Haaretz, in dem genau das stand, was er mir erzählt hatte. Was geschehen war: Der Angriffsplan war ganz offensichtlich bewusst geleakt worden. Von wem? Wer weiß. Was man wusste, war, dass die Armeeführung und die Geheimdienste absolut gegen einen Angriff waren. Sie befürchteten nicht nur ein Scheitern des Plans, sondern vor allem die militärischen und noch mehr die politischen Folgen eines solchen Angriffs. Vor allem Ehud Barak hatte stets damit geliebäugelt, einen Angriff zu befehlen und so die USA in den Krieg hineinzuziehen. Die Amerikaner wussten das, und so war es wohl kein zeitlicher Zufall, dass der US-amerikanische Chairman of the Joint Chiefs of Staff, General

Martin Dempsey, der sich damals gerade in Großbritannien aufhielt, einer britischen Zeitung ein Interview gab, in dem er erklärte, die USA würden im Falle eines israelischen Angriffs auf den Iran nicht »complicit« sein, Washington würde sich nicht zum »Komplizen« eines solchen Angriffs machen lassen. Eine klare Ansage an Netanyahu, ›Lieber Bibi, mach deinen Angriff, aber rechne nicht damit, dass die US-Army dir dann zu Hilfe eilen oder gar mitmachen würde!‹ Auffällig war, wie viele Außenminister sich in jenem Spätsommer 2012 in Jerusalem die Klinke in die Hand gaben. Der deutsche, der französische, der britische Außenminister erschienen kurz nacheinander in der heiligen Stadt. Die Welt war in Sorge, Israel könne Ernst machen.

Wie ernst die Lage tatsächlich war, wurde 2017 klar. Da gab Ehud Barak ein langes Interview zu jenen Ereignissen und erklärte, dass man den Angriff damals wollte, weil er militärisch möglich gewesen wäre und den Iran in seinem Atomprogramm um Jahrzehnte hätte zurückwerfen können. Doch Bibi war im letzten Moment zurückgeschreckt. War es der Druck von außen, der Druck seiner Militärs, der ihn zögern ließ? War es seine sprichwörtliche Angst, Entscheidungen zu fällen? War es richtig oder falsch, den Angriff nicht durchzuführen? Dies wird sich in der Zukunft erweisen. Zunächst also geschah erst einmal nichts. Die Folgen aber waren deutlich zu hören. Aus Teheran. Man erkannte oder glaubte zu erkennen, dass Bibi und Israel nur ein Papiertiger sind. Bellende Hunde beißen nicht. Die Iraner wurden nicht leichtsinnig, aber sie begriffen bald, dass Israel es nicht wagen würde, sie militärisch zu attackieren.

Nur ein Jahr später, im Sommer 2013 verstanden die Mullahs in Teheran, dass auch Obama lediglich ein Maulheld war. Stets hatte er betont, der Einsatz von Massenvernichtungswaffen im syrischen Bürgerkrieg würde für die USA eine »Rote Linie« überschreiten. Als der Beweis evident wurde, dass Assad Chemiewaffen eingesetzt hatte, musste Obama nach langem, langem Zögern handeln. Er schickte seine Navy in die Region, ein Angriff stand unmittelbar bevor, auch wenn klar war, dass die Präzisionsraketen, die abgefeuert werden sollten, symbolische Ziele hatten, dass damit nichts gelöst sein würde. Doch sie wären ein klares Signal an Damaskus gewesen, mit den Amerikanern nicht zu spielen. Ein erneuter Einsatz von Chemiewaffen oder anderen »WMDs« (Weapons of Mass Destruction), würde ganz anders geahndet werden. Und was geschah? Obama zögerte im letzten Augenblick. Und entschied, den Kongress zu befragen. Verfassungsrechtlich wäre das nicht nötig gewesen. Daher war es so offensichtlich, dass er den Angriffsbefehl scheute. Und so geschah auch hier nichts. Es wurden keine Marschflugkörper auf Assads Truppen und Waffendepots abgefeuert. Auch Obama entpuppte sich als Papiertiger.

Wenn die Mullahs keine Muslime wären, so hätte man an diesem Tag die Sektkorken knallen hören können in Teheran. Denn nun wussten sie auch, dass die Atomvertragsverhandlungen für sie im Großen und Ganzen günstig verlaufen würden. Es dauerte dann noch zwei Jahre bis zum Abschluss, aber Obama hatte ein gewisses Momentum verspielt. In Riyadh, Kairo und vor allem Jerusalem war man starr vor Schreck. Obama hatte gezögert. »Wenn er schon im syrischen Bürgerkrieg kneift, was wird er tun, falls der Iran doch die Bombe haben sollte?«, fragten Experten und Journalisten aufgeregt in den israelischen Medien.

Je näher das Abkommen mit dem Iran rückte, je näher die internationale Staatengemeinschaft einem Kompromiss mit dem Iran kam, desto hektischer und schriller reagierte Netanyahu. Ich erwähnte bereits die von ihm angesetzte »Medienoffensive«. Vor allem aber sein Auftritt im US-amerikanischen Kongress war der Gipfelpunkt seiner Anti-Obama-Kampagne, der alle ethischen Grundregeln des demokratischen Gebarens unter Alliierten vermissen ließ. Seine hinterrücks anberaumte Rede, von der Obama zunächst nichts wusste, seine öffentlichen Beschimpfungen des naiven demokratischen Präsidenten, seine Belehrungen, seine Arroganz gegenüber dem Weißen Haus, seine offensichtliche Bevorzugung der Republikaner, all das könnte langfristig Folgen für das Verhältnis der demokratischen Partei in den USA gegenüber Israel haben, und im Interesse Israels kann man nur hoffen, dass zu dem Zeitpunkt, zu dem es wieder einen demokratischen Präsidenten im Weißen Haus geben wird, Netanyahu bereits irgendwo in Ruhe seine Rente genießt und keinen Schaden mehr anrichten kann.

Ein Kreuzzug also gegen den Iran, gegen Obama, gegen einen Zweiten Holocaust. Und dann wurde das Abkommen geschlossen. Und mit einem Mal wurde es still. Man hörte nichts mehr aus Jerusalem. Kein Wort. Bibi sagte nichts mehr, schimpfte nicht mehr, drohte nicht mehr. Einfach nichts, als ob er mit seiner Iran-Phobie in ein Schwarzes Loch gefallen sei. War also alles nur Schall und Rauch? Seine Hysterie nur gespielt? Seine apokalyptischen Warnungen nur »Wahlkampf«-Getöse? Wie gesagt, Außenpolitik ist in Israel stets Innenpolitik. Alles war wie weggewischt.

Doch so ist es nicht. Der Iran verdankt Obama eine mächtige Verschiebung der Machtverhältnisse im Nahen Osten. Der Schiiten-Staat versucht, Raum zu gewinnen. Im Libanon mit der Hezbollah, im Jemen, im Irak, und vor allem in Syrien an der Seite von Diktator Assad. Natürlich auch in Gaza, doch das ist nicht neu. Für Israel ist der Iran nun eine nicht mehr apokalyptische, sondern reale Bedrohung geworden. Die Gefahr, der Iran könne endgültig Fuß fassen in Syrien und sich so noch weiter an die israelische Grenze heranpirschen, ist real und im Herbst 2017 keine Zukunftsfantasie mehr, im November 2017 veröffentlichte die BBC einen Bericht. Aufnahmen zeigten ein Militärlager, das nach Angaben eines westlichen Geheimdienstes für den Iran errichtet wird. Das Lager befindet sich etwa 14 Kilometer südlich von Damaskus. Die Revolutionsgarden sind in Syrien, auf alle Fälle ihre Befehlshaber als »Berater«, die Hezbollah wird immer weiter aufgerüstet, inzwischen will Iran Waffenfabriken im Libanon bauen. Netanyahu weiß das alles und reagiert. Zunächst im Stillen. Immer häufiger bombardieren israelische Kampfjets Ziele in Syrien, die Waffendepots und Ähnliches sein sollen, und auch das von der BBC gezeigte Militärlager. Inzwischen sieht es so aus, dass bei dem geplanten Waffenstillstand iranische Kämpfer (oder ihre Vasallen) bis zu 20 Kilometer vor die israelische Grenze rücken dürften. Nun machte Netanyahu bereits öffentliche Ankündigungen und Drohungen, man werde es nicht zulassen, dass sich der Iran in Syrien ausbreite. Auch wenn Israels Verteidigungsminister Lieberman in einem öffentlichen Statement erklärte, der Iran habe noch keine Truppen in Syrien, ist in Israel die offizielle Politik überzeugt, dass es wohl bald zu dem ganz großen Krieg zwischen Hezbollah / Iran und Israel kommen könnte, kommen wird. Die israelische Armee wird von ihrem Generalstabschef seit Jahren auf diesen Tag X vorbereitet. Gadi Eizenkot war im Libanon-Krieg 2006 Kommandeur der Nordfront, er weiß also, was da auf ihn zukommen wird.

Aber selbst wenn dieser Krieg nicht käme, die Armee wird sich auch weiterhin mit der Bedrohung durch eine iranische Bombe auseinandersetzen müssen. Denn der Vertrag läuft in wenigen Jahren aus, und was dann? Wer wird den Iran dann noch davon abhalten können, die Bombe zu bauen? Die Technologie dazu hat das Land ja längst. Obama setzte darauf, dass bis zum Ende des Vertrags eine neue politische Situation in Teheran entstanden sein könnte. Danach schaut es aber bei weitem nicht aus. In Jerusalem wird man also auch weiterhin Angriffspläne ausarbeiten, trainieren, neue Waffensysteme kaufen oder selbst entwickeln, versuchen, Bomben von den USA zu erhalten, die Bunker in tiefsten Tiefen zerstören können. Obama ist weg. Doch die Bedrohung durch den Iran wird den gesamten Nahen Osten noch lange beschäftigen.

Und Donald Trump scheint das auch so zu sehen. Inzwischen hat er das Iran-Abkommen in Frage stellt, er könnte es möglicherweise in baldiger Zukunft aufkündigen. Für Netanyahu scheint sich ein »Traum« zu erfüllen: Washington geht auf Konfrontationskurs mit dem Iran, das kommt ihm politisch zupass. Damit aber wird die real existierende Bedrohung durch den Iran immer konkreter. Und sie könnte schneller zu einem Krieg führen als selbst Jerusalem lieb wäre. Denn diese Möglichkeit ist eben auch gegeben.

3 – Das Ende der Zwei-Staaten-Lösung, oder wie Netanyahu die USA zum Narren hält

Schlachten wir eine heilige internationale Kuh: Die Zwei-Staaten-Lösung wird es nicht geben. Kaum einer traut sich das so wirklich auszusprechen, auch wenn es in letzter Zeit häufiger Artikel und Kommentare gegeben hat, die das bereits thematisiert haben. Palästinensische Intellektuelle schlagen schon seit geraumer Zeit vor, die Ein-Staaten-Lösung anzustreben und somit Israel von innen heraus zu zerstören, ohne einen einzigen Schuss abgegeben zu haben. Der eine Staat vom Mittelmeer bis zum Jordan würde bald eine palästinensische Mehrheit haben, sodass irgendwann die Frage nach der Wahlberechtigung und der Staatsbürgerschaft aufkäme, da eine Apartheid-Politik auf Dauer nicht funktionieren würde. Manche Politiker im Ausland warnen Israel davor. John Kerry, Außenminister unter Barack Obama, hatte gegen Ende seiner Amtszeit Israel eindringlich davor gewarnt, den Augenblick für eine Zwei-Staaten-Lösung zu verpassen, es wäre das Ende des jüdischen Staates, es wäre das Ende des demokratischen Staates. Und so hält die internationale Politik an alten Mantras fest: »Friedensprozess«, »Land für Frieden«, »Zwei-Staaten-Lösung«, während die Realitäten vor Ort bereits ganz andere sind.

Natürlich will und wollte auch die Siedlerbewegung nie eine Zwei-Staaten-Lösung. Auch ihr schwebt – allein schon aus religiös-ideologischen Gründen – ein großes Israel vor, ich scheue mich, »Groß-Israel« zu schreiben, weil das im deutschen Sprachraum gleich mit »Großdeutsches Reich« assoziiert wird, was aber historisch und ideologisch nicht vergleichbar ist. Man will mindestens 60 Prozent des Westjordanlandes annektieren, damit wäre man 95 Prozent der Palästinenser los, die dann jenseits einer solchen willkürlichen, einseitig gezogenen Grenze leben würden. Was mit ihnen geschehen soll, ist den Siedlern ganz egal, sie könnten ja nach Jordanien gehen, dort sei die Mehrheit der Bevölkerung eh palästinensisch, dann hätten sie jenseits des Jordans ihren eigenen Staat. Dies ist eine uralte Idee von Ariel Sharon, und so »verlockend« sie für die Siedler zu sein scheint, so verkennt sie doch, was das Ende der Herrschaft des Haschemitenkönigs für Israel bedeuten könnte: Unruhe an seiner längsten Grenze, keinen Friedenspartner mehr, keine Kooperation im Sicherheits- und Geheimdienstbereich zusammen mit den Amerikanern. Ganz abgesehen davon, dass hier die Rechnung ohne den Wirt gemacht wird, denn bei dieser Idee werden die Palästinenser natürlich gar nicht erst gefragt, was sie dazu sagen. Umgekehrt ist es natürlich so, dass die große Mehrheit der Israelis auch keine Ein-Staaten-Lösung will, ein Zusammenleben zwischen Israelis und Palästinensern ist heute undenkbarer denn je. Der Hass ist zu groß, das Misstrauen, die Angst.

Und was ist mit Benyamin Netanyahu? Was will der eigentlich? Gewiss, er hat in seiner bereits zitierten Bar-Ilan-Rede 2009 den Begriff »Zwei-Staaten-Lösung« in den Mund genommen, er wird einerseits nicht müde, den internationalen Medien zu erklären, dass er für eine gerechte Lösung zwischen Palästinensern und Israelis sei, doch er tut nichts, um einen palästinensischen Staat in irgendeiner Form zu ermöglichen und sagt auf Hebräisch ganz andere Dinge als auf Englisch. Kann er nicht? Will er nicht? Ich denke, es ist ein wenig von beidem. Netanyahu würde seine Koalition um die Ohren fliegen, wenn er den Palästinensern echte Zugeständnisse machen würde. Andererseits hätte er die Option gehabt, mit den heutigen Oppositionsparteien eine Koalition einzugehen. Nur – wäre dann der Palästinenserstaat in greifbare Nähe gerückt? Wohl kaum. Denn die »Zentrums«-Partei Yesh Atid von

Yair Lapid ist äußerst skeptisch, ob man mit den Palästinensern Frieden machen kann, die Zionistische Union, also der Parteienverbund der Arbeitspartei zusammen mit Zipi Livnis Hatnua ist ebenfalls weit davon entfernt, den Palästinensern einen Staat zu geben.

2015 reiste der Oppositionsführer Isaac Herzog durch Europa, um seinen Abtrennungsplan vorzustellen, von dem er hoffte, dass er im Westen als praktikable Moment-Lösung akzeptiert wird. Herzog wollte ähnlich wie die Siedler eine Abtrennung vollziehen, um die Palästinenser »draußen« zu haben aus israelischer Verantwortlichkeit, also eine willkürliche Grenzziehung, die allerdings nur »provisorisch« sein sollte, bis man eines Tages vielleicht mit einer anderen Palästinenserführung einen dauerhaften Frieden vereinbaren kann. Die Israelis haben gute Gründe daran zu zweifeln, dass sie mit Palästinenserpräsident Abbas einen echten Frieden erzielen könnten. Immerhin hat Abbas das weitreichendste Angebot, das Israel je gemacht hatte, ausgeschlagen. Das war noch zu Zeiten von Premier Ehud Olmert, der den Annapolis-Friedensprozess des damaligen US-Präsidenten George W. Bush unterstützte und sich regelmäßig mit Abbas traf.

Jahre später wurde bekannt, dass Olmert Abbas sogar die Hoheit über Ostjerusalem angeboten hatte, eines der heikelsten Themen im stockenden Friedensprozess. Doch Abbas kniff. Hinzu kommt, dass die Palästinensische Autonomiebehörde in Gaza keinerlei Befehls- oder Entscheidungsgewalt zumindest bis Herbst 2017 hatte. Denn dort herrschte bis vor kurzem die Hamas. Nun haben Fatah und Hamas sich zum x-ten Male »ausgesöhnt«, tatsächlich hat die PA nun wieder die Aufsicht über die beiden Grenzen Gazas, Ende 2018 soll es in den palästinensischen Gebieten Neuwahlen geben, doch bereits Anfang des Jahres darf daran gezweifelt werden, vor allem, wenn man bedenkt, dass der militärische Flügel der Hamas sich von der PA nicht hat entwaffnen lassen. Werden also Abbas, die PA, die Fatah Gaza wieder beherrschen und verbindlich gegenüber Israel auch im Namen der Palästinenser dort sprechen können? Was könnte Abbas den Israelis bezüglich Gaza versprechen? Auch wenn die Hamas betont, sie würde die PLO als Verhandlungsführer bei den Gesprächen mit Israel akzeptieren, man würde auch ein Referendum mit einem positiven Ergebnis annehmen, so zeigte die Realität bislang doch, dass die Hamas eher ein aggressiver Kontrahent Abbas' ist denn ein Partner oder wenigstens ein stiller Dulder seiner Bemühungen. Und selbst der neue Appendix der Hamas-Charta, der etwas verschwurbelt davon spricht, dass man einen Palästinenserstaat in den Grenzen von 1967 annehmen würde, entpuppt sich bei genauerer Lektüre nicht als eine Änderung der Charta, die die völlige Zerstörung Israels vorsieht, sondern lediglich als ein bisschen Tünche, die vor allem das Ausland davon überzeugen soll, dass man flexibel und gar nicht so fundamentalistisch sei.

Es war Netanyahu, der den Friedensverhandlungen vor Jahren neue Knüppel zwischen die Beine warf, als er forderte, die Palästinenser müssten Israel als die legitime nationale Heimstätte des jüdischen Volkes anerkennen, also als jüdischen Staat. Ohne diese Anerkennung gäbe es keinen Vertrag. Die Palästinenser wiesen diese neue Forderung brüsk zurück. Sie erklärten, juristisch und logisch richtig, dass es nicht Sache der Palästinenser sei, wie sich der Staat Israel definiere. Außerdem gäbe es eine Definition bereits bei der UN, was also soll diese neue Finte Netanyahus? So richtig diese Argumentation ist, die auch von linken Israelis geteilt wird, so hat Netanyahus Forderung, die selbstverständlich zunächst nichts als einer seiner vielen Versuche ist, Verhandlungen unmöglich zu machen, einen interessanten Kerngedanken. Palästinenserpräsident Abbas hat ja erklärt, dass in einem zukünftigen Staat Palästina keine Juden leben dürften. Israels Reaktion kam prompt. Warum sollte das nicht möglich sein, es leben doch auch anderthalb Millionen Palästinenser mit israelischem Pass in Israel.

Man diskutierte sogar die Möglichkeit, dass Siedler in ihren

Siedlungen bleiben könnten, dann aber in einem Staat Palästina lebten und dort warteten, bis der Messias und damit die Erlösung käme. Das aber wollen die Palästinenser nicht. Verständlich? Gewiss ist Abbas' Credo, Juden dürften nicht im Staat Palästina leben, kein besonders demokratischer Gedanke. Prompt griff Netanyahu denn auch zu Nazi-Vokabular, das immer dann ausgepackt wird, wenn man besonders heftig sein möchte und der eigenen Klientel zeigen will, dass man ein ganzer Kerl ist. Es könne nicht angehen, dass Judäa und Samaria (die biblischen Namen für das Westjordanland), also die angestammte, jahrtausendealte Heimat des jüdischen Volkes – und jetzt kommt's – »judenrein« sein müsste! Nicht mehr, nicht weniger. »Judenrein«. Da kocht die rechte israelische Seele, das triggert schlimmste Vorstellungen, Abbas ist Hitler, die Palästinenser sind Nazis, das ganze emotionalisierte Programm.

Jenseits der Politrhetorik, die im Nahen Osten von keiner Seite zimperlich ist, steckt darin dennoch eine nicht ganz unberechtigte Angst, dass eine Zwei-Staaten-Lösung in Wirklichkeit eine »Anderthalb-Staaten-Lösung« sein werde. Der Staat Palästina ohne Juden, ein Staat Israel mit vielen arabischen Israelis. Allmählich würden die jüdischen Israelis via Geburtenrate in die Zange genommen, das wäre das Ende des jüdischen Staates. Einfach demografisch.

Warum also wäre es so schwer für Abbas, Israel als »jüdischen Staat« anzuerkennen? Die Rechte vermutet, dass er dies aus gutem Grund nicht machen kann und will. Selbst wenn es einen Friedensvertrag gäbe, selbst wenn es endlich, irgendwann einen Staat Palästina neben dem Staat Israel gäbe, im Grunde und tief im Herzen würden die Palästinenser immer noch ganz Palästina wollen. Sie könnten einen »jüdischen Staat« niemals anerkennen, denn das hieße tatsächlich, endgültig auf einen Teil Palästinas zu verzichten. Wenn man die religiösen Voraussetzungen nimmt – obwohl die Religionen im Nahen Osten leider kein guten Ratgeber sind –, dann kann Abbas einen »jüdischen Staat« unmöglich anerkennen. Zumindest nicht offiziell. Denn auch dieser Teil des Landes ist für die Muslime Waqf, heilige islamische Erde, die man Nichtmuslimen nicht überlassen kann. Und in seiner Wutrede auf Trump im Januar 2018 hatte Abbas ja auch prompt erklärt, dass Juden keinerlei historische oder religiöse Verbindung zu dem Land hätten, das die Palästinenser Palästina, die Juden Israel nennen. Bibi hat also nicht ganz unrecht mit seiner Forderung.

Vor einigen Jahren drehte ich im Rafidia-Krankenhaus in Nablus eine Reportage. Der Münchner plastische Chirurg Heinz Schoeneich war mit seinem Team in die palästinensische Stadt gekommen, um dort umsonst zu operieren und gleichzeitig den palästinensischen Ärzten die neuesten Techniken in seinem Fach zu zeigen. Es waren bewegende Momente, wie dort jüdische und christliche Ärzte und Schwestern aus Deutschland gemeinsam mit den palästinensischen Kollegen Hand in Hand arbeiteten. Wir durften bei den Operationen stets dabei sein und filmen, buchstäblich hautnah. Fasziniert beobachteten wir, wie für eine Gesichts-OP mittels einer Schablone der Umriss des Operationsfeldes aufgenommen, dann auf den Oberschenkel des Patienten gelegt, die Haut dort abgetragen und dann im Gesicht transplantiert wurde. Besonders ergreifend war die OP eines kleinen neunjährigen Jungen, dessen Gesicht und Oberkörper völlig verunstaltet waren von wuchernden und schlecht verheilten Narben. Er hatte in der Nähe seines Elternhauses mit einer noch scharfen israelischen Granate gespielt, die daraufhin in die Luft ging. Der Junge hatte in seinem kurzen Leben eine wahre Tortur an Operationen bereits hinter sich. 38 OPs hatte dieses Kind durchmachen müssen, die 39., die Heinz Schoeneich durchführte, sollte ihm mittels einer Hauttransplantation in der Nähe des Mundes das Sprechen erleichtern. Über eine Woche drehten wir, wir gingen in dem Krankenhaus als Fernsehteam ein und aus. Die Leiter der Klinik waren stolz, dass ihr Krankenhaus, das mit Hilfe der USAID-Organisation über modernste Operationssäle verfügte, im Mittelpunkt einer deutschen Reportage stand. Am Tag vor der Abreise des Ärzteteams veranstaltete das Krankenhaus ein großes Abschiedsfest. Die deutschen Mediziner und wir, das Fernsehteam, erhielten als Andenken eine aus feinstem Olivenholz geschnitzte Landkarte Palästinas, ganz Palästinas, vom Mittelmeer bis zum Jordan, ohne eine Grenzziehung entlang der Grünen Linie. Da war sie wieder, diese Symbolik, die den Rechten in Israel als Beweis dient, dass die Palästinenser keinen Frieden wollen. Ironischerweise kann man ebensolche geschnitzten Landkarten im Suk im Ostteil Jerusalems kaufen, in der »ewigen, vereinten Hauptstadt Israels«, wie Netanyahu immer wieder betont. Ganz Palästina aus Olivenholz geschnitzt. Israel ist darauf nicht zu finden.

Die radikale Interpretation des Judentums, wie die Hardcore-Siedler sie vornehmen, sieht das ja ähnlich mit umgekehrten Vorzeichen: Das Land wurde den Juden von Gott gegeben, das ganze Land, wohlgemerkt. Man kann das gar nicht »weggeben«, man muss es im Namen Gottes verwalten und darüber herrschen, also ist ein Palästinenserstaat nicht zulässig. Und es gibt natürlich auch Landkarten, die die »besetzten« Gebiete nicht mehr als solche darstellen. Israel besteht dort aus dem Gesamtgebiet zwischen Mittelmeer und Jordan.

Wir drehen uns im Kreis. Also noch mal. Was denkt Netanyahu wirklich? Was gewiss ist: Ihm ist Religion herzlich egal, ganz gleich welche. Er ist ein durch und durch säkularer Jude. Doch er ist ein Mann voller Angst, er ist geprägt von der Geschichtsphilosophie seines Vaters, der die jüdische Geschichte nicht ganz zu Unrecht als eine Linie von Katastrophe zu Katastrophe verstand, als eine Geschichte voller kleiner oder größerer »Holocausts«. Bibi ist auch ein Schüler des zionistischen Revisionismus, der Idee der »Eisernen Wand« gegen die arabische Übermacht. Und er scheint nicht das Zeug zu haben, eine ideologische Kehrtwende zu machen, wie etwa Yitzhak Rabin in den neunziger Jahren oder Ariel Sharon 2004 / 2005 mit der Entscheidung zum Abzug aus Gaza.

So ist Netanyahu ein Gefangener seiner Ängste und Prägung. Und es bleibt ihm scheinbar nichts übrig, als den Status quo so gut wie möglich aufrechtzuerhalten und in kleinen Schritten Dinge unumkehrbar zu machen, denn die Siedlungspolitik setzt sich ja fort, daran hat sich nichts geändert.

Bernard-Henri Lévy schrieb Anfang 2017 einen Artikel, in dem er die Rechte in Israel angreift und auf der Möglichkeit einer Zwei-Staaten-Lösung beharrt. BHL (»Be-Asch-Ell«), wie Lévy in Frankreich nur genannt wird, widerspricht den Siedlern und auch den Kritikern weltweit, die behaupten, die Zwei-Staaten-Lösung sei gestorben: »It is not accurate to present the building effort as a methodical and malign proliferation metastasizing throughout the future Palestine and dismembering it in advance. The reality (…) is that the territorial concentration of the densest settlements is creating a situation that, except for the number of settlements, is not radically different from that which prevailed in the Sinai Peninsula before the 1982 agreement with Egypt or in the Gaza Strip before the redeployment undertaken by Ariel Sharon in 2004 (sic! Es war aber 2005).« Was Bernard-Henry Lévy also meint ist, dass auch trotz des heftigen Siedlungsaufkommens ein Abzug ebenso möglich sei wie auf dem Sinai in den achtziger Jahren und in Gaza 2005.

Dies mag faktisch vielleicht sogar stimmen. Tatsächlich befinden sich die großen Siedlungsblöcke überwiegend in der Nähe der Grünen Linie mit Ausnahme von Ariel. Und kleinere Siedlungen könnte man rein logistisch ohne Probleme auflösen. Doch darauf kommt es nicht an. Es gibt einen eklatanten Unterschied zwischen dem Westjordanland und der Sinai-Halbinsel. Der Sinai ist nicht das biblische Israel, er war das »Transit«-Gebiet von der ägyptischen Sklaverei hin zur Freiheit in Kanaan. Darauf kann man zumindest aus religiösen Gründen verzichten. Doch es gibt auch sicherheitspolitische Gründe. Als US-Außenminister John

Kerry 2014 einmal mehr mit seiner Initiative, Frieden zwischen Israelis und Palästinensern zu vermitteln, gescheitert war, hatte er zumindest einen für Israel entscheidenden Sicherheitsaspekt akzeptiert. Israel hatte stets darauf bestanden, die Ostgrenze eines palästinensischen Staates entlang des Jordantales zu kontrollieren. Die berechtigte Angst, dass aus dem Iran oder dem Irak via Jordanien Waffen und Jihadisten nach Palästina gelangen könnten, war und ist für Jerusalem ein berechtigter Albtraum. Die Palästinenser lehnten diese Forderung stets ab, auch 2014, die USA aber unterstützten Israel darin zum ersten Mal. Der Zusammenbruch der politischen Ordnung im Nahen Osten, wie man ihn kannte, der damalige Siegeszug des IS und anderer islamistischer Gruppen machten Washington empfänglicher für die Ängste Israels.

Natürlich weiß auch jeder, dass die großen Siedlungsblöcke nach einem Friedensvertrag bei Israel bleiben werden. Aber was ist mit den kleinen Siedlungen? Was mit den sogenannten »illegalen« Siedlungen, die nun durch ein neues Gesetz, das die rechtsextremste israelische Regierung aller Zeiten Anfang 2017 einbrachte, »legal« werden, auch wenn sie auf privatem palästinensischen Grundbesitz gebaut wurden? Natürlich wird innerhalb der Siedlungsblöcke und in Ostjerusalem ständig gebaut, immer neue »Wohneinheiten« werden von den Behörden bewilligt, stets führt man »natürliches Wachstum« als Grund an. Das alles ist Haarspalterei, ein Versuch Israels, vor der Welt ein Projekt, das nicht legal ist, legal wirken zu lassen. Jeder weiß, was gespielt wird, aber wenn man's genau nimmt, so sagt niemand wirklich etwas, geschweige denn tut etwas in letzter Konsequenz.

Im September 2010 flog Netanyahu zusammen mit seinem Verteidigungsminister Ehud Barak nach Washington. Dort traf er sich mit Barack Obama, der ihn ziemlich unfreundlich empfing. Nicht nur, dass Obama seinen Staatsgast im Weißen Haus einfach mal so sitzen ließ, um gemeinsam mit seiner eigenen Familie zu essen – ein kalkulierter Affront –, der amerikanische Präsident war »not amused« über Bibis Belehrungen, die er im Weißen Haus vor der gesamten Weltpresse zum Besten gab und den jungen US-Präsidenten neben ihm dabei wie einen Schuljungen aussehen ließ. Obama wahrte immer die Form, doch er vergaß nichts. Und sein Gesicht sprach Bände. Bei jenem Besuch Netanyahus ging es auch um die Genehmigung neuer Bauvorhaben in Ostjerusalem, die ausgerechnet bekanntgegeben worden waren, als Obamas Vize, Joe Biden, kurz zuvor Israel besucht hatte. Bereits da war es zu einem ziemlichen Eklat gekommen, hinter den Kulissen mussten die Wogen geglättet werden, damit das offiziell anberaumte Abendessen mit Netanyahu und Biden nebst Gattinnen überhaupt stattfinden konnte.

Während der USA-Reise briefte Bibi die israelische Presse, die mitgereist war. Ich konnte und durfte als einziger Auslandsjournalist dabei sein, weil ich Hebräisch kann und somit dem Briefing folgen konnte. Bibi gab sich ein ganz klein wenig »empört« über Obamas Vorwürfe. Er habe, Bibi zog dabei dramatisch einige Zettel mit Zahlen und Zeichnungen heraus, er habe Obama erklärt, dass er, der Premierminister, gar keinen Einfluss haben konnte auf die Entscheidung, die Bauvorhaben just zum Besuch Bidens anzukündigen, weil das ja bürokratische Vorgänge sind, die bearbeitet werden, und irgendein naiver Beamter sagt dann, dass alles seine juristisch-architektonische Richtigkeit habe und verkündet dann »auf einmal« den Bau. Darauf habe er ja nun wahrlich keinen Einfluss, und er sei ebenso überrascht gewesen von der Ankündigung wie Obamas Vize.

Meine israelischen Kollegen lachten Bibi aus. Für wie blöd hielt er sie eigentlich? Jeder im Raum wusste doch, dass es Bibis Politik war, in den Siedlungen bauen zu lassen. Ja, sicher konnte Bibi nicht wissen, dass ausgerechnet an jenem Tag die Baugenehmigung erteilt wurde, aber prinzipiell setzen die Beamten doch nur Regierungspolitik um, was denn sonst?

Das Briefing war eine Farce. Die israelische Presse kennt »ihren«

Bibi, und jeder der Journalisten weiß, wie sehr er die Presse hasst und am liebsten nur noch willfährige Bewunderer um sich scharen würde, die in ihren Medien stets verkünden, was für ein großartiger Premier er doch sei.

Als das Briefing vorbei war, ging ich mit einer israelischen Fernsehkollegin ein wenig bummeln. Wir hatten etwas Luft, ehe es im Politkarussell dieser Reise weiterging. »Lass uns ja nicht über Bibi reden, sonst werde ich wahnsinnig. Wir haben jetzt zwei Stunden Zeit, ich will nur shoppen und mich mit blödsinnigen Modefragen beschäftigen«, lachte sie. Ich konnte sie verstehen. Die Frustration in Israel über Bibis Tricks und »Sticklechs«, wie man das auf Jiddisch nennt, über seine Scharaden und Manöver ist riesig.

Und natürlich auch in aller Welt. Jeder weiß, dass er heute etwas verspricht und morgen das Gegenteil tut, dass er nicht die Wahrheit sagt, »Kol Mila Sheker«, sagen israelische Kommentatoren, jedes Wort eine Lüge. Dass er kaum zu fassen ist und sich immer wieder neue Seitentüren öffnet, um Druck oder Widerstand auszuweichen. Im Grunde ist er ein begnadeter Politiker, denn er hat sie alle bislang überlebt. Insbesondere Barack Obama, seinen großen Widersacher, zumindest sah Netanyahu ihn als solchen. Es war stets etwas Tragisch-Absurdes in dem Verhältnis der beiden Politiker. Kein US-Präsident hat mehr für die Sicherheit Israels getan als Obama. Die finanzielle und militärische Unterstützung wuchs stetig an, die Zusammenarbeit der Armeen und Geheimdienste war enger denn je. Man darf dabei aber auch nicht vergessen, dass diese Zusammenarbeit keine Einbahnstraße zugunsten Israels war und ist. Israel hat im militärischen und geheimdienstlichen Bereich den Amerikanern eine Menge anzubieten, die USA profitieren also von dieser Beziehung ebenso wie die Israelis. Und die Militärhilfe ist nicht zuletzt eine Arbeitsbeschaffungsmaßnahme für die US-Rüstungsindustrie.

Aber die Chemie zwischen den beiden Männern stimmte nie. Und Obama hat, wie schon erwähnt, viele Fehler gemacht, diplomatische Fehler, die in Israel das Misstrauen gegen ihn nur weiter schürten. Nein, Obama hatte kein geschicktes Händchen, wenn es um die Befindlichkeiten Netanyahus oder Israels ging. Mit seinem politischen Credo, die Siedlungen als größtes Hindernis im Friedensprozess anzusehen, stieß er bei der Regierung Israels nicht nur auf taube Ohren, sondern auf Widerstand und Hass. Und Netanyahu schaffte es, mit immer neuen Tricks den Siedlungsbau voranzutreiben.

Ohne hier in die juristischen Details gehen zu wollen, allein der Gebrauch der Sprache spricht Bände. Es gab und gibt im Westjordanland »illegale« Siedlungen. Das aber setzt voraus, dass es auch »legale« gibt. Nach israelischem Recht, ja. In den Augen der Welt aber gibt es nicht eine »legale« Siedlung. Alle sind illegal. Doch mit dieser Unterscheidung, wird die »Rechtlichkeit« des Siedlungsprojekts weiteren Generationen in Israel so weit untergejubelt, dass das Unrechtsbewusstsein dafür zunehmend schwindet. Man baue nur in jenen Siedlungen, von denen man weiß, dass sie auch nach einem Friedensschluss bei Israel verbleiben, heißt es. Aber ist das wirklich so? Man baue dort nur aus »natürlichen« Gründen, weil die Bevölkerung einfach wachse und man neue Wohnungen brauche, das kann ja keiner verwehren, das ist doch klar. Ja, gewiss, in den meisten Fällen werden die Siedlungen nicht mehr ausgedehnt, die »legalen« Siedlungen werden häufig nach oben und nicht in die Breite gebaut, darauf hatte man sich schon zu Sharons Zeiten mit dem damaligen US-Präsidenten Bush geeinigt. Der hatte den Bau aus »natürlichen« Gründen, sprich: Bevölkerungszuwachs in den großen Siedlungsblöcken akzeptiert.

Dass dennoch auch gegen herrschendes Recht und vor allem gegen die Vorstellungen Obamas in die Breite immer weitergebaut wurde, war jedem dennoch klar. Und wenn man Bilder von Soldaten im US-Fernsehen sah, die dann doch »illegale« Konstruktionen einrissen, dann war ja alles in Ordnung, die »Rechtsstaatlichkeit« war ganz offensichtlich gewährleistet. Was in der Realität geschah, habe ich ja schon weiter oben beschrieben. Doch das wurde in den Medien, den US-Medien, nicht mehr gezeigt, soweit Israel darauf Einfluss hatte.

Für Netanyahu waren die Obama-Jahre ein achtjähriges Martyrium, das es zu überstehen galt. Netanyahu machte keinen Hehl daraus, dass er Obama nicht nur für naiv hielt, sondern bar jeglicher Einsicht bezüglich der Realitäten in Nahost. Wenn man einen kleinen Schritt zurück macht, so kann man Bibi sogar ein wenig beipflichten. Beispiel Ägypten: Als der »Arabische Frühling« in Kairo seinen Höhepunkt erlebte und Präsident Mubarak entmachtet wurde, war Obama sofort dabei, dies zu begrüßen. In einer Sekunde hatten die USA einen ihrer engsten Verbündeten in Nahost auf den Abfallhaufen der Geschichte geworfen. Andere arabische Verbündete, wie die Saudis oder Kuweit, sahen das mit Entsetzen. So schnell ist Obama bereit, Verbündete zu opfern? Es kam noch schlimmer. Als in demokratischen Wahlen der Muslimbruder Morsi zum Präsidenten gewählt wurde, begrüßte die Obama-Administration den »demokratisch gewählten Präsidenten« schnell als rechtmäßigen Nachfolger Mubaraks. Hatte denn im Weißen Haus niemand Geschichte studiert? Demokratische Wahlen bedeuten doch noch lange nicht, dass der Gewählte selbst Demokrat ist. Schon gar nicht, wenn er zur Muslimbruderschaft gehört. Netanyahu war es, der für den »Arabischen Frühling« den Begriff »islamistischer Winter« fand. Daraufhin kamen in Europa Stimmen auf, die behaupteten, Israel würde lieber mit Diktatoren zusammenarbeiten als mit Demokraten. Wie bitte? Mit einigem Recht raufte sich Bibi die Haare ob solch krasser Fehleinschätzungen von Seiten der Amerikaner und Europäer.

Beispiel Irak: Ja, Obama hat den Krieg gegen Saddam Hussein nicht begonnen, das war sein Vorgänger. Aber der Abzug der US-Truppen war sein Werk. Und klar drangen in dieses Machtvakuum, das nun entstand, Fundamentalisten, allen voran der IS. Über Syrien und Obamas Kneifen beim Überschreiten der von ihm ohne Not gesetzten »Roten Linie«, also dem Einsatz von Waffenvernichtungswaffen im Bürgerkrieg, habe ich bereits gesprochen. Die Liste ließe sich beliebig verlängern mit problematischen politischen Ansätzen im Iran, in Afghanistan, Pakistan, Katar, in der Türkei.

Netanyahu sah daher drei dringliche Aufgaben, um durch diese acht Jahre zu kommen: Obama hinzuhalten, ohne allzu viel Schaden zu nehmen, Israel aus den arabischen Bürgerkriegen herauszuhalten, und, am wichtigsten, selbst an der Macht zu bleiben, koste es, was es wolle.

Obama ist Geschichte, Bibi immer noch da, und so scheint er ja alles richtig gemacht zu haben. Hat er? Gewiss ist, dass das Verhältnis zur Demokratischen Partei in den USA Schaden genommen hat. Inwieweit das in Zukunft dazu führen könnte, dass Israel in den USA kein »bi-partisan issue« ist, wird sich zeigen. Schließlich hat Bibi beim zweiten Wahlkampf Obamas sogar dessen Herausforderer Mitt Romney aktiv unterstützt. Dabei ist es ein absolutes No-Go, sich in den Wahlkampf eines anderen Staates, noch dazu eines befreundeten, einzumischen. Allerdings, auch die USA haben dies in der Vergangenheit in Israel getan. Aber was der große Partner darf, ist dem kleinen noch lange nicht erlaubt. So läuft Politik.

Und nun: Trump. Die israelische Rechte jubelte, als »The Donald« gewählt wurde. Politiker der Siedlerpartei sahen schon das Ende der Zwei-Staaten-Lösung nah, sie forderten Bibi vor seiner ersten Reise zu Trump ins Weiße Haus auf, den US-Präsidenten zu bitten, die Idee eines Palästinenserstaates fallen zu lassen. Man wähnte sich sicher, nun nonstop überall bauen und siedeln zu können. Und Trump hatte den Rechten in Israel während seines Wahlkampfs allen Grund zu dieser Annahme gegeben. Er erklärte, dass die Siedlungen kein Problem für den Frieden seien und mit ihm als Präsidenten alles bald ganz anders sein werde.

Aber ganz so einfach wurden die ersten Monate nicht. Ja, Bibi war nach Washington geflogen, die beiden Männer umarmten sich, als sie ins Weiße Haus hineinspazierten. Bei der gemeinsamen Pressekonferenz erklärte Trump zwar, dass ihm alles recht sei, eine Ein-Staaten- oder auch Zwei-Staaten-Lösung, Hauptsache, die Beteiligten seien happy, aber er meinte dann schon auch, dass die Israelis nicht ganz so heftig siedeln sollten, sie mögen sich doch ein wenig zurückhalten, wenngleich er Siedlungen anders als Obama nicht als Hindernis für den Frieden sehe. Dass Trump allerdings der freundlichste Präsident ist, den ein Likud-Premier in Israel je hatte, ist unübersehbar. Entsprechende Äußerungen tweeted der Präsident sehr zum Entzücken Netanyahus regelmäßig. Seine Weigerung im Oktober 2017, das Iran-Abkommen zu bestätigen und dem Kongress die Entscheidung zu überlassen, ob er neue Sanktionen gegen den Iran einsetzen will, wurde weltweit kritisiert, von Netanyahu aber mit Lobeshymnen gepriesen. Der Kongress hat zunächst alles beim Alten gelassen, doch Trump hat für 2018 angekündigt, dass man das Abkommen so nicht mehr akzeptieren werde. Für Bibi und die Seinen scheint dieser Präsident im Weißen Haus das große Glück, weil er gegen den Iran vorgeht.

Ist er das wirklich? Trump hat ganz offensichtlich bei seinem Staatsbesuch in Saudi-Arabien im Mai 2017 dem Herrscherhaus Saud Unterstützung zugesagt bei all seinen politischen Plänen. Seitdem hat der junge Kronprinz Muhamad bin Salman, der bereits für den Stellvertreterkrieg im Jemen verantwortlich gemacht wird, weitere Schritte unternommen, um gegen den Iran zu hetzen und möglicherweise einen militärischen Showdown zu erzwingen. Wer sich noch an die Bilder erinnert, als Trump wie ein plumper Bär beim »Säbeltanz« in Saudi-Arabien herumtapste, konnte schon damals nicht umhin zu fragen, ob die Naivität und Unberechenbarkeit des US-Präsidenten den Menschen im Nahen Osten wirklich weiterhelfen wird.

Klar ist, dass Muhammad bin Salman, überall nur »MbS«

genannt, die Lage im Nahen Osten genauso sieht wie Jerusalem. Die Zusammenarbeit zwischen beiden Staaten gegen den Iran ist intensiver geworden, man versucht das nicht mehr wirklich zu verheimlichen. Aber MbS zündelt im Nahen Osten und wäre froh, wenn die israelische Armee, die besser trainiert ist als die Seine, im Libanon und Syrien eingreift, um die Hezbollah und den Iran in die Schranken zu verweisen. Bislang lässt sich Israel nicht drängeln, aber die Gefahr ist groß, dass MbS mit seiner aggressiven Politik – wie etwa die erzwungene Abdankung des libanesischen Premiers Saad Hariri, die er nach seiner Rückkehr in den Libanon widerrufen hat – Feuer an die Lunte legt und es so plötzlich zu einem nichtgewollten Krieg im Norden Israels kommen könnte.

Ist Trump also so ein großes Glück für Israel? Dass der Iran sich in Syrien weiter ausbreiten kann, hat sicher viel mit Obamas Politik zu tun, mit seinem Zaudern 2013 einzugreifen, hat viel mit den Russen in Syrien zu tun, die nur deshalb mittlerweile dort fest verankert sind, weil Obama ihnen das Feld überlassen hat. Ja, der syrische Bürgerkrieg ist auch das Vermächtnis des Barack Obama, den die Europäer immer noch so lieben, und der seinen Friedensnobelpreis 2009 fürs Reden, aber nicht fürs Tun bekommen hat. Aber Trumps Desinteresse an Syrien, seine Fokussierung lediglich auf die Beseitigung des IS dort, bereitet Israels Politikern und Militärs großes Kopfzerbrechen. Die wiederholten Bitten Netanyahus, den Vormarsch des Iran und seiner Proxies nicht zuzulassen, sind bei Trump auf taube Ohren gestoßen. Der »freundlichste US-Präsident« könnte sich für Israel als große Katastrophe herausstellen. Für Bibi ganz besonders, will doch Trump unbedingt Frieden zwischen Palästinensern und Israelis schaffen, den »Ultimate Deal«. Noch weiß man nicht genau, wie der Plan, den das Weiße Haus beiden Seiten präsentieren will, aussehen wird, aber es wird Netanyahu etwas abverlangen. Und Trump wird er schlechter etwas abschlagen können als Obama, er hat in diesem Fall die Republikaner im Kongress nicht mehr als Verbündete. Doch auch bezüglich dieses Plans gibt es Vermutungen, die Israel indirekt entgegenkommen könnten. So hat MbS im November 2017 Palästinenserpräsident Abbas zu sich zitiert. Angeblich soll er ihn massiv unter Druck gesetzt haben, den Friedensplan der USA anzunehmen, egal, wie der ausschauen werde. Die Gleichung könnte so lauten: Israel gibt den Palästinensern einiges, die Palästinenser verzichten auf mehr als gedacht, dafür hätten sie endlich einen eigenen Staat, und Israel würde die Zusammenarbeit der sunnitischen Welt im Kampf gegen den Iran bekommen – und die Anerkennung als rechtmäßigen Staat in Nahost.

Doch nach der amerikanischen Anerkennung Jerusalems als Hauptstadt Israels, dürfte ein Friedensvertrag zwischen Israel und den Palästinensern in noch weitere Ferne gerückt sein als ohnehin. Die Wahrheit ist: Den sunnitischen Machthabern in Saudi-Arabien, in Ägypten und anderswo ist das ganz egal. Man braucht Israel im Kampf gegen den Iran. Da lässt man die Palästinenser im Zweifelsfall gerne links liegen. Es wäre nicht das erste Mal in der Geschichte.

IV – Frieden? Welcher Frieden?

1 – Der unsichtbare Palästinenser

Vielleicht werden Sie sich als Leser oder Leserin wundern, dass ich offenbar erst im 4. Kapitel dieses Buches auf den Friedensprozess und auf die Palästinenserproblematik genauer eingehe. Ja, die Palästinenser tauchten in den vergangenen Kapiteln immer wieder auf, aber sie standen nicht so im Fokus, wie Sie das vielleicht erwartet haben. Denn das wahre, zentrale Problem Israels ist doch die Palästinenserfrage. So werden Sie denken, Sie, die Sie in Europa zu Hause sind und von uns Journalisten Jahr für Jahr, Tag für Tag immer und immer wieder hören, dass dieser Konflikt zwischen Israelis und Palästinensern einer der ältesten und brennendsten Konflikte der Welt ist, dass er sogar die Wurzel aller Übel im gesamten Nahen Osten ist. So zumindest lautet das Credo vor allem linksorientierter Journalisten und Aktivisten, selbst Politiker wie John Kerry und Barack Obama haben daran geglaubt, obwohl sie es hätten besser wissen müssen. Denn die Konflikte im zusammenbrechenden Nahen Osten, die die Welt nicht in den Griff bekommt, haben rein gar nichts mit dem Palästinenserproblem und Israel zu tun. Der islamistische Terrorismus in Syrien, Irak, Libanon und anderswo richtet sich mehr gegen Muslime als gegen Israel. Zumindest im Augenblick. Das Terrorregime, das der IS zunächst erfolgreich etabliert hatte, verfolgte das Ziel, die in seinen Augen nicht wirklich gläubigen Muslime zu zwingen, so zu leben, wie er die Scharia interpretiert. Der syrische Bürgerkrieg, die Kämpfe im Jemen, im Irak, sie sind Stellvertreterkriege von Saudi-Arabien und dem Iran, Kämpfe zwischen Sunnis und Schia, ein uralter Religionskrieg innerhalb des Islam. Der Versuch des türkischen Präsidenten Recep Tayyip Erdogan, überall mitzumischen, ist seine Sehnsucht nach einer Wiederauferstehung des Osmanischen Reiches, doch da spielen die Araber, sehr zu seinem Leidwesen, nicht mit. Die Lage in Ägypten, das Militärregime, das sich gegen die Muslimbruderschaft wieder an die Macht zurück-geputscht hat, sie ist bestimmt von innermuslimisch-gesellschaft-lichen Auseinandersetzungen. Ägypten versucht an der Seite der Saudis den Einfluss der Kataris einzudämmen und somit wieder das Sagen in der sunnitischen Welt und inzwischen auch in Gaza zu haben. Dasselbe gilt für die jüngste Krise zwischen Saudi-Ara-bien und den Emiraten auf der einen Seite und Katar auf der ande-ren. All das sind Machtkämpfe sunnitischer Potentaten unterein-ander. Und der Sunnis gegen die aufstrebende Regionalmacht Iran. Das ist der neue Nahe Osten. Und für all diese Probleme ist Israel nicht einmal im Ansatz verantwortlich. Ernsthaft zu glauben, dass ein Frieden zwischen Israelis und Palästinensern irgendwas an der aktuellen Lage ändern könnte, heißt, den Nahen Osten nicht zu kennen und zu verstehen. Oder nicht verstehen zu wollen, weil man sich in Europa so leicht gegen den jüdischen Staat in Stellung bringen kann.

Dennoch besteht kein Zweifel, dass der israelisch-palästinensi-sche Konflikt gelöst werden muss. Erst ein Frieden zwischen bei-den Völkern, könnte, und ich schreibe bewusst im Konditional, eine Veränderung in den Gesamtbeziehungen zwischen der arabi-schen Welt und Israel mit sich bringen. Die saudische Friedensini-tiative von 2002, die einen Gesamtfrieden aller arabischen Staaten mit Israel vorsieht, wenn Israel sich aus den 1967 besetzten Gebie-ten zurückzöge, deutet das an. Das Angebot gilt modifiziert bis heute, obwohl Israel sträflicherweise niemals darauf eingegangen ist und damit nicht in Gesamtverhandlungen mit der arabischen Welt getreten ist und nicht den Test gemacht hat, wie ernst es die Araber wirklich meinen. So steht Israel in der Ecke und ist allein derjenige, der anscheinend den Versuch zum gesamtumfassenden Frieden nicht wagen will. Begründet oder unbegründet, das sei dahingestellt. Es ist rein taktisch nicht wirklich klug, so zu agieren, ganz egal, was bei realen Verhandlungen dann tatsächlich herauskäme. Unter Umständen, wie ich das weiter oben angedeutet habe, könnte sich da allerdings wegen der Zusammenarbeit sunnitischer Staaten mit Israel gegen den Iran, etwas verändern. Das ist zum jetzigen Zeitpunkt noch nicht abzusehen und ist von vielen Imponderabilien abhängig.

Die arabische »Straße« steht auf Seiten der Palästinenser. Die arabischen Medien – die meisten sind pure Propagandasender und -blätter – haben ihrer Klientel mit zum Teil haarsträubenden Geschichten die furchtbarsten Sachen über Israelis erzählt, es gibt TV-Serien, in denen der israelische Soldat als professioneller Kindermörder dargestellt wird, mindestens so schlimm wie die SS, wenn nicht schlimmer. Al Jazeera, und ich meine die arabische Ausgabe, nicht die »geschönte«, softe, englische Version, genannt »Al Jazeera International«, ist ein Propagandasender erster Güte, Joseph Goebbels hätte seine helle Freude daran gehabt. Was da über Israel und die Juden verbreitet wird, spottet jeder Beschreibung. Es ist aber nicht nur Al Jazeera, das Lügen und Märchen über Israel verbreitet. Auch Al-Arabya, der saudische Sender, bewegt sich eher im Bereich der Fabeln als der Fakten, wenn es um Israel geht, das aber könnte sich durch die neue Zusammenarbeit in naher Zukunft ändern. Viele andere, kleinere Sender sind auf alle Fälle antiisraelisch. Der Sender der Hamas, der Sender der Hezbollah und auch der Sender der Palästinensischen Autonomiebehörde hetzen und bedienen uralte antijüdische und antisemitische Klischees.

Wie weit das geht, erlebte ich vor einigen Jahren, als ich eine Reportage über einen palästinensischen Selbstmordattentäter machte. Der Junge, er war gerade mal 16 Jahre alt gewesen, war vom Islamischen Jihad angeheuert worden. Er bekam den üblichen Brainwash aus Koran, Mythen und Lügen und wurde auf seine Mission vorbereitet. Mit einem Bombengürtel wurde er nach Israel geschickt. Dort wartete er auf einer Landstraße an einer Haltestelle auf den nächsten israelischen Bus. Er sollte da einsteigen und sich dann in die Luft jagen und viele Israelis mit in den Tod reißen. Der Bus kam und hielt, der Fahrer öffnete die Tür. Er sah den jungen Palästinenser, spürte sofort, dass er nervös war, und sah ein Kabel unter seinem Hemd herausragen. Er reagierte sofort. Er sprang aus dem Bus auf den Jungen, drückte ihn zu Boden, packte seine Hände, damit er den Zünder nicht betätigen konnte und schaffte es mit Hilfe anderer Israelis, die inzwischen aus dem Bus geeilt waren, den Attentäter unschädlich zu machen. Der Junge kam ins Gefängnis. Da sitzt er bis heute. Ich war damals in der Gegend von Jenin unterwegs, woher der Junge stammte, um einen Film darüber zu machen, wie ein Teenager zum Selbstmordattentäter mutieren kann. Ich besuchte die Familie. Wir saßen im Garten zusammen, die Eltern, die Geschwister, aber nur der Vater sprach. Er gab zu, dass er litt. Er gab zu, dass er entsetzt war, als er hörte, was sein Sohn getan hatte, so habe er ihn nicht erzogen. Doch er versagte sich jede Trauer und stimmte dann den typischen »Lobgesang« an: Sein Sohn sei ein Shaheed, ein Märtyrer, ein Held, auf den seine Familie stolz sein könne, selbst wenn ihm die Tat nicht gelungen sei. Es zeige seinen Heldenmut. Und so ging es immerzu weiter. Einstudierte Phrasen und Slogans, die der Vater immer wiederholte, um seine wahren Gefühle nicht zeigen zu müssen. Ich beobachtete die Mutter aus den Augenwinkeln und glaubte erkennen zu können, dass sie dieses Geschwätz anwiderte, dass sie litt und tief in ihrem Herzen entsetzt über die Tat ihres geliebten Sohnes war. Auch bei einigen der Geschwister meinte ich eher Trauer als Bewunderung aus ihren an sich reglosen Gesichtern herauszulesen. Ich wollte unbedingt mit der Mutter allein sprechen, doch der Ehemann wollte das erst nicht zulassen. Er erklärte mir, dass es sich nicht schicke, dass eine Frau allein mit einem fremden Mann in der Wohnung säße. Ich wusste das natürlich, versuchte aber trotzdem mein Glück. Erklärte ihm, dass ich mit ihr über die Kindheit ihres Sohnes sprechen möchte, eine Mutter habe da doch andere Gefühle als ein stolzer Vater, der das Kind nicht stille oder gar wickle. Ich glaubte bei einer der Schwestern besonders zu erkennen, dass sie mit den Worten des Vaters nicht einverstanden war, und so schlug ich ihm vor, ich würde seine Frau alleine interviewen, aber Tochter Rania solle mit im Zimmer sein, dann sei doch alles schicklich, und wir könnten auch die Tür nach draußen offenlassen, damit gar nicht erst der Verdacht aufkäme, dass …

Der Ehemann erklärte sich nach langem Zaudern einverstanden. Wir gingen in das Haus, das Kamerateam baute schnellstens die Interviewsituation auf, wir durften keine Zeit verlieren, wir fürchteten, der Patriarch könne es sich im letzten Moment noch anders überlegen. Und dann sprachen wir mit ihr. Sie war stolz auf ihren Sohn, sagte sie, er sei ein Held. Es kam zunächst das ganze Programm. Ich fragte sie, ob sie nicht traurig sei, ich habe Trauer in ihren Augen gesehen. Sie erklärte sofort, das sei die Trauer, dass es ihrem Sohn nicht gelungen sei, diese Zionistenschweine zu töten und sich selbst, um als Shaheed im Himmel belohnt zu werden. Die Tochter, Rania, stieß einen Laut aus und meinte nur: »Mama!« – Daraufhin brach endlich die Fassade der Frau zusammen. Und sie begann zu weinen. Trauer über den eingesperrten, verlorenen Sohn kam hoch. Und dann Wut und Hass. Nicht auf die Israelis, sondern auf den Imam in der Dorfmoschee und die Männer vom Islamischen Jihad, die sie natürlich alle kannte, die ihrem Sohn den Kopf mit ihrem Unsinn verdreht hatten. Sie seien verantwortlich für das verpfuschte Leben ihres Sohnes, nicht die Israelis. Das sagte sie auch noch, ehe der Vater ins Zimmer trat. »Genug«, meinte er, »sie hat euch sicher genug erzählt.«

Wir gingen mit ihm zurück in den Garten. Wir bekamen noch einen Kaffee und noch einen Tee serviert, noch mehr Baklava. Und: Knaffe. Weil ich dem Vater anfänglich erzählt habe, wie sehr ich Knaffe mag, diese wunderbare Nachspeise aus Käse, Pistazien,

Zucker und Rosenwasser. Er hatte es extra für uns aus dem Nachbardorf holen lassen. Eine große Mühe und eine große Ehre. Wir unterhielten uns nun frei, ohne Kamera. Er wusste nicht, dass ich Jude bin, und ich fragte ihn, was er denn von Juden halten würde. Und da kamen sie dann, all die bekannten Vorurteile, die so weit gingen, dass Juden angeblich sogar versteckte Hörner haben, weil sie vom Teufel abstammen, wie er überzeugt war. Ob er denn je Juden gesehen hätte? Ja, habe er, er habe ja früher mit ihnen zusammengearbeitet. Feine, freundliche Leute seien seine Arbeitskollegen gewesen. Ob er denn da Hörner gesehen hätte? Nein, habe er nicht. Aber, wie der Imam ihm gesagt habe, diese seien ja versteckt, sie kämen immer dann zum Vorschein, wenn die Juden Böses aushecketen. Mein deutscher Kameramann schnaufte tief durch, er konnte das weniger gut aushalten, was er da hörte, als ich. Als wir die Familie verließen, fragte er mich nur, wie ich das denn ertragen konnte. Und ich antwortete ihm wahrheitsgemäß, dass ich in ostdeutschen Dörfern nach 1989 von Neonazis viel abstrusere Dinge über Juden gehört habe als hier.

Zurück in jenes palästinensische Dorf bei Jenin. Wir hatten einen Termin für ein Interview mit dem Imam des Dorfes. In der Moschee. Wir zogen die Schuhe aus, er wartete zusammen mit seinen Assistenten und Jüngern auf uns. Wir setzten uns auf den Boden, tauschten Freundlichkeiten aus, ehe wir das Interview begannen. Das Interview brachte keine bahnbrechenden Erkenntnisse. Er erklärte, warum das Selbstmordattentat im islamischen Recht angeblich gerechtfertigt sei, gab uns das gesamte islamistische Programm. Interessant wurde es danach. Wir tranken mit ihm und seinen Jüngern Tee, als Ahmad, unser palästinensischer Producer, mich fragte, ob ich wüsste, daß Theodor Herzl den Holocaust befohlen hätte. Ich schaute ihn überrascht an. Wie das bitte? Ja, Herzl habe Adolf Hitler befohlen, den Holocaust durchzuführen, damit die Juden aus Europa nach Palästina flöhen und so den zionistischen Staat gründen könnten. Ich machte Ahmad, der wusste, dass ich Jude bin, darauf aufmerksam, dass Theodor Herzl bereits 1904 gestorben sei, er also unmöglich Adolf Hitler hatte treffen können. Ahmad lachte: »Richard, du bist naiv. Herzl war nicht gestorben. Er hat nur so getan, als ob er gestorben sei, um zu verschwinden, um seinen Geheimplan durchführen zu können.« Laut Ahmad wartete Herzl ab und sprach dann mit Hitler, »sowie es ging«. Es gäbe sogar einen Vertrag zwischen den beiden, in dem der Holocaust besiegelt wird, »mit Unterschriften von Hitler und Herzl!« Nun wollte ich es aber schon ganz genau wissen. Woher er denn das wisse? »Ich habe den Vertrag doch gesehen!« Aha, und wo? »An der Universität in Amman, in der Bibliothek. Da hängt er an der Wand als Mahnung an uns Muslime, niemals Verträge mit den Zionisten zu machen. Ich habe den Vertrag gesehen, als ich dort studiert habe!« Nun, Ahmad rechnete nicht damit, dass ich diesen Vertrag sofort sehen wollte, ich sagte ihm, ich würde jetzt auf der Stelle mit ihm nach Amman fahren wollen, denn dann könnte man den Vertrag ja drehen und in dem Film einbauen, das würde der Geschichte doch eine völlig neue Dimension geben.

Ahmad wurde unruhig. Und er flüsterte mir zu – denn er wollte mich als Producer ja hier in der Moschee trotz allem beschützen: »Du bist doch Jude. Ein Jude darf da nicht hin und sich das anschauen.« Ich gab nicht auf. »Dann schicken wir eben den deutschen Kameramann mit dir allein dahin. Er ist Christ, da sollte das doch kein Problem sein.« Ahmad fühlte sich allmählich in die Ecke gedrängt. In Ordnung, meinte er verlegen, aber er müsse erst mal mit dem Dekan der Uni sprechen, ob wir denn da drehen dürfen. Fein, meinte ich, er solle ihn doch gleich anrufen, dann könnten wir umgehend unsere Drehreise dorthin planen. Ahmad verschwand, ging nach draußen, um angeblich zu telefonieren. Ich fragte den Imam, ob er von diesem Vertrag etwas wüsste. Ja, aber natürlich, nahm der Imam den absurden Faden Ahmads auf, und es war offensichtlich, dass er keine Ahnung von der »Geschichte«

hatte. Dennoch begann er den Faden weiterzuspinnen bis dahin, dass Menachem Begin in Wirklichkeit Theodor Herzl gewesen sei. Ach ja? Wie habe er denn sein Äußeres so verändert? Plastische Chirurgie? Nein, nein, beeilte sich der Imam zu erklären, in Begin sei der Dschinn Herzls eingefahren.

Ahmad war nun wieder hereingekommen. Das angebliche Telefonat hatte keine 40 Sekunden gedauert. Es täte ihm sehr leid, entschuldigte sich Ahmad bei mir, es sei nichts zu machen, ein großes Unglück sei geschehen, habe ihm der Dekan erklärt. Die Zionisten hätten die Universität vor kurzem gestürmt, um den Vertrag zu stehlen, den sie nun in der Hebräischen Universität von Jerusalem verstecken würden, damit man nie erfahre, dass sie den Holocaust geplant hatten. »Aber Ahmad, du weißt doch, dass die Israelis nicht nach Jordanien einmarschieren!«, mir ging diese »neue Wendung« der Geschichte allmählich auf die Nerven. »Doch, doch! Die Israelis kommen in geheimen Kommandos nachts regelmäßig nach Jordanien.« Es war offensichtlich, dass Ahmad merkte, dass er sich nun endgültig in seiner Märchengeschichte zu verlieren drohte, und so brach ich die Diskussion mit ihm an dieser Stelle ab.

Wenn es nicht so traurig wäre, wäre diese Geschichte einfach nur lustig. Sie ist leider nicht untypisch. Verschwörungstheorien sind in der arabischen Welt immer wieder en vogue. Immer sind es irgendwelche geheimen und übermächtigen Kräfte, die sich auf die abenteuerlichste Weise gegen den armen Araber verschwören, um ihn kleinzuhalten, zu demütigen und verächtlich zu machen, um ihn zu unterdrücken. Die Juden sind meistens Bestandteil dieser »Verschwörungen«, häufig auch die Amerikaner oder der Westen, auf alle Fälle fast immer die »Zionisten«.

Wer von der werten deutschsprachigen Leserschaft nun ungläubig den Kopf schütteln möchte, der sei nur daran erinnert, welche Verschwörungstheorien die Nazis vor über 70 Jahren in einem »Kulturvolk« wie den Deutschen verbreiten konnten. Und wie innerhalb der AfD und anderer rechtsextremer Parteien in Europa ebenfalls die übelsten Verschwörungstheorien herumgeistern … So absurd ist das also nicht, schon gar nicht in einer Region, die viele schlecht ausgebildete Menschen hat, die manipulierbar sind, die keinen freien Zugang zu Informationen haben, für die das Internet nicht zugänglich ist oder nur in eingeschränkter, zensierter Form.

Die arabische »Straße« will eine Lösung für das Palästinenserproblem sehen – gegen den »kleinen Satan«, der »Zionist« heißt, (der »große Satan« sind die USA). Das Palästinenserproblem liegt den Menschen am Herzen, denn es symbolisiert ihre eigene Unterdrückung. Und in beiden Fällen ist die Unterdrückung ja real. Die hat nur wenig mit Mythen und Legenden oder Verschwörungstheorien zu tun, sie gibt es tatsächlich, wenngleich historisch oft aus anderen Gründen, als man ihnen das eintrichtert.

Die arabischen Herrscher tun so, als ob sie ebenfalls die Freiheit und Unabhängigkeit der Palästinenser als ihr oberstes Ziel sehen. Doch dem ist nicht so. Die Palästinenser sind ihnen herzlich egal. Es gibt viele Lippenbekenntnisse und weitaus weniger Geld für die Palästinensische Autonomiebehörde, als sie jeweils versprechen, faktisch-politisch so gut wie nichts. Im Gegenteil, insgeheim arbeitet man mit Israel bestens zusammen. Vor allem seitdem Barack Obama mit seinem Schmusekurs gegenüber dem schiitischen Iran die Machtverhältnisse in Nahost verschoben hat. Katar hat seine Zahlungen an die Hamas in Gaza so gut wie eingestellt. Dafür springt der Iran wieder in die Bresche, auch Erdogan versteht sich als Schutzpatron von Gaza. Das aber will nun Ägypten unterbinden und hat im Oktober 2017 einen Versöhnungsprozess zwischen Hamas und Fatah initiiert, der in einer neuen Einheitsregierung münden soll.

Gleichzeitig werden Terrorgruppen aller Art von allen wichtigen arabischen Staaten unterstützt, die gleichzeitig den jeweils anderen Staaten Vorwürfe machen, dass sie Terrorgruppen finanzieren. Jeder gegen jeden, die Sunnis immer auch gemeinsam gegen Schia, aber das heißt nicht, dass man sich untereinander grün ist.

Die Palästinensische Autonomiebehörde hat mit ihrer Finanzpolitik im September 2017 die Hamas fast in die Knie gezwungen, sodass diese sich nicht mehr in der Lage sieht, Gaza zu regieren, und nun das Feld der PA überlassen will. Das Zurückhalten von Geldern für Staatsbeamte, die Bitte an Israel, noch weniger Strom nach Gaza zu liefern als sowieso schon, weil man den Strom nicht bezahlen werde, hat die Hamas mürbe gemacht. Sie will nun eine Einheitsregierung. Der militärische Arm der Hamas ist allerdings nicht bereit, sich entwaffnen zu lassen. Wie das nun wiederum zusammengehen soll mit der Ankündigung von Palästinenserpräsident Abbas, dass man Verhältnisse wie mit der Hezbollah im Libanon nicht dulden werden, weiß niemand. Doch die Ägypter, die hinter diesem erzwungenen Schritt stehen, und die in Gaza Ruhe und das Sagen, die Katar und Iran raus dem Gaza-Streifen haben wollen, machen viel Druck auf die Hamas. Bleibt abzuwarten, was daraus wird. Viele Palästinenser in Gaza sind mehr als skeptisch, ob der neue Versöhnungsversuch zwischen Fatah und Hamas wirklich funktionieren wird. Inzwischen sieht es so aus, als ob auch dieses Mal nichts aus der »Versöhnung« zwischen den beiden Lagern wird, selbst wenn man sich im Augenblick gemeinsam auf die Nahostpolitik Donald Trumps einschießt.

Aber ich wollte doch eigentlich über den palästinensisch-israelischen Konflikt erzählen. Warum also habe ich das wichtigste Problem zwischen Mittelmeer und Jordan bislang ausgeklammert? Warum geht es erst im 4. Kapitel um »den Palästinenser«, wo es doch kein brennenderes Thema in Israel gibt als das Palästinenserproblem, kein brennenderes Problem als die Siedlungspolitik? Der Grund ist einfach, sehr einfach:

Weil »der Palästinenser« in Israel keine Rolle spielt.

Weil er nicht vorkommt im Alltag des israelischen Staates. Weil er ein Phantom ist, das ab und an bei Unruhen auftaucht oder bei einem Terroranschlag. Aber ansonsten? Das Leben in Israel verläuft überwiegend »normal«, die Menschen leben ihr Alltagsleben, versuchen, in einem permanenten Ausnahmezustand Normalität zu bewahren, kämpfen mit den hohen Lebenshaltungskosten, genießen den Strand, gehen essen, planen den nächsten Urlaub, kümmern sich um die Kinder. Palästinenser? Just a nuisance, nur eine Belästigung, wie eine Fliege, die einem vorm Gesicht herumfliegt und die man ständig verscheuchen muss. Aber ansonsten? Die Palästinenser sind nicht wichtig.

Es ist eine eigenartige, bedrückende und auch traurige Realität, dass die meisten Israelis mit Palästinensern heutzutage nur noch wenig zu tun haben, kaum welche kennen und wenn, dann nur als Hausangestellte, Bauarbeiter oder Pfleger, Schwestern und Ärzten in Krankenhäusern. Ja, es gibt die israelischen Araber, immerhin anderthalb Millionen Menschen mit israelischer Staatsbürgerschaft. Die meisten sind friedlich, man kommt miteinander aus, es gibt viele Orte, wo Zusammenleben gut funktioniert, man arbeitet auch zusammen, aber im Großen und Ganzen leben jüdische und arabische Israelis in Parallelwelten. Man hat kaum echte Beziehungen. Arabische und jüdische Familien laden sich nur selten gegenseitig nach Hause ein. Es gibt Institutionen, die das verändern wollen.

In Jaffa beispielsweise gibt es einen jüdisch-arabischen Kindergarten, der eine echte Koexistenz fördert. Die beiden kleinen Töchter guter Freunde von mir gehen dort in den »Gan«, den Kindergarten, und sprechen inzwischen fließend Arabisch. In Kfar Kara, im sogenannten »Meshulash«, im »Dreieck« auf dem Weg nach Galiläa, gibt es eine arabisch-israelische Schule. Die Kinder sprechen beide Sprachen. Muslimische Kinder nehmen am jüdischen Religionsunterricht teil, jüdische am muslimischen, damit sie den Glauben ihrer Klassenkameraden kennenlernen. Man lernt Sitten und Gebräuche der anderen, es ist ein spielerischer Umgang, die Kinder haben keine Probleme damit, der Unterricht wird von

Muslimen und Juden gleichermaßen geleitet. Es gibt solche wunderbaren Projekte. Doch sie bleiben die Ausnahme.

Und dann eben gibt es die Palästinenser in den besetzten Gebieten, im Westjordanland und in Gaza. Früher kannte man sich. Palästinenser kamen zu Zehntausenden nach Israel, um da zu arbeiten, Israelis gingen in die besetzten Gebiete, man wusste voneinander. Doch mit den Intifadas und insbesondere mit dem Bau des Sperrzauns quer durch das Westjordanland ist diese Art von Kontakt vorbei. Man darf sich keine Illusionen machen. Auch wenn die Beziehungen früher bestanden, auch wenn man sich kannte, gemeinsam arbeitete, so war es auch in den besten Zeiten immer ein Kontakt zwischen Besatzern und Besetzten. Jahrzehntelang wollten Israelis das nicht wahrnehmen. Sie waren der Überzeugung, dass sie den Palästinensern einen gewissen Wohlstand und die Moderne gebracht haben. Was stimmte. Sie waren auch stolz darauf, dass viele Siedlungen in den besetzten Gebieten den palästinensischen Nachbardörfern halfen. Bei bürokratischen Dingen, aber auch anderen Problemen wie etwa der ärztlichen Versorgung.

Ich erinnere mich gut, wie Shlomo Riskin, der langjährige Oberrabbiner der Siedlung Efrat im Gush Etzion-Gebiet, mit mir Ende der neunziger Jahre zusammensaß. Wir sprachen über die Bedeutung der Siedlung Efrat, warum er von New York nach Israel gezogen war und dann ausgerechnet eine Siedlung mit aufbauen half. Wobei das Gush-Etzion-Gebiet nicht so ganz »besetztes Gebiet« war. Hier gab es bis 1948 einige Kibbuzim, die im Unabhängigkeitskrieg von den Jordaniern zerstört wurden, viele Israelis wurden getötet, dieser Landstrich ging den Israelis damals verloren. Doch auch dieses Gebiet wird heute international als von Israel »besetzt« angesehen. Rabbi Riskin argumentierte theologisch. Er nannte das Westjordanland »befreite Gebiete«, nannte es nur Judäa und Samaria, so die biblischen, jüdischen Namen für dieses Gebiet. Der kleine, untersetzte Mann war fröhlich und offen und kein Radikaler, wenngleich er den Anspruch auf das gesamte Land als göttliches Gebot verstand. Während wir bei Tee mit Nana, der arabischen Minze, und Ruggelech, eine Art pappig-süßes Croissant mit viel Schokolade, zusammensaßen, kam seine Sekretärin ins Zimmer. Die Mukhtars der umliegenden Dörfer seien hier, er habe wohl vergessen, dass er einen Termin mit ihnen habe. Riskin stand auf, guckte auf die Uhr, entschuldigte sich bei mir für die Unterbrechung, forderte mich aber auf, ihn zu begleiten.

Die arabischen Bürgermeister begrüßten ihn ehrerbietig, er sie ebenso, es war eine auf menschlicher Ebene stattfindende Begegnung auf Augenhöhe. Ein Bürgermeister hatte Probleme mit den israelischen Behörden wegen Baugenehmigungen in seinem Dorf. Riskin versprach, ihn am nächsten Tag nach Jerusalem zu begleiten und ihm zu helfen, damit er die Genehmigung erhalte. Ein anderer klagte, dass in seinem Dorf einige sehr krank seien, einer habe sich ein Bein gebrochen, der Arzt im Dorf könne nicht helfen, was tun? Riskin rief seine Sekretärin. Sie solle dafür sorgen, dass der Arzt von Efrat Bescheid wisse, man werde den Mann mit dem gebrochenen Fuß sofort hierherbringen und versorgen. Anschließend solle der Arzt doch mit dem Mukhtar ins Dorf gehen und schauen, was für Beschwerden die anderen Kranken haben, falls nötig, würde man sie ins Krankenhaus nach Jerusalem bringen.

Nein, ich erzähle hier keine Märchen. Es gab diese Art des Zusammenlebens durchaus. Es gibt solche Formen der Hilfe auch heute noch, wenngleich nach den beiden Intifadas und den Kriegen in Gaza, die ihre Spuren auch im Westjordanland hinterlassen haben, in sehr viel reduzierterer Form. Die Mauern des Hasses auf beiden Seiten sind hoch, und die palästinensische Seite ahndet inzwischen jede Form der Zusammenarbeit mit den Israelis als »Kollaboration«, daher gibt es nur noch wenige, die sich dagegen zu verstoßen trauen.

Ironischerweise haben die Siedler bis heute mehr mit den Palästinensern zu tun als etwa die linke Schickeria und Bohème von Tel Aviv. Diese fährt nicht in die besetzten Gebiete, aus Prinzip nicht, man habe als Israeli dort nichts verloren. Darüber hinaus hat die Linke auch kaum Gelegenheit, in ihrem Alltag mit Palästinensern zusammenzukommen. Vielleicht mal in Jaffa, aber das sind ja »domestizierte« Palästinenser, »israelische Araber«, wie die jüdischen Israelis sie nennen, häufig ohne sich bewusst zu sein, dass sie sich als »Palästinenser in Israel« bezeichnen oder als »Palästinenser mit israelischem Pass«.

Der Sperrzaun und die relative Ruhe seit dem Ende der brutalen Zweiten Intifada haben die meisten Israelis eingelullt. Man sieht keine Palästinenser mehr, also gibt es das Problem nicht. Die Politiker der Rechten, allen voran Benyamin Netanyahu erklären, es gäbe keinen »Partner auf der anderen Seite«, ein Slogan, den der Sozialdemokrat Ehud Barak erfunden hat, als er Premier war und bei den Verhandlungen mit Arafat unter Beteiligung des damaligen US-Präsidenten Bill Clinton in Camp David scheiterte. Es finden fast keine Attentate mehr statt, also muss man auch keine Angst haben, geschweige denn sich Gedanken machen über das, was in den besetzten Gebieten geschieht. Ja, man ist dagegen, man geht wählen, aber kaum noch protestieren. Denn es hat ja keinen Zweck, es gewinnt ja sowieso immer die Rechte, der Siedlungsbau ist nicht zu stoppen, das Siedlungsprojekt nicht mehr umkehrbar, einen Palästinenserstaat wird es nicht mehr geben. Jeder weiß das irgendwie, aber viele wollen die Heilige Kuh nicht schlachten und nicht sagen, was Sache ist, um dann entweder damit konform zu gehen oder wirklich eine neue Revolution zu entfachen gegen eine Politik, die menschenverachtend ist und die den Palästinensern keinen Raum gibt. Selbst die Gaza-Kriege, die alle paar Jahre ausbrachen, konnten dieses Grundgefühl nicht ändern. So unangenehm diese Kriege sind, Gaza kann Israel militärisch nicht wirklich gefährlich werden. Es sind Nadelstiche. Mehr nicht. Palästinenser? Welche Palästinenser? Israelis erinnern mich bei diesem Thema an das berühmte Plattencover der Band Supertramp für ihre LP »Crisis? What Crisis?«. Das geniale Album, Ende der siebziger Jahre erschienen, zeigt einen Mann, der in Badehose auf einem Sonnenstuhl liegt, neben ihm ein Sonnenschirm und ein Tisch. Alles in Farbe. Er sonnt sich. Um ihn herum aber, in schwarz-weiß ein Trümmerfeld, im Hintergrund rauchende Fabrikschlote, die Schlimmes ahnen lassen. So in etwa wirkt das Leben des normalen Israelis.

»Crisis? What crisis? Frieden? Welcher Frieden?«, könnte er dem Kritiker entgegenrufen und dann noch gleich ein »Jihije Beseder«, es wird schon alles gut werden, hinterherrufen. Für die meisten Israelis steht fest: Den Palästinensern ist nicht zu trauen, das Volk ist arm dran, ja, aber ihre Führer sind alle Lügner und Betrüger, auch Betrüger am eigenen Volk. Man kann ihnen nicht vertrauen. Oder, wie der große israelische Lyriker Yehuda Amichai einmal zu mir sagte, und er war wahrlich ein Linker: »Dem palästinensischen Individuum alles, dem palästinensischen Volk – nichts!«

Inzwischen ist auch die Linke von dem ehernen Prinzip abgewichen, dass ein Frieden mit den Palästinensern nur möglich sei, wenn man die Siedlungen auflöse. Im Oktober 2017 erklärte der neue Vorsitzende der Arbeitspartei, Avi Gabbay, man brauche keine Siedlungen aufzulösen, um Frieden zu schaffen. Einige linke Politiker protestierten, erklärten, dies sei nicht die Haltung der gesamten Linken. Doch Gabbays »Tabubruch« war in Wirklichkeit keiner. So wie auch Yair Lapid von der Zentrumspartei Yesh Atid versucht auch Gabbay, seine Partei in die »Mitte« der Gesellschaft zu bugsieren, denn nur dort könne man Wahlen gewinnen. Man konkurriert da mit Premier Netanyahu, man mag genauso klingen wie er, doch man rechnet sich so eine bessere Chance gegen ihn bei den nächsten Wahlen aus. Ja, diese neue »Haltung« könnte Gabbay einige Stimmen kosten. Doch man ist überzeugt, dass allein die Tatsache, dass man Bibi loswerden will, schlussendlich die Wähler doch wieder dazu bringen wird, die Stimme Gabbay (oder Lapid) zu geben. Danach sieht man weiter. Hinter dieser Haltung steckt natürlich nicht nur wahltaktisches Kalkül, sondern sie zeigt, dass man die Palästinenser als Gesprächspartner gar nicht weiter wahrnimmt oder wahrnehmen will. Diesen »Frieden«, von dem die Linke immerhin noch spricht, macht man sozusagen allein unter sich aus. Dazu braucht es die palästinensische Seite nicht. Denn tatsächlich lässt sich Frieden kaum noch »verkaufen«. Man glaubt nicht mehr an ihn.

2 – Kann man die besetzten Gebiete zurückgeben?

Wenn man in die palästinensischen Gebiete fährt, lernt man schnell zwei Worte auf Arabisch, die immer und immer wieder vorkommen: Ichtilal – was soviel wie »Besatzung« heißt. Und: »Mushkele« – Probleme. Mit meinem arabisch-israelischen Producer schloss ich stets eine Wette ab, wenn wir in Gaza oder Ramallah oder sonstwo unterwegs waren und palästinensische Politiker interviewen wollten. Nach wie viel Sekunden werden wir die beiden Wörter hören? Es dauerte meistens keine zehn Sekunden, und schon war von »Besatzung« und »Problemen« die Rede. Dieses »Wettgebaren« mag despektierlich wirken angesichts einer schrecklichen und deprimierenden Realität, in der die Palästinenser leben. Doch dieses ständige Betonen, dieses Insistieren, das palästinensische Leben bestünde nur aus Problemen und der Besatzung, hat sich in den Köpfen der meisten Palästinenser längst verselbstständigt und wird kaum noch hinterfragt. In Israel macht man darüber Witze: »Es ist wahnsinnig heiß heute! – Daran ist die Besatzung schuld. Es ist wahnsinnig kalt heute! Daran ist auch die Besatzung schuld!« So oder ähnlich lachen Israelis über das »Lamentieren« der Palästinenser, wie sie das sehen. Ja, das mag nicht politisch korrekt sein, es ist sogar arrogant, und aus der Position des Stärkeren heraus ist es ein Leichtes, sich über den Schwächeren lustig zu machen. Aber es ist etwas dran an dieser immanenten Kritik am palästinensischen Verhalten. Die Besatzung ist an vielem schuld, an sehr vielem, ja. Aber eben nicht an allem, was schlecht ist oder schlecht läuft auf der palästinensischen Seite.

Hinter dieser Haltung, dass stets die Besatzung für alles verantwortlich gemacht wird, verbirgt sich zuweilen eine gewisse Scheu vor der Verantwortung, das Schicksal in die eigenen Hände zu nehmen und eine unreflektierte Akzeptanz der Opfersituation. Darüber wird noch zu reden sein. Viele palästinensische Intellektuelle sind scharfe Kritiker dieser Lebenseinstellung. Sie geißeln sie, weil sie sehen, wie ihr Volk in einer gewissen Stagnation verharrt, wie sich Eigeninitiative nicht in ausreichendem Maß entwickelt. Immer wieder erzählten sie mir das, wenngleich in den meisten Fällen mit der Bitte um Wahrung der Anonymität, denn so etwas zu sagen, ist absolut nicht *politically correct* in Palästina und obendrein gefährlich.

Es ist, als ob über dem palästinensischen Volk eine *force majeur* schwebt, die sich gegen sie, gegen die Palästinenser verschworen hat, die schon oben erwähnte Verschwörung von Juden, Zionisten, Amerikanern, von den arabischen Brüdern, oder von wem auch immer. Das Bild mag unfair und in realiter falsch sein, denn selbstverständlich versuchen viele Palästinenser, häufig mit internationaler Hilfe, etwas aufzubauen: Infrastruktur, Geschäfts- und Bildungswesen. Und ja, in vielen Fällen verhindert Israel das Aufblühen palästinensischer Initiativen und Möglichkeiten. Es ist wirklich und tatsächlich frustrierend, von den Israelis immer wieder einen Klotz zwischen die Beine geworfen zu bekommen, keine Frage. Aber dieses Abschieben von Verantwortung auf die Besatzung ist ein ähnliches Phänomen wie die Liebe zu Verschwörungstheorien in der arabischen Welt insgesamt.

Viele arabische Intellektuelle wiesen in den vergangenen Jahrzehnten auf dieses Problem hin, sei es Uzama al-Baz oder Azzam Tamimi, Muhamad Sid Ahmad oder Aziz al Azma und viele andere. Man sei eine Gesellschaft, die im Kindheitsstadium verhaftet geblieben sei, um nur ja keine Verantwortung für die eigene Zukunft, das eigene Leben zu übernehmen. Dies sei eines der Grundübel der arabischen Welt, erklärten die Gelehrten. Doch ihre Erkenntnisse verhallen und verpuffen. Psychologen versuchen, Erklärungen zu finden. Sie verweisen vor allem im Fall der Palästinenser nicht ganz zu Unrecht darauf, dass der Mangel an Eigenverantwortung auch eine Folge eines bestimmten Verhaltens der israelischen Behörden ist, palästinensische Selbstständigkeit und Unabhängigkeit zu be- oder gar zu verhindern, und dass daher die psychologischen Voraussetzungen zur Eigenständigkeit und -verantwortlichkeit bei einem seit Jahrzehnten unterdrückten Volk nicht gegeben sein können.

Nur: Ist das wirklich so? Ich mag da mit den Psychologen nicht streiten, ich bin kein Fachmann. Doch auch das jüdische Volk war ein unterdrücktes Volk. Nicht nur über Jahrzehnte, wie das palästinensische, sondern über Jahrhunderte. Und in dem Augenblick, in dem es die Möglichkeiten dazu erhielt, sich aus der Unterdrückung zu befreien, nutzte es sie. Ob in den Zivilgesellschaften Europas, wo die Juden dort, wo sie die Gleichberechtigung erhielten, sogleich in vielen Berufen reüssierten, oder in Israel, das ja von unterdrückten und verfolgten Juden gegründet, aufgebaut, entwickelt wurde. Man mag einwerfen, dies sei bei den Palästinensern noch nicht gegeben, sie lebten noch unter der Besatzung. Das stimmt natürlich, zum Teil. Doch egal, wie »selbstständig« oder »unselbstständig« man die Palästinenser als Kollektiv einschätzen will, egal, ob die Psychologen in der Einschätzung der palästinensischen kollektiven Seele nun recht haben oder nicht, entscheidend ist, dass die meisten Israelis aufgrund ihrer eigenen Geschichte das palästinensische Verhalten nicht nachvollziehen können und wollen, sie halten es für »typisch arabisch« und verweisen eben darauf, wie sie das Land aus dem Nichts aufgebaut haben, wie ihre Eltern vertrieben, verjagt, verfolgt wurden, ob in Europa oder in den orientalischen Ländern, ob durch die Nazis oder durch andere. Und meinen damit, dass sie letztendlich unter viel schlimmeren Bedingungen einen Staat aufgebaut haben als die Palästinenser. Es ist klar, es gibt einen wesentlichen Mentalitätsunterschied, der sich auch kaum überbrücken lässt. Man steht sich nicht nahe. Und – man wettstreitet um die Frage, wer eigentlich das größere Opfer war und immer noch ist.

Aber was geschieht dort, wo Palästinenser Eigeninitiative entwickeln? Rawabi ist da ein wunderbares Beispiel. Es ist die erste moderne Stadt, die die Palästinenser bauen, ganz in der Nähe von Ramallah. 40 000 Menschen sollen in ihr leben. Mit Geld aus Katar und anderswo entwickelte Bashar Al-Masri mit seinem Team die Idee einer Stadt, die den modernen Bedürfnissen junger Palästinenser entspricht. Das deutet sich bereits in den Grundrissen der Wohnungen an. Es sind keine Wohnungen für Großfamilien mehr, sondern Wohnungen, wie man sie in Tel Aviv und Europa und den USA findet: für Kleinfamilien, mit zwei, maximal drei Kindern. An alles wird in dieser Stadt gedacht: Einkaufszentren und Moscheen, Theater und Restaurants. Die Wohnungen können nur von Palästinensern gekauft werden, Fremde bekommen kein Kaufrecht, Rawabi gehört Palästina. Al-Masri und seine Kollegen haben mit vielen Schwierigkeiten im Laufe der Jahre zu kämpfen gehabt. Die Finanzierung allein war und ist kein einfaches Unterfangen, man benötigte Unterstützung von der Autonomiebehörde. Natürlich gab und gibt es konservative Kräfte in Palästina, die das Projekt ablehnen, weil es eine moderne Stadt im westlichen Sinne werden soll. Und man hatte und hat natürlich auch mit den Israelis Probleme, denn die Zufahrtswege zu der riesigen, gigantischen Baustelle verlaufen durch israelisch kontrolliertes Gebiet im Westjordanland. Die israelischen Behörden machten es den Bauunternehmern unnötig schwer. Die Zufahrtswege waren schmal und beschwerlich, Al-Masri wollte sie verbreitern lassen, das wurde zunächst nicht erlaubt. Man machte den Verantwortlichen von Rawabi allerlei Auflagen, die man nur als Schikane bezeichnen kann. Irgendwann schaltete sich Premier Netanyahu ein, versprach, er werde helfen, dann geschah erst mal nichts. Irgendwann dann doch, auf Drängen der Amerikaner. Und: Al-Masri hat auch Schwierigkeiten mit Siedlern, die in unmittelbarer Nähe leben. Immer wieder kamen sie herüber, um Baufahrzeuge zu zerstören, es kam auch zu Schießereien. Doch der Bau von Rawabi ließ sich nicht aufhalten, Al-Masri und sein Team machten trotz vieler Probleme und stetig neuer Sorgen einfach weiter. Als die ersten Käufer 2015 einziehen wollten, hatte Rawabi ein neues Problem: Israel wollte die Wasserversorgung nicht garantieren. Schließlich aber dann doch: Rawabi wurde an das israelische Wasserversorgungsnetz angeschlossen.

Was Rawabi für die Palästinenser bedeutet, wird am Beispiel einer Frau deutlich, die als Chefingenieurin das Sagen über die vielen männlichen Bauarbeiter hat. Eine junge Beduinin namens Shaadia, die an der Bir-Zeit-Universität bei Ramallah studiert hat und von Al-Masri sofort eingestellt wurde, obwohl sie noch extrem jung war, gerade mal Ende zwanzig. Shaadia, eine moderne junge Frau ohne Hijab, hatte Glück. Ihre Eltern, vor allem ihr Vater, förderten sie, wollten, dass auch ihre Tochter, und nicht nur die Söhne, einen Beruf hat und sich in der Welt behaupten kann. Als ich Shaadia auf der Baustelle kennenlernte, staunte ich nicht schlecht. Die kleine zierliche Person mit den langen schwarzen Haaren und den großen dunklen Augen, die wie ein Teenager wirkte, gab altgedienten Bauarbeitern resolut Anweisungen, erklärte, kritisierte, bestimmte. Die Männer waren voller Lob über ihre junge Chefin, an deren Seite eine junge christliche Palästinenserin als Architektin und eine weitere Frau mit Hijab arbeiteten, die zusammen ein homogenes, funktionierendes Team bildeten. Nein, sie hatte keine Probleme mit den Männern gehabt, die waren am Anfang höchstens ein wenig skeptisch, ob sie auch etwas vom Bau verstünde. Doch schnell begriffen sie, dass Shaadia mehr Erfahrung in modernster Technologie hatte als sie. Das reichte. Sie war eine

Autorität. Sie hatte Autorität. Darauf angesprochen, lachte sie mich beinahe aus: »Glaubst Du wirklich, dass wir in Palästina nicht genug Frauen haben, die ihren Mann stehen können? Wir jungen Palästinenserinnen sind nicht mehr wie unsere Großmütter, wir wollen etwas erreichen. Und wir werden es erreichen!« Doch damit werden wohl die Männer ein Problem haben? Vor allem in Beziehungen, nein?, hakte ich nach. Wieder lachte Shaadia laut auf. »Da hast du recht. Doch sie werden sich an uns gewöhnen müssen, unsere palästinensischen Machos!« Wir gingen weiter zum Rohbau einer Wohnung, in der die sanitären Anlagen eingebaut werden sollten. Vier Männer warteten bereits auf uns, sie unterhielten sich auf Hebräisch. Ich war überrascht. Was machten Israelis hier? Tatsächlich waren zwei der Männer Israelis aus Tel Aviv, die den beiden arabischen Bauarbeitern, die Hebräisch konnten, neue Techniken der Wandverputzung beim Installieren der Toiletten, Waschbecken, Duschen beibrachten. Shaadia lachte mich erneut aus wegen meines verdutzten Gesichts. »Natürlich arbeiten wir auch mit Israelis zusammen, Rawabi soll doch auch als Modell für eine bessere Kooperation zwischen beiden Völkern dienen.« Doch Bashar Al-Masri, der zu uns gestoßen war, bremste Shaadias Enthusiasmus ein wenig: »Wir müssen leider vorsichtig sein, wir können es nicht publik machen, dass wir mit Israelis zusammenarbeiten, wir könnten riesige Probleme mit Teilen der palästinensischen Gesellschaft bekommen.« Al-Masri sprach bewusst nicht die Hamas oder den Islamischen Jihad und andere Islamisten an, er musste diplomatisch sein. Für ihn, den palästinensischen Unternehmer, der jahrelang in den USA tätig war, waren Grenzen kein Hindernis, um Geschäftsverbindungen in alle Richtungen zu unterhalten. Ein Pragmatiker, wie viele Wirtschaftsleute weltweit, die den Politikern oft vormachen, wie man Feindschaft und Hass ganz praktisch überwinden kann, zum Wohle aller.

Am Abend begleitete ich Shaadia mit ihren Freunden in eine Bar in Ramallah. Junge, aufstrebende Menschen, die mit Sicherheit zur Elite Palästinas gehörten. Es war offensichtlich, dass Geld hier keine Rolle spielte. Junge, gut ausgebildete Männer und Frauen mit perfektem Englisch, viele von ihnen haben in den USA oder England studiert, einige sprachen Deutsch, da sie dort zur Uni gegangen waren. Sie kämpfen für eine bessere Zukunft gleich an drei Fronten: Gegen die alten Männer der palästinensischen Autonomiebehörde, denen sie vorwerfen, den Jungen nicht Platz machen zu wollen und die mit ihren alten, verstaubten Vorstellungen niemals einen Staat Palästina zum Leben erwecken könnten. Sie kämpfen gegen die Fundamentalisten und Islamisten, denen sie im Prinzip nur hier in Ramallah aus dem Weg gehen können. Denn Ramallah, das ist das Tel Aviv des palästinensischen Westjordanlandes. Der säkulare Motor der palästinensischen Gesellschaft, die hier liberaler und säkularer ist als sonstwo.

Last but not least kämpfen sie natürlich gegen die israelische Besatzung. »Israel wird die Besatzung aufgeben, wenn es sieht, dass wir die Macht haben und unser Leben gestalten. Sie werden begreifen, dass sie uns nicht unterdrücken können, weil wir ein Recht haben, frei zu leben und uns zu entwickeln und einen modernen Staat aufbauen werden. Und Israel wird am Schluss doch auch davon profitieren. Ein liberales Palästina sollte den Israelis doch gerade nur recht sein, nein?« Shaadia und ihre Freunde erwarteten von mir eine Bestätigung ihrer Überzeugung. Einige von ihnen waren in der palästinensischen Start-Up-Szene unterwegs. Sie haben Kontakte zu israelischen Start-Ups in Tel Aviv. Man korrespondiert miteinander, macht Geschäfte, israelische High-Tech-Spezialisten geben ihnen zum Teil auch Know-how weiter. Getroffen hat man sich aber noch nie. Die Israelis kommen nicht nach Ramallah, sie dürfen es nicht, oder es ist ihnen zu gefährlich, die meisten der palästinensischen Jungunternehmer, die hier in der Kneipe saßen, hatten keine Einreisegenehmigung nach Israel. Man war nur online in Kontakt, via Skype, Facetime, was auch immer. Dennoch: ein strahlender Optimismus herrschte unter diesen jungen Menschen, sie glaubten an eine bessere Zukunft. Doch ich konnte mich ihrem Enthusiasmus nicht anschließen. Würden die Israelis das Westjordanland jemals verlassen?

Die Realität ist komplexer und brutaler, als Shaadia und ihre Freunde es vielleicht wahrhaben wollen, sicher nicht aus Naivität, dazu ist die Realität zu offensichtlich, sondern aus einem Überlebenswillen heraus. Ohne Hoffnung – wie soll man da weiterleben, weitermachen? Natürlich gehören Shaadia und die anderen aus der Kneipe in der palästinensischen Gesellschaft zu einer Minderheit. Dazu gehören auch Frauen mit Hijab. Selbst in Ramallah sieht man heute mehr Kopftuchträgerinnen als früher. Das liegt nicht nur am Erstarken des islamischen Fundamentalismus, sondern auch an einem neuen muslimischen Bewusstsein, das versucht, Islam und Moderne in Einklang zu bringen. Aber dies sind kleine Ansätze, die man in den meisten anderen palästinensischen Städten noch seltener findet. In vielen Städten, ganz gewiss aber auf dem Land, sind traditionelle Lebensformen bestimmend und damit auch die klar aufgeteilten Rollen von Mann und Frau.

Selbst wenn die palästinensische Gesellschaft im Westjordanland keine Kraft für eine neue Intifada aufbringt, beziehungsweise nach der Zweiten, brutalen Intifada, die Israel blutig niedergeschlagen hat, erkannt hat, dass ein neuer gewalttätiger Aufstand nichts bringen wird, es vergeht kaum ein Tag, an dem die israelischen oder palästinensischen Sicherheitskräfte nicht irgendeinen potenziellen Attentäter fassen oder einen Anschlag verhindern. Hass und Gewalt gehören weiterhin zum Alltag der Palästinenser und der Israelis. Misstrauen und Angst sind auf beiden Seiten zu finden.

Rawabi und das, wofür es steht, ist eine Ausnahme, eine Insel. Gewalt gegen Israel wird im Westjordanland immer noch gepredigt und gelehrt. Und Umfragen machen klar, dass bei Neuwahlen die islamistische Hamas wohl auch da, nicht nur in Gaza, die Macht übernehmen würde. Die palästinensische Gesellschaft macht es Israel leicht, den Rückzug aus den besetzten Gebieten auf Ewigkeit zu verschieben. Denn aus israelischer Sicht hat die Aufgabe von Gebieten nichts gebracht. Die Formel »Land für Frieden«, hat sich nicht erfüllt. Nicht in Gaza, nicht im Westjordanland.

Abgesehen von religiösen Gründen, warum Israels Rechte das eigentliche biblische Israel, also das Westjordanland, nicht mehr aufgeben will, gibt es natürlich strategische Sicherheitsprobleme. Denn, was man sich in Deutschland und Europa kaum vergegenwärtigt: Das Gebiet zwischen Mittelmeer und Jordan, also dieses Gebiet, das die einen Israel, die anderen Palästina nennen, ist ungefähr so breit wie Berlin von West nach Ost. Das Territorium ist winzig, und so sieht man von einem Hügel bei Nablus die Silhouette von Tel Aviv am Horizont, auch von Rawabi übrigens. Für eine Rakete sind das ein paar Sekunden Flug. Doch inzwischen geht es nicht mehr nur um Raketen. Es geht, wie ich schon an anderer Stelle ausgeführt habe, um die Gefahr aus den umliegenden Regionen, die sich seit Jahren mitten im Bürgerkrieg befinden. Das »Einsickern« von Jihadisten in einen Staat Palästina im Westjordanland wäre ein Albtraum für Netanyahu. Und nicht nur für ihn. Gerne verweist die Rechte auf die Golanhöhen. Was wäre geschehen, wenn es bei den Geheimverhandlungen mit Hafiz al-Assad, dem früheren Diktator Syriens und Vater des jetzigen Schlächters von Syrien, Bashar al-Assad, zu einer Einigung zwischen Israel und Syrien gekommen wäre? Man hätte die Golanhöhen zurückgegeben, wahrscheinlich entmilitarisiert, aber sie wären auf alle Fälle wieder in syrischer Hand gewesen. Und dann? Was wäre heute? Dann säßen heute die Hezbollah oder der IS oder al-Qaida ganz oben auf der Bergkette und würden Israel massiv bedrohen können. Selbst die israelische Linke ist heilfroh, dass die Verhandlungen damals scheiterten. Und niemand, wirklich niemand in Israel ist heute noch bereit, über eine Rückgabe des Golan, an wen auch immer, wann auch immer, zu diskutieren oder wenigstens nachzudenken.

Diese Erfahrung bestimmt genauso wie die Raketenangriffe aus Gaza, die mangelnde Bereitschaft der israelischen Bevölkerung, über eine Rückgabe des Westjordanlandes auch nur nachzudenken. Der Abzug aus Gaza und dessen Folgen sind nicht nur für die Hardliner der Siedlerbewegung ein Trauma gewesen. Er gilt als warnendes Beispiel für das, was geschehen könnte, nein: werde, wenn man das Westjordanland verließe.

Sommer 2005. Ein Jahr, nachdem Israels Premier Ariel »Arik« Sharon angekündigt hatte, er werde den Gaza-Streifen räumen, machte der bullige Premier ernst. Er, einer der aggressivsten Generäle der israelischen Armeegeschichte, er, der als junger Offizier die berüchtigte Einheit 101 befehligte und hinter den feindlichen Linien brutale Operationen ausführte, um die Palästinenser abzuschrecken und davon abzuhalten, ihre konstanten Angriffe innerhalb Israels weiter auszuführen, er, der als Offizier im Yom-Kippur-Krieg 1973 die Befehle seiner Vorgesetzten missachtete, über den Suezkanal setzte, die dritte ägyptische Armee einkesselte und nur noch 100 Kilometer vor Kairo stand, er, der als Verteidigungsminister 1982 die israelische Armee in Beirut einmarschieren ließ, um Yassir Arafat und der PLO den Garaus zu machen, er, der dann das Massaker der Falangisten in den palästinensischen Flüchtlingslagern Sabra und Shatila geschehen ließ, er, der wesentlich für den Ausbau des Siedlungsprojektes verantwortlich war, ausgerechnet dieser Ariel »Arik« Sharon, von allen nur »der Bulldozer« genannt, hatte sich 2004 entschieden, Siedlungen aufzugeben und zu räumen. Nur ein Jahr nach seiner Ankündigung mussten alle 8000 Siedler Gaza verlassen, gleichzeitig wurden vier Siedlungen im Westjordanland geräumt.

Die Atmosphäre in jenen Tagen des Abzugs im August 2005 war unwirklich. Ganz Israel hielt den Atem an, denn alle befürchteten, es werde zu einem Bürgerkrieg, zumindest aber zu einem blutigen Massaker kommen, wenn die Armee die Siedler mit Gewalt aus ihren Häusern holen werde. Unter den Siedlern war die

Stimmung geteilt. Die Radikalsten und Gläubigsten unter ihnen waren überzeugt, Gott werde es nicht zulassen, dass sie ihre Häuser und Synagogen aufgeben müssen. Viele verschanzten sich mit ihren Kindern in den Synagogen, beteten Tage und Nächte vor dem Abzugsdatum voller Inbrunst und Leidenschaft und Eifer, auch noch, als die Armee bereits anmarschierte, um die Siedlungen zu räumen. Andere hatten sich in ihre Häuser und Wohnungen zurückgezogen, man wollte es der Armee so schwer wie möglich machen. Einige gingen in ihrer Verzweiflung und ihrem Hass auf den »Verräter« Sharon und die Armee so weit, ihren Kindern gestreifte Pyjamas mit dem Gelben Stern anzuziehen. Für sie war das, was der israelische Premier vorhatte, gleichzusetzen mit den Taten der Nazis. Diese Bilder wurden im israelischen Fernsehen ununterbrochen gesendet – natürlich auch in den ausländischen Medien. Ein Tabubruch. Viele Israelis empörte das, die Siedler verspielten viele Sympathien in der Bevölkerung auf diese Weise.

Doch die Siedlungen wurden geräumt. Der passive Widerstand war zwecklos. Es gab natürlich Verletzte, einige wehrten sich auch aktiv, doch der Bürgerkrieg, das befürchtete Blutbad blieben aus. Ja, es gab üble Beschimpfungen, die jungen Soldaten und Soldatinnen mussten sich Schlimmes anhören. Dass sie Hurensöhne und -töchter seien, war noch harmlos. Sie wurden als »Judenräte« geschmäht, als »Kapos«, also »Kollaborateure« der Nazis – für die jungen Rekruten keine leichte Kost, keine leichte Zeit.

Besonders schlimm für die ganze israelische Nation waren die Bilder aus den Synagogen, als die israelischen Sicherheitskräfte die Gotteshäuser stürmten und die Siedler einzeln herauszerrten oder -schleppten. Einige trugen ihren Gebetsumhang, den Tallit, ihre Tefillin, die Gebetsriemen, sie trugen die Thorarollen und wollten die Gotteshäuser nicht verlassen. Dass Juden Juden aus Synagogen zerren und diese aufgeben würden zugunsten der Palästinenser, das hätte man sich so nicht vorstellen können, das war selbst für einen säkularen linken Israeli schwer auszuhalten. Doch der

Abzug wurde durchgeführt. Nach 14 Tagen war er wie ein Spuk vorbei.

Sowie der letzte Israeli den Gaza-Streifen verlassen hatte, begannen die Jubelfeiern der Palästinenser. Auch das waren Bilder, die vielen Israelis aufstießen. Man gönnte dem Feind den »Triumph« nicht. Also »tröstete« man sich sogleich, wie dumm, wie »primitiv« diese seien. Denn die Palästinenser hatten nichts Eiligeres zu tun, als Treibhäuser der Siedler sogleich zu zerstören. Diese hatten die Siedler unangetastet zurückgelassen. Denn der frühere Präsident der Weltbank, James Wolfensohn, selbst Jude, hatte zusammen mit einigen anderen jüdischen Philanthropen für 14 Millionen US-Dollar die Treibhäuser den Siedlern abgekauft, um sie den Palästinensern zu schenken, damit sie für ihre Landwirtschaft den denkbar besten Start haben. Viele dieser Treibhäuser sind noch in Nutzung. Doch die Bilder, die zeigten, wie radikale Palästinenser »zionistische Treibhäuser« zerstörten und triumphierend herumtanzten, ließ in Israel viele einmal mehr zu der Überzeugung gelangen, die Palästinenser seien einfach nur Barbaren. Natürlich stimmt das nicht, natürlich versuchen die Palästinenser in Gaza, ihre Landwirtschaft unter schwierigsten Bedingungen zu entwickeln.

Und was gerne verschwiegen wird: Dass Israel nach dem Abzug aus Gaza den Export palästinensischer Erzeugnisse unmöglich machte, da sie Obst und Gemüse einfach nicht über die neue Grenze am Checkpoint Erez durchließen, besonders nach der Machtübernahme der islamistischen Hamas 2007. Die Ägypter übrigens auf der anderen Seite Gazas, am Checkpoint Rafah, ließen auch keine Waren durch. Doch das wurde in den internationalen Medien weniger beachtet, sehr zum Ärger der Israelis, die bis heute nicht verstehen, wie es möglich ist, dass man ihnen Vorwürfe macht, weil sie den Checkpoint Erez nicht zu einer »offenen« Grenze machen, während sich kaum einer dafür einsetzt, dass die Ägypter ihre Grenze zu Gaza öffnen. Auch scheint sich niemand darüber aufzuregen, dass Ägypten die meisten Schmugglertunnel geschlossen hat, dass also weder offiziell noch inoffiziell Waren nach Gaza hineinkönnen, während die Israelis jeden Tag Dutzende Lastwagen mit Lebensmitteln und anderen Waren nach Gaza hineinlassen. Für viele Israelis ist das gleichbedeutend mit der Doppelmoral, nach der Israel stets be- und verurteilt wird.

Dass Israel die Palästinenser in Gaza versorgen muss, sieht das internationale Recht vor. Trotz des Abzugs aus Gaza wird Israel immer noch als Besatzungsmacht von Gaza weltweit angesehen. Doch diese rechtliche Einschätzung teilt Israel ganz und gar nicht. Gaza sei nicht mehr besetzt, man habe Gaza verlassen, fühle sich nicht mehr für den Küstenstreifen verantwortlich. Doch Israels politisch-rechtliche Ansicht hat realpolitisch Brüche. Denn nach wie vor liefert Israel Gaza zum Beispiel Strom, der zwar von der Palästinensischen Autonomiebehörde bezahlt werden muss, aber dennoch. Auch das Telefonnetz in Gaza, Jawwal, ist von Israel abhängig. Jerusalem hat also seine Verantwortung nie zur Gänze aufgegeben. Ein Widerspruch. Wie so viele im Nahen Osten.

Doch zurück ins Jahr 2005: Nach zwei Wochen war der Abzug also vorbei, 17 Siedlungen waren aufgelöst worden. Es gab keine Toten, und so hatten die meisten Israelis den Abzug aus Gaza nach einigen Wochen nahezu vergessen, ihn ad acta gelegt. Gaza hätte in Vergessenheit geraten können, wenn nicht der andauernde Raketenbeschuss gewesen wäre. Islamisten feuerten immer mehr Kassam-Raketen auf Israels Grenzstädte und -kibbuzim ab. Die Armee reagierte jeweils umgehend, es wurde ein Katz-und-Maus-Spiel, das für die Palästinenser meistens blutiger und tödlicher ausging als für die Israelis. Als dann im Jahr 2007, also nur zwei Jahre nach der »Hitnatkut«, der »Trennung«, wie der Abzug auf Hebräisch genannt wurde, die islamistische Hamas gegen die Fatah in Gaza putschte, war es endgültig vorbei mit dem Glauben oder gar der Hoffnung, es könnte an der Südgrenze Israels endlich Ruhe geben. Die Hamas hatte bei den palästinensischen Wahlen 2006 überraschend gewonnen. Zum ersten Mal mussten Fatah und Hamas eine Einheitsregierung bilden, für die Fatah nach Jahrzehnten der Alleinherrschaft eine Schmach. Es wurde eine Mesalliance mit vielen Zwistigkeiten und schließlich Gewalt. Die Machtübernahme der Hamas in Gaza war ein Albtraum. Entsetzliche Szenen von unglaublicher Brutalität spielten sich ab. Die Hamas begann, Fatah-Aktivisten oder solche, die sie für Fatah-Anhänger hielten, auf die Dächer der Häuser zu zerren, um sie von dort oben in den Abgrund, in den Tod zu werfen, Exekutionen fanden auf offener Straße vor den Augen aller statt. Man erschoss kleine Kinder, um Clans zum absoluten Gehorsam zu zwingen.

Zu Beginn der Unruhen war ich zu Dreharbeiten in Gaza. Mit meinem palästinensischen Team fuhr ich in Gaza-Stadt durch die Straßen, um zu sehen, welche Story man machen könnte. Als wir über einen ziemlich großen und breiten Boulevard fuhren, sahen wir auf der einen Seite Hamas-Kämpfer mit ihren Kalaschnikows ankommen, auf der anderen Seite Fatah-Kämpfer. Mein Producer Zakaria brüllte den Fahrer an: Fahr schneller, schneller, schneller. Und schon wurde geschossen, wir warfen uns so weit möglich auf den Boden des Mercedes-Stretch-Taxis, während der Fahrer mit Vollgas weiterfuhr. Unterdessen klingelte mein Handy, es war das Büro in Tel Aviv, und ich schrie auf Hebräisch, dass ich jetzt nicht sprechen könne. Mein palästinensischer Kameramann Sawah, der neben mir lag, sagte plötzlich: »Du sprichst ja Hebräisch!«, er sagte das selbst auf Hebräisch. Ich war baff. »Du sprichst Hebräisch? Woher?« – »Na, ich war doch in der Ersten Intifada bei den Israelis im Knast, da habe ich es gelernt!« Wir alle im Auto begannen schallend und hysterisch zu lachen. Denn zwei Jahre lang hatte ich mit ihm via Zakaria kommuniziert, mit dem ich Englisch sprach, obwohl er Hebräisch konnte. Doch Zakaria wollte kein Hebräisch sprechen. Also sprachen wir Englisch, und er erklärte Sawah stets auf Arabisch, was ich von ihm wollte. Zwei Jahre. Und nun, mitten im Bürgerkrieg, mitten unter den Schießereien zwischen Hamas und Fatah hatten Sawah und ich eine gemeinsame Sprache gefunden. Die Sprache des Feindes!

Unser Fahrer hatte uns sicher aus der Gefahrenzone herausgebracht. Wir konnten uns wieder aufsetzen, das Auto hatte nur ein paar Schrammen abbekommen, ein Fenster war zerschossen. Wir hatten riesiges Glück gehabt. Wir ahnten damals noch nicht, was dieser »Putsch« bedeuten würde. Wir ahnten nicht, dass die Lebensverhältnisse für die Menschen in Gaza noch verheerender werden würden, dass die Israelis ihre Abriegelung Gazas, zu Land und zur See, immer konsequenter betreiben würden, dass der dichtbesiedelte Streifen mit über zwei Millionen Menschen drei Kriege und zweimal den Einmarsch der israelischen Armee erleben würde. Dass die Hamas mit brutalsten Razzien gegen alle politischen Gegner vorgehen, dass es ein absolutes Alkoholverbot in Gaza geben würde, dass immer Frauen lieber mit Hijab herumliefen, um bei der Hamas-Polizei nicht unangenehm aufzufallen und dass selbst unser vollkommen säkularer Producer Zakaria einige Zeit lang lieber unrasiert herumlief, um nicht als ungläubiger Muslim angesehen zu werden. Die Hamas wusste, dass er einst Fatah-Politiker war, das machte ihm das Leben bereits schwer genug. Und auch Sawah bekam Probleme, er, der gläubige und praktizierende Muslim, der aber nicht die Klappe halten konnte und bei jeder Gelegenheit herausposaunte, wie sehr er den Islamismus der Hamas verachtete. So hatte die Hamas mit ihm eine Rechnung offen. Und als wieder einmal eine Razzia gegen angebliche und tatsächliche Fatah-Aktivisten im Gange war, ließ Sawahs Nachbar, Innenminister Said Siam, den die Israelis im ersten Gaza-Krieg schließlich von der Luft aus töteten, unseren Kameramann als angeblichen Fatah-Aktivisten verhaften und ins Gefängnis -werfen.

Von Tel Aviv aus setzte ich damals alle Hebel in Bewegung, um Sawah so schnell wie möglich wieder freizubekommen. Wir befürchteten, dass er im Gefängnis gefoltert werden könnte, Eile war also geboten. Ich telefonierte mit den Hamas-Granden, ich hatte ja ihre Handynummern. Ich rief alle an, die Englisch sprachen, Mahmud al-Zahar und Ahmad Yussef etwa. Unser arabisch-israelischer Producer Muhammad telefonierte mit allen anderen täglich mehrmals, wir ließen nicht locker. Irgendwann gingen die Hamas-Führer nicht mehr ans Handy, wenn wir anriefen. Wir versuchten es über andere Telefonnummern, erklärten, wir würden der Weltöffentlichkeit sagen, was mit Sawah geschehen ist, er sei kein Fatah-Aktivist, sondern ein Journalist des deutschen Fernsehens. Einige Tage lang berichteten wir live über Sawah, wir stellten so viel Öffentlichkeit wie nur möglich her, um ihm dadurch eine gewisse Prominenz zu geben, von der wir hofften, sie würde ihm einigermaßen Schutz geben. Nach einer knappen Woche hatten wir es geschafft, Sawah wurde aus dem Gefängnis entlassen. Wir holten Sawah zusammen mit seiner Frau nach Tel Aviv. Ich wollte, dass ihn der Vertrauensarzt der deutschen Botschaft untersuchte und, falls nötig, behandelte. Die israelische Armee gab grünes Licht für seine Einreise nach Israel, die Hamas wollte ihn zunächst nicht herauslassen. Wieder Telefonate, wieder Drohungen, wir würden das alles öffentlich machen, auch nie mehr aus Gaza berichten. Schließlich durften er und seine Frau nach Tel Aviv. Sie war Ende dreißig und hatte Gaza noch nie in ihrem Leben verlassen.

Im ARD-Studio in Tel Aviv hatten wir ein kleines Büffet vorbereitet. Als Sawah und seine Frau dann ankamen, gab es ein großes Hallo: Die israelischen Kollegen umarmten Sawah und seine Frau, es herrschte große Freude und Erleichterung, wir hatten tagelang um unseren Kollegen und Freund gezittert. Wir saßen in der Küche, aßen, alle sprachen durcheinander, die Anspannung der letzten Tage musste sich irgendwie Luft machen. Plötzlich begann Sawahs Frau zu weinen. Wir waren erschrocken, fragten, was los sei. Sawah sprach kurz mit seiner Frau und übersetzte dann. Sie sei so durcheinander, sie verstünde die Welt nicht mehr. Da werde ihr Mann von ihren Glaubensbrüdern verfolgt und gefoltert, und die jüdischen Kollegen retten ihn und freuen sich über seine Befreiung. Wir wurden still. Wir begriffen, dass wir hier einen ganz besonderen Moment erlebten, der Nahostkonflikt hatte in der Küche des Studios aufgehört zu existieren. Ja, es hat ihn da eigentlich noch nie gegeben: Es gab nur Freunde und Kollegen, die zusammenhielten, egal ob wir Juden oder Muslime oder Christen waren. Es spielte keine Rolle.

Doch in der Auseinandersetzung um Gaza spielt die klassische Feindschaft zwischen Juden und Muslimen die Hauptrolle. Die Kriege mit Gaza waren für die Israelis nur der Beweis, dass Nachgiebigkeit und Entgegenkommen sich nicht auszahlen. Eine scheinbar unlogische und paradoxe Meinung begann sich in den Köpfen festzusetzen: Der Raketenbeschuss auf Israels Städte war der Beweis, dass es ein Fehler gewesen war, Gaza zu verlassen, aber gleichzeitig war jeder froh, dass keine Soldaten mehr in Gaza Dienst machen und 8000 Siedler bewachen mussten. Zu viele Soldaten waren bei Anschlägen getötet worden, der Preis, Gaza zu halten, war zu hoch. Und doch, es war falsch, Gaza aufzugeben. Diese Art israelischen Denkens mag dem Europäer schwer nachvollziehbar sein, in der Logik eines Konflikts ist sie nachvollziehbar.

Wie absurd die drei Kriege mit Gaza waren, ist schnell zu verstehen. Zum einen ist die Hamas keine echte existenzielle Bedrohung für Israel. Zum anderen war von vornherein klar, dass sich nach Ende eines jeden Krieges 2009, 2012 und 2014 nichts ändern würde. Dass jeder Waffengang nur neue Tote und gekaufte Ruhezeit bedeutete, aber keine Lösung. Weder für die eine noch für die andere Seite. Dass die Situation jederzeit wieder eskalieren kann, wenn man sich wiederbewaffnet hat, wenn es ins politische Kalkül passt, wenn aufgrund unkontrollierter Ereignisse alles aus dem Ruder läuft. Rein militärisch hätte Israel keine Mühe, Gaza zu zerstören. Doch zu welchem Preis? Viele eigene Soldaten würden sterben und noch sehr viel mehr palästinensische Zivilisten. Hardliner wie der aktuelle israelische Verteidigungsminister Avigdor Lieberman drohen damit, beim nächsten Krieg den Gaza-Streifen wieder zu besetzen und die Hamas endgültig zu vernichten. Doch das sind hohle Phrasen. Der israelische Generalsstab hat alles im Sinn, nur nicht die Wiederbesetzung Gazas. Die Kosten wären zu hoch. Finanziell, politisch und personell. Was wäre damit gewonnen? Man wäre wieder beim Status quo ante. Und den will keiner mehr.

Gaza ist ein hoffnungsloser Fall. Er ist für viele Israelis der Beweis, dass es insgesamt keine Lösung mit den Palästinensern jemals geben kann, weil es im Grunde ein Nullsummenspiel ist. Egal wie, man verliert immer. Egal wie, Israel würde immer draufzahlen. Da helfen auch keine objektiven Zahlen, dass etwa im Gaza-Krieg 2014 über 2000 Palästinenser starben und »nur« 73 Israelis. Israel sieht das Draufzahlen nicht im Vergleich zur Opfersituation der Palästinenser, sondern in den Konsequenzen für die Zukunft. Und blickt hinüber ins Westjordanland: Wer mag ein erneutes Risiko einer Landrückgabe eingehen? Wer würde sich politisch und militärisch trauen, das Westjordanland gänzlich den Palästinensern zu überlassen? Man darf sich nichts vormachen, die Chancen sind gleich Null. Der Wille dazu ist in Israel sowieso nicht (mehr) vorhanden.

Wie könnte es also weitergehen? Möglicherweise ist ausgerechnet die Siedlerpartei von Naftali Bennett diejenige, die das Konzept der Zukunft bereits formuliert hat. Wie schon erwähnt, will sie 60 Prozent des Westjordanlands annektieren, das ist mehr oder weniger jenes Gebiet, das Area C ist, also zur Gänze unter israelischer Herrschaft steht. Die Palästinenser werden immer weiter ausgegrenzt und weggedrückt. 95 Prozent leben sowieso jetzt schon in den Gebieten A (Autonomiegebiet) und B (gemeinsam kontrolliert von Palästinensern und Israelis). Der Lösungsweg führt hinüber nach Jordanien, wo die Mehrheit der Bevölkerung bereits jetzt palästinensisch ist, für Bennett und seine Gefolgsleute ist das alles nur logisch. Am Ende könnte der Plan tatsächlich aufgehen, selbst wenn es kaum Frieden bringen würde. Denn die Welt ist des Konflikts überdrüssig geworden. Man hat Israel satt, aber auch die Palästinenser. Die Probleme im Nahen Osten sind so gewaltig, dass die Palästinenserproblematik nur ein Tropfen auf dem heißen Stein ist. Irgendwann könnte auch die internationale Staatengemeinschaft zu derselben Überzeugung wie Israel gelangen, der Konflikt sei im besten Falle nur zu »managen«, mit anderen Worten, man muss dafür sorgen, dass die Palästinenser halbwegs menschenwürdig leben können, selbst wenn sie keinen Staat bekommen. Und man muss schauen, dass der Konflikt nicht allzu sehr eskaliert, nicht zu viele Todesopfer fordert, keine neuen Kriege auslöst. Aber ansonsten kann man ihn irgendwie laufen lassen, es gibt genug andere, gefährlichere Konflikte weltweit, da ist inzwischen das palästinensisch-israelische Problem ein vernachlässigbares. Ich bin mir bewusst, was ich da schreibe. Dass dies zynisch klingt, menschenverachtend, dass man so etwas nicht zulassen, nicht denken darf. Doch der Nahe Osten lehrt, dass Zynismus leider ein ganz wesentlicher Bestandteil der Politik, auch der internationalen Politik ist.

Wir haben das in der Region zuletzt gesehen am Beispiel der USA, die ihren »Verbündeten«, die Kurden, den Iranern »auslieferten«. Man brauchte die Peshmerga im Kampf gegen den IS. Doch als die Kurden dann ihr Unabhängigkeitsvotum gegen den Willen der USA durchzogen, kümmerte sich Washington nicht mehr darum, was in Kirkuk geschah, als irakische und schiitische Soldaten dort einmarschierten. Diese Form des Zynismus ist nicht allein ein Markenzeichen von Donald Trump. Die Russen, die Chinesen, sie interessiert »Moral«, eine Politik mit »menschlichem Antlitz« kein bisschen. Und Europa? Behauptet »Menschenrechte« und beginnt im Angesicht immer größerer innenpolitischer Probleme auch zunehmend rechts zu wählen. Und macht mit Ländern, denen die Menschenrechte egal sind, sowieso gute Geschäfte. Die Welt ist ein trauriger Ort geworden. Gaza ist sicher einer der traurigsten Plätze. Ein »Freiluftgefängnis«, wie Journalisten den

Küstenstreifen gerne nennen. Mit Sicherheit auch ein Spielball der muslimischen Kräfte. Ägypten, Saudi-Arabien, Katar, Türkei und der Iran versuchen ihren Einfluss in Gaza geltend zu machen. Mit wechselndem Erfolg, den Menschen bringt es am Ende gar nichts.

Und im Westjordanland? Da wird sich die Frage stellen, wer nach dem greisen Palästinenserpräsidenten Abbas, der seit Jahren ohne Mandat regiert, folgen wird. In Israel ist man sich sicher: Es kommt kein besserer nach. Die Rechte wird jubeln, denn dann wird die Rückgabe der Gebiete von niemandem erzwungen werden können. Für diejenigen, die noch an den Frieden glaubten, wird es eine weitere verpasste Chance auf eine bessere Zukunft sein, die sich viele Israelis erhoffen. Doch letztendlich – es geht den Israelis doch gut, aus freien Stücken werden sie nichts verändern. Und wenn man sich die Geschichte dieses Konflikts anschaut, ist es nicht längst so, dass alle Seiten schon seit Jahrzehnten nichts anderes tun, als den Konflikt lediglich zu »managen«?

V – Der ewige Antisemitismus oder die raison d'être Israels

1 – Antizionismus und Israelkritik

Im November 2017 jährte sich zum hundertsten Mal das Ereignis, das zum politischen und legitimen Nukleus für die Entstehung des jüdischen Staates werden sollte: Die Balfour-Deklaration. Am 2. November 1917 schrieb der britische Außenminister Arthur James Balfour einen Brief an Lord Lionel Walter Rothschild. Der Brief ist kurz, aber sollte die Geschehnisse in Palästina maßgeblich beeinflussen:

»Mein lieber Lord Rothschild! Zu meiner großen Genugtuung übermittle ich Ihnen namens Seiner Majestät Regierung die folgende Sympathie-Erklärung mit den jüdisch-zionistischen Bestrebungen, die vom Kabinett geprüft und gebilligt worden ist:

›Seiner Majestät Regierung betrachtet die Schaffung einer nationalen Heimstätte in Palästina für das jüdische Volk mit Wohlwollen und wird die größten Anstrengungen machen, um die Erreichung dieses Zieles zu erleichtern, wobei klar verstanden werde, dass nichts getan werden soll, was die bürgerlichen und religiösen Rechte bestehender nichtjüdischer Gemeinschaften in Palästina oder die Rechte und die politische Stellung der Juden in irgendeinem anderen Lande beeinträchtigen könnte.‹

Ich bitte Sie, diese Erklärung zur Kenntnis der Zionistischen Föderation zu bringen. Gez. Arthur James Balfour«

Hundert Jahre später reist Israels Premier Benyamin Netanyahu nach London, um dort mit der britischen Premierministerin Theresa May im kleinen Kreis das bedeutende Ereignis, die sogenannte Balfour-Deklaration zu feiern. Nein, es wurde kein rauschendes Fest, das war den Briten dann doch zu peinlich, schließlich wollte man die Beziehungen zur arabischen Welt nicht überstrapazieren, und angesichts der immer noch ungelösten Palästinenserproblematik wäre es auch nicht wirklich angebracht gewesen, ein großes Tamtam zu veranstalten. Netanyahu war alles recht, Hauptsache, er konnte wieder ein paar Pluspunkte mit einer großflächigen Berichterstattung seiner diplomatischen Fähigkeiten daheim bei seiner Wählerschaft sammeln. Er hatte es nötig, die Vorwürfe wegen Korruption wurden immer lauter. Nur wenige Tage nach seiner Rückkehr wurden erneut enge Vertraute Netanyahus von der Polizei zum Verhör einberufen, es ging um mögliche Bestechung beim Kauf zweier deutscher U-Boote für die israelische Marine.

Während Bibi feierte, gab es in den palästinensischen Gebieten und überall auf der Welt, auch in London, Demonstrationen gegen die Balfour-Deklaration. Sie wurde und wird von Israel-Gegnern als das Grundübel der heutigen Situation gesehen, als eine frühzeitige Genehmigung, ein anderes Volk bis heute zu unterdrücken und das Land zu rauben. Die Palästinensische Autonomiebehörde denkt seit geraumer Zeit sogar darüber nach, Großbritannien deswegen zu verklagen. Nun ja.

Die Frage, inwiefern die Balfour-Deklaration ein legitimes Papier nach internationalem Recht ist, lässt sich leicht beantworten, allerdings muss man etwas ausholen und sich zurückversetzen in die Auseinandersetzungen der Zeit. 1917 tobte immer noch der Erste Weltkrieg. Die Briten hatten Palästina noch gar nicht vom Osmanischen Reich erobert, als Balfour, kein großer Judenfreund, diesen Brief an einen einflussreichen britischen Juden schrieb. England brauchte – schon damals – die Unterstützung der Juden in den USA. Die Vereinigten Staaten waren erst im Frühjahr 1917 an der Seite Großbritanniens, Frankreichs und Russlands in den Krieg eingetreten. Millionen Amerikaner deutscher, nichtjüdischer Herkunft, ebenso wie die vielen deutsch-jüdischen Amerikaner waren nicht glücklich, dass die USA Bündnispartner der

Russen werden sollten. Die Briten aber brauchten Unterstützung und hatten, kurz zusammengefasst, mittels der Deklaration des Außenministers genau dafür in Amerika sorgen wollen. Balfour schrieb diesen Brief bewusst an Lord Rothschild, hatte der doch gute Beziehungen in den USA zu jüdischen Finanziers, die die britische Sache in Washington unterstützen konnten. Balfour hätte sich diesen Brief sparen können, denn im selben Monat brach Lenins Revolution aus, die Bolschewiken übernahmen die Regierung in St. Petersburg, Russland trat aus dem Krieg aus.

Der Brief aber war geschrieben. Und kein Geringerer als Chaim Weizmann begriff, was dieser Brief wirklich wert war. Weizmann war Chemiker und Zionist und in London ein hoch angesehener Mann. Seine neuartige Entwicklung von Aceton, das für das rauchfreie Schießpulver Kordit notwendig war, brachte den Alliierten den entscheidenden Vorteil während des Krieges.

Die Balfour-Deklaration machte frühzeitig klar, dass die Briten ebenso wie die Franzosen die Absicht hatten, den Nahen Osten, darunter das Gebiet, das Palästina genannt wurde, zu beherrschen. Dass man dem Scherif von Mekka Versprechungen gemacht hatte, die denen der Balfour-Deklaration widersprachen, war die Krux, mit der sich London jahrzehnte-, ja, jahrhundertelang herumschlagen musste.

Weizmann, der später Präsident der Zionistischen Weltorganisation werden sollte, hatte 1917 noch keinerlei Amt inne und agierte nur aufgrund seiner persönlichen Autorität und seines Bekanntheitsgrades. Ende 1917 hatten die Briten einen Teil Palästinas erobert. Weizmann organisierte sogleich eine Reise dorthin für eine Delegation der von ihm so genannten »Zionistischen Kommission«. Welches Mandat sie hatte, war völlig unklar, aber die Briten genehmigten diese Reise und begleiteten Weizmann und die anderen Mitglieder der Reisegesellschaft überallhin. Allein dadurch erhielt diese Kommission etwas Offizielles, eine durch die Briten verliehene Legitimität, selbst wenn die britische Mandatsführung ungeachtet der Balfour-Deklaration den Zionisten im Land das Siedeln schwer machte. Weizmann hatte für diese Kommission Zionisten aus England, Frankreich und Italien ausgesucht, also aus Ländern, die im Kampf gegen das Osmanische Reich standen. Die eigentliche Führung der Zionistischen Organisation verfolgte damals eine eher neutrale Politik gegenüber Istanbul, man wollte sich's mit niemandem verscherzen.

Weizmann und seine Kollegen führten sich im britisch eroberten Palästina auf, als seien sie die wahren Herren des Landes. Und die Tatsache, dass sie von hochrangigen britischen Offizieren begleitet wurden, machte ihr Auftreten nur glaubwürdiger. Von den jüdischen Gemeinschaften in Jerusalem und anderswo, natürlich auch in Tel Aviv, wurden sie begeistert empfangen. Während dieser Reise legte Weizmann schnell noch einen Grundstein für die Hebräische Universität auf dem Mount Scopus im Osten Jerusalems, dort, wo die Zionistische Weltorganisation bereits Land aufgekauft hatte. Gleichzeitig tat die Delegation alles, um so viele zionistische Einrichtungen wie nur möglich aufzubauen, zu fördern, zu entwickeln. General Allenby, der eigentliche »Herrscher« in Palästina, »was not amused«. Er protestierte in London. Vergeblich. Auch Weizman protestierte übrigens, wegen Behinderung. Ebenfalls vergeblich. London stellte sich taub.

Dennoch, Weizmann, anders als etwa sein politischer Widersacher Nachum Sokolow, wollte unbedingt, dass die Briten die alleinigen Herren in Palästina werden, was 1917 ja noch nicht ausgemacht war. Sokolow, ein zionistischer Aktivist der ersten Stunde, wollte, dass Palästina von den Franzosen und den Briten verwaltet wird, er hatte gute Beziehungen nach Paris, und so schien es ihm nur sinnvoll, dass London nicht alleine das Sagen haben sollte.

Doch Weizmann begriff, dass dies der zionistischen Bewegung zum Nachteil gereichen würde. Die Franzosen hatten andere Interessen, waren den Arabern verpflichtet. Die Briten im Grunde genommen auch, aber es gab nun mal die Balfour-Deklaration, das zählte. Natürlich war es nicht so, dass Weizmann und Sokolow in der Entscheidung, wer nun Mandatsmacht in Palästina sein werde, irgendeinen Einfluss hatten. Doch es ging um die Ausrichtung der zionistischen Politik, es ging auch um Gespräche in Hinterzimmern, um den Versuch zumindest, die Dinge in die für den Zionismus richtige Richtung mitbewegen zu können.

Auf der San-Remo-Konferenz 1920 wurde Großbritannien das Mandat über Palästina übergeben. Das Mandat war eine neuartige »Regierungsform«. Die Mandatsmacht hatte den Auftrag, das Land in die Unabhängigkeit zu führen. Der Völkerbund schließlich, der Vorläufer der heutigen UNO, nahm die Balfour-Deklaration mit auf in die Verpflichtungen, die die Briten nun in Palästina hatten: Die Errichtung einer nationalen jüdischen Heimstätte. Mit diesem Schritt des Völkerbundes wurde die Balfour-Deklaration zu einem anerkannten Teil internationalen Rechts. Jetzt erst war sozusagen die Gründung eines jüdischen Staates »rechtens« – wenngleich die Deklaration ja mit dem Begriff »nationale Heimstätte« ursprünglich bewusst vage geblieben war, doch das war für die Zionisten nicht mehr entscheidend. Von der San-Remo-Konferenz zum UN-Teilungsplan war es zwar noch ein langer Weg, aber ein erster großer Schritt war getan. Und als die UN am 29. November 1947 den Teilungsplan Palästinas mehrheitlich verabschiedet und damit faktisch für die Gründung des Staates Israel gestimmt hatte, war das Existenzrecht des jüdischen Staates ein- für allemal geregelt, akzeptiert und anerkannt. Sollte man meinen.

Wie gesagt, in den Tagen, als Netanyahu im November 2017 in London weilte, um die Balfour-Deklaration zu feiern, kam es in den palästinensischen Gebieten und rund um den Globus zu Demonstrationen gegen diesen hundert Jahre alten Brief und seine Konsequenzen für die Palästinenser. Nein, es waren keine Massen, die gegen das Schreiben auf die Straßen gingen, doch die Menschen, die dies taten, bekundeten damit etwas, was Israel seit seiner Staatsgründung verfolgt: die Leugnung seines Existenzrechtes.

Es gibt keinen Staat auf der Welt, der immer noch für sein Existenzrecht kämpfen muss. Kein Land der Welt, auch nicht brutale und grausame Regime wie im Iran oder in Ägypten, wie in Russland oder China, werden angesichts ihrer Taten mit der Drohung konfrontiert, dass es ihre Staaten nicht geben darf. Selbst die Deutschen mussten nach dem Zweiten Weltkrieg 1945 nicht befürchten, dass man ihnen das Anrecht auf das Gebiet, das Deutschland heißt, streitig machen würde. Gewiss, das ehemalige Ostpreußen gehört zum Beispiel seitdem nicht mehr zu Deutschland, in vielen Kriegen haben die Stärkeren sich Land einverleibt, übernommen, erobert. In der Zeit nach dem Zweiten Weltkrieg hat Tibet faktisch aufgehört zu existieren, als die Chinesen das Land erobert hatten, und in jüngster Zeit hat Putin die Krim »heimgeholt«. Aber dass ein Land sich wirklich darum Sorgen muss, ob es überhaupt ein Recht hat zu existieren, das ist schon Israel alleine vorbehalten.

Seit Jahren sieht sich Israel einer Delegitimierungskampagne ausgesetzt, die in ihrem Kern nur wenig mit der Besatzungspolitik zu tun hat. Die Kritik an der Besatzung ist das eine, daraus abzuleiten, dass Israel nicht existieren dürfe, etwas ganz Anderes. Seinen Ursprung hat diese Anschauung im Vernichtungswillen der Araber ebenso wie in der rechtsextremistischen Endlösungsfantasie der Nazis. Unabhängig von der Frage, ob und wie die frühen Zionisten in Palästina vorgegangen sind, um ihren Staat Wirklichkeit werden zu lassen: Der Wunsch der arabischen Welt, dieses »zionistische Gebilde« vom Erdboden zu tilgen, war von Anfang an gegeben. Der Angriff mehrerer arabischer Armeen 1948 sollte den soeben gegründeten Staat Israel gleich wieder Geschichte werden lassen. Das misslang. Gamal Abdel Nasser von Ägypten wollte die Juden dann 1967 »ins Meer treiben«, auch er scheiterte. Palästinenserführe Yassir Arafat predigte den Kampf gegen Israel, später rief die Hamas zum Jihad gegen Israel auf und kämpft laut seiner

Charta bis heute für die völlige Vernichtung des »zionistischen Gebildes«. Und ebensolche Töne hört man aktuell noch aus Teheran. Der Sound der totalen Vernichtung ist den Israelis also stets vertraut und führt zu zwei divergierenden, aber komplementären Verhaltensweisen: Die israelische Rechte wird immer militanter und aggressiver gegenüber Arabern (und Kritikern im eigenen Land), die Linke versinkt immer mehr in Hoffnungslosigkeit und ist zunehmend überzeugt, dass der Staat Israel seinen hundertsten Geburtstag nicht erleben wird. Das aber kennt man schon von früher: Es gab immer Israelis, die überzeugt waren, dass Israel keine vierzig, fünfzig oder jetzt siebzig Jahre alt wird.

Die extreme Linke der westlichen Welt kämpft an der Seite der Unterdrückten eine merkwürdige Schlacht. Es geht ihr nicht unbedingt um die Befreiung der Palästinenser von einem »kolonialistisch-imperialistischen« Besatzer, sondern es geht zugleich um die Vernichtung dieses Besatzers, der sich seit 100 Jahren in ihren Augen widerrechtlich in Palästina festgesetzt und einen unrechtmäßigen Staat gegründet hat. Aber was, wenn dies gelänge? Würden diese selben Menschen dann den Massenmord an den Israelis als neues Unrecht beklagen? Würden sie die israelischen Flüchtlinge dann ebenso willkommen heißen, wie im Herbst 2015 die arabischen Flüchtlinge in Deutschland? Israelis wagen dies zu bezweifeln. Wo sind Juden denn schon wirklich willkommen? Und ist dieser Vernichtungswille, dem sich die westlichen Linksextremen verschrieben haben, nicht auch »inspiriert« vom Rassen- und Endlösungswahn der Nationalsozialisten? Die Grenzen sind fließend, und so ist es nicht immer einfach, genau festzulegen, was »linksextremistisch« oder »rechtsextremistisch« ist. Offensichtlich ist, dass die einen oftmals nur denken, was andere offen aussprechen. Das gilt inzwischen auch für Teile der »Mitte der Gesellschaft«. Wie gesagt, die Grenzen sind fließend und oftmals schwer auszumachen. In den seltensten Fällen ist die Kritik an Israel sachlich fundiert. Sie ist eben häufig ein Mix aus uralten antikolonialistischen und antiimperialistischen Ideologien, rassistischen Überzeugungen und einem völlig unreflektierten Blick auf die Welt und die eigene politische Position und Bedeutung. Allein die Tatsache, dass es auf Deutsch einen Begriff wie »Israelkritik« gibt, zeigt, dass man den jüdischen Staat grundsätzlich anders behandelt als andere Staaten. Es gibt den Begriff »Russlandkritik« nicht, auch nicht »Chinakritik«, nicht einmal »Amerikakritik«.

Aber woher kommt dieser Hass auf Israel, der nur selten mit Fakten und Realitäten umgeht? Ich erinnere mich gut an die Tage unmittelbar nach dem Anschlag auf die Twin Towers in New York. Ich war Tag und Nacht für meinen Sender im Einsatz, eine Sondersendung jagte die andere, wir alle standen unter Schock, arbeiteten fieberhaft. So hatten wir in diesen Tagen des tiefen Entsetzens wenigstens das Gefühl, etwas »Sinnvolles« zu machen, wo doch auf einmal alles, was uns ausmachte, buchstäblich eingestürzt zu sein schien. Zwei Wochen nach 9/11 hatte ich endlich wieder einmal einen freien Tag, und so ging ich zum Mittagessen zu meinem Steh-Italiener um die Ecke, daheim in München-Schwabing. Ich kannte dort eine kleine Gruppe von Anwälten, Ärzten, Architekten, die täglich zur selben Zeit dort aßen. Wir sprachen natürlich über die Anschläge, es gab in den Tagen kein anderes Thema. Und selbstverständlich wurde ich ausgequetscht, ob ich vielleicht als Journalist über Informationen verfüge, die der Öffentlichkeit nicht zugänglich waren: Was war das eigentlich? Wer steckt wirklich hinter den Anschlägen? Ich musste meine Bekannten enttäuschen, ich wusste ja auch nicht viel mehr als sie.

Da meinte einer aus der Mittagsrunde, ein bekannter Architekt, dass es doch klar sei, dass der Mossad den Anschlag verübt habe. »Warum?«, fragte ich ziemlich überrascht. »Nun, die Araber können so etwas nicht organisieren, das können nur die Israelis. Und außerdem gibt es inzwischen Infos, dass alle Juden in den Twin Towers vorher gewarnt worden seien, damit sie sich in Sicherheit bringen.« Als ich ihn darauf hinwies, dass es natürlich auch

Juden unter den Toten gegeben hatte, überzeugte ihn das keineswegs. Also fragte ich ihn, warum er denn meine, dass Israel dies getan habe? Welches Interesse Israel denn hätte, einen Anschlag auf den engsten Verbündeten auszuüben? »Um die zionistische Machtpolitik noch weiter ausdehnen zu können. Man lenkt die Aufmerksamkeit auf die Araber, man macht so, als ob sie den Anschlag ausgeführt hätten, um damit eine Rechtfertigung für weitere Landnahme und Vertreibung zu haben.« Ich war einigermaßen fassungslos angesichts dieser Verschwörungstheorie und versuchte es noch mal anders: Warum er den Arabern so einen Anschlag nicht zutraue? »Die sind doch unfähig, solch eine Logistik zu bewältigen!« Nun wurde es mir zu bunt. »Sie sind wahrlich ein Rassist!« – »Aber nein«, sagte der Architekt ganz perplex, »ich habe doch nichts gegen Juden, ich bewundere sie doch, wozu sie in der Lage sind!« Dass er sich mit dem Satz gerade grundlegend selbst widersprochen hatte, war ganz egal, ich wollte ein »Missverständnis« klären: »Sie sind ein Rassist, weil sie meinen, daß ›die Araber‹ dumm sind!« Er war überrascht, dass ausgerechnet ein Jude Araber verteidigte, was nur einmal mehr zeigte, in welchen Klischees dieser Mann dachte (dasselbe Phänomen kann ich in Deutschland bis heute immer und immer wieder beobachten). Dann aber wollte er den Vorwurf des Rassismus nicht auf sich sitzen lassen und sagte doch tatsächlich, einige seiner »besten Freunde« seien Araber. Alles feine, gebildete Menschen. Er merkte nicht einmal, welches uralte antisemitische Muster er da soeben übernahm.

War dieser Mann nun rechtsextremistisch, linksextremistisch oder einfach nur bescheuert? Es wabert gern in solchen Kreisen und wie gesagt, die Grenzen sind fließend. Denn dieser Architekt würde nicht auf die Straße gehen, um gegen den »Imperialismus« Israels zu protestieren oder gegen die Balfour-Deklaration. Er würde vielleicht sogar in den Urlaub nach Tel Aviv fliegen und sich begeistern für die tolle Küche, die schönen Frauen, für die Strände und das Start-Up-Wunder. Doch dieser Mann war in jenen Tagen nicht weit entfernt von der Überzeugung vieler Islamisten, die ähnliche Theorien verbreiteten. Auch die Hamas in Gaza behauptete, die Juden in den Twin Towers seien frühzeitig gewarnt worden. Es war kein Geringerer als Sheikh Yassin, der Gründer der Hamas, der nur wenige Jahre zuvor behauptet hatte, Monica Lewinsky, die Geliebte Bill Clintons, sei eine zionistische Agentin, die vom Mossad losgeschickt worden war, um Clinton zu Fall zu bringen. Natürlich, weil dieser versuchte, Frieden zwischen Israel und den Palästinensern zu vermitteln. Yassin focht es nicht weiter an, dass seine Hamas genau diesen Frieden auf keinen Fall wollte, Hauptsache, er konnte Israel irgendeine Form der Schuld in die Schuhe schieben.

Welche merkwürdigen Überschneidungen es im Kampf gegen Israel gibt, wie die Extreme beider Seiten sich häufig vereint wiederfinden, ist an vielen Beispielen zu beobachten. Die Verlinkung islamistischer Websites mit Seiten von Neonazis scheint widersinnig, denn Letztere hassen doch auch Muslime. Aber man ist nicht wählerisch, ebenso wie man als Rechtsaußen gern Israel als Verbündeten im Kampf gegen die Islamisten sieht. Alles steht nebeneinander, passt nicht zusammen, ist sicher auch nicht immer von denselben Gruppen so gedacht oder gesagt, aber das ändert nichts an den Gegebenheiten.

Und so darf es auch nicht weiter verwundern, wenn während des Gaza-Krieges 2014 überall in Europa Demonstrationen stattfanden, wo Linke und Islamisten gemeinsam gegen Israel protestierten. Und es wird nun wohl auch niemanden mehr verwundern, dass bei einer solchen Demonstration in Berlin »Hamas, Hamas, Juden ins Gas!« skandiert wurde. Ebenso wenig dürfte es verwundern, dass bei einer ähnlichen Demo in Paris eine Synagoge angegriffen wurde, und nicht etwa eine Einrichtung des Staates Israel. Ist man da noch überrascht, dass die Charta der islamistischen Hamas Passagen aus dem antisemitischen Verschwörungspamphlet »Die

Protokolle der Weisen von Zion« enthält, das im 19. Jahrhundert im zaristischen Russland entstand?

Seit Jahren hat die Delegitimierung Israels einen Namen: BDS. Die drei Buchstaben stehen für »Boycott, Divestment & Sanctions«, zu Deutsch: »Boykott, Investitionsabzug und Sanktionen«. Die BDS-Bewegung entstand um 2005 vor allem in den angelsächsischen Ländern, hauptsächlich in Großbritannien und natürlich in den palästinensischen Gebieten. Es war eine Art Dachverband, der über 170 NGOs, Gewerkschaften und andere Verbände zusammenfasste in ihrem gemeinsamen Kampf gegen Israel. Gegen Israel, wohlgemerkt, nicht nur gegen Israels Besatzungspolitik. Die Boykott-Idee gab es also schon vor 2005, ja, es gab sie schon seit der Zeit vor der Staatsgründung Israels, als arabische Staaten den Yishuv, die prästaatliche jüdische Siedlung in Palästina, boykottierten. Der Palästinensisch-Arabische Kongress, die Interessenvertretung der Palästinenser im britischen Mandatsgebiet, hatte bereits 1922 einen Boykott jüdisch-zionistischer Waren, Güter, Geschäfte etc. beschlossen. Die Arabische Liga hatte 1945 den Boykott erneuert, und in manchen arabischen Ländern gilt er gegenüber Israel bis heute. BDS ist also zunächst nichts Neues. Doch die Qualität der BDS-Bewegung, die zunehmend in der westlichen Welt ihre Anhänger findet, ist anders als die der arabischen Boykottbewegungen. Der Vorläufer der BDS-Bewegung in Großbritannien war die »Palestine Solidarity Campaign«, die Anfang der 2000er Jahre eine »Boycott-Israeli-Products«-Kampagne organisierte. Kein Geringerer als der heutige Labour-Führer Jeremy Corbyn hatte sich für diese Kampagne stark gemacht. Schon bald danach kam es zu einem Aufruf eines akademischen Boykotts Israels, ein Phänomen, das es bis heute gibt, in Großbritannien vor allem, aber sogar vereinzelt in den USA. Diese und ähnliche Boykott-Aktionen sind insofern nur schwer nachvollziehbar, als sie häufig jene Kräfte und Personen Israels treffen, die mehrheitlich gegen die Besatzung sind. Doch darum geht es den Boykott-Anhängern ja nicht. Es geht darum, Israel insgesamt an den Pranger zu stellen, Israel als Ganzes zu boykottieren, nicht nur die Besatzung.

Es ist kein Zufall, dass die BDS-Bewegung ihr Vorbild in der Anti-Apartheid-Bewegung hat, auch diese hatte ihren Ursprung in England. Wie eine Studie der FDP-nahen Friedrich-Naumann-Stiftung belegt, kopierte BDS Strategien der Anti-Apartheid-Bewegung zum Teil wortwörtlich. So wurde der Slogan »Every bite buys a bullet«, der im Kampf gegen Südafrika verwendet wurde, für den Boykott israelischer Güter übernommen.

Dass die BDS-Bewegung zutiefst antisemitisch ist und die Existenz des jüdischen Staates ablehnt, wurde im Vorfeld bereits 2001 deutlich. Die UN organisierte eine große Antirassismus-Konferenz in Durban. Bereits im Vorfeld des Kongresses in Südafrika kam es zum Skandal. Ausgerechnet in Teheran arbeitete die internationale Gemeinschaft an einem Beschlusstext für Durban, unter Ausschluss der israelischen Delegation. Natürlich. In dem Text gab es Passagen, die Israel offen des Rassismus' bezichtigten und Israels Politik mit der Apartheid-Politik Südafrikas verglichen. Die USA drohten, nicht zur Konferenz zu kommen, daraufhin wurden diese Passagen wieder gestrichen. Dennoch verließen in Durban schließlich sowohl die amerikanische als auch die israelische Delegation die Konferenz vorzeitig, denn Israel sollte trotz allem als e i n z i g e r Staat wegen seiner angeblich rassistischen Regierung verurteilt werden. Auf der Parallelveranstaltung Tausender NGO-Vertreter wurde Israel selbstverständlich als Apartheid-Staat verurteilt. Was man übrigens auch noch erreichen wollte: Die Wiederbelebung der UN-Resolution 3379, die von 1975 bis 1991 Bestand hatte, der zufolge Zionismus Rassismus sei.

An dieser Stelle muss ich vielleicht einen kurzen Rekurs zum Thema Antisemitismus machen. Jeder wird Antisemitismus sofort und beinahe automatisch in der rechten Ecke verorten. Das ist ja nicht falsch, und da dies insbesondere in Deutschland ein allzu bekanntes Phänomen mit verheerenden Folgen in der Vergangenheit ist, muss ich hier nichts weiter sagen oder erklären. Dann gibt es den religiös motivierten Antisemitismus, der sich über Jahrhunderte als Antijudaismus der Kirche, insbesondere der katholischen Kirche äußerte. Aber auch Martin Luther war ein erklärter Antisemit, seine Schriften über und gegen Juden und Judentum belegen das nur zu gut, und in der Folge hat auch die protestantische Kirche im Laufe ihrer Geschichte viel Schuld auf sich geladen. Auch dies dürfte bekannt sein, ebenso wie natürlich der Antisemitismus des Islam, der sich in der jüngeren Geschichte vor allem auf Israel bezieht und sich als Antizionismus darstellt, wenngleich antijüdisches Ressentiment freilich auch schon vorher in den islamischen Gesellschaften vorhanden war. Bis heute predigen radikale Imame, dass Juden Abkömmlinge von »Affen und Schweinen« seien und heizen so den Hass auf Juden insgesamt an, nicht nur auf Israelis oder Zionisten. Dass die Hamas in ihrem Programm, wie bereits erwähnt, ganze Passagen der »Protokolle der Weisen von Zion« übernommen hat, spricht dementsprechend Bände.

Bleibt der Antisemitismus der Linken. Besonders in der Geschichte der jungen Bundesrepublik betrachtete sich die Linke als Hüter der Moral und der Demokratie. Die SPD war stolz darauf, als einzige Partei in der Weimarer Republik gegen die Ermächtigungsgesetze am 24. März 1933 gestimmt zu haben. Links sein, das bedeutete in der Bundesrepublik automatisch auch gegen Nazis zu sein – die sich in den konservativen Parteien, aber auch in der FDP und anderen kleinen Parteien wieder sammelten und politisch aktiv wurden. Die Überzeugung der Linken war: Wer gegen die Nazis war und ist, kann kein Antisemit sein. Selbst Juden fielen auf diese These herein. Vor allem Juden der Zweiten Generation in Deutschland verorteten sich politisch links, denn der Internationalismus und Universalismus der Linken kam dem jüdischen »Kosmopolitismus« entgegen, man gab sich betont antinationalistisch. Und rechts sein, das ging ja nun nicht. Nicht nur nicht in Deutschland, sondern so gut wie nirgendwo in Europa.

Doch natürlich waren auch die Linken in Deutschland und anderswo ein Produkt ihrer Erziehung, häufig von Eltern, die in Deutschland vielleicht sogar für die NSDAP gestimmt hatten, die aber auf alle Fälle in einer Zeit lebten, in der Judenhass zur Normalität Europas gehörte, oder, um es mit dem Sprichwort von Isaiah Berlin zu karikieren: »Antisemitismus ist, wenn man Juden mehr hasst als nötig.« Denn im Europa vor 1933 gehörte Antisemitismus als Teil der politischen und gesellschaftlichen Kultur einfach dazu. Jahrhundertelang. Die Linke, die vor allem in Deutschland 1968 versuchte, sich von ihren Nazi-Eltern scharf abzugrenzen, bemerkte allerdings nicht, wie sie die antisemitischen Muster ihrer Eltern übernahmen, nur dass es nicht mehr »Jude«, sondern »Israel« hieß. Interessanterweise konnte man 1989 beobachten, also nach der Wiedervereinigung Deutschlands, wie manche deutsche Intellektuelle, die man zur Linken zählen konnte, wie etwa Botho Strauß, versuchten, sich mit ihren Eltern im Zuge einer neuen Nationalismus-Debatte zu versöhnen.

Die Linke also. Und wenn ich schreibe: »die Linke«, dann meine ich damit immer nur einen Teil der Linken. Verallgemeinerungen sind hier fehl am Platz. Was aber keinesfalls heißt, dass man den Teil, der antisemitisch ist, falsch einschätzen darf. Er ist gefährlich, er wächst, und wie so häufig spiegeln die realen Zahlen nicht die Wirkungskraft einer Bewegung wieder. Es kommt immer auch darauf an, wie »laut« und effektiv man ist. Und dieser Teil der Linken ist in ganz Europa ziemlich effektiv, wenn es darum geht, den öffentlichen Diskurs zu beeinflussen, der sowieso nie ganz von antisemitischen Untertönen frei war, wenn es um Juden im Allgemeinen und Israel im Besonderen ging.

Ruth Fischer, eine führende Figur der KPD in den Zwanziger Jahren, bezeichnete jene, die gegen das »jüdische Kapital« kämpfen, bereits als »Klassenkämpfer«. Man solle die jüdischen Kapitalisten aufhängen, forderte Fischer im Zuge des sogenannten »Schlageter«-Kurses. Schon zuvor, im Jahr 1891, erklärte The

Labour Leader, das Blatt der Independent Labour Party in Großbritannien, dass man sicher sein könne, immer einen »hakennasigen Rothschild« in der Nähe finden zu können, wo es »Probleme für Europa«, wo es »Kriegsgerüchte« gebe. Dieser hakennasige Rothschild würde stets für Unruhe sorgen. Ich verdanke diese Beispiele der Studie der Naumann-Stiftung.

Der britische Autor und Forscher Alan Johnson bezeichnet linken Antisemitismus seit dem Entstehen des Staates Israel als »Antiimperialismus der Idioten«. Denn was sich hinter diesem Gerede verbirgt, ist in den meisten Fällen »klassischer« Antisemitismus. War früher »der Jude« schuld am Unglück von wem auch immer, so ist es heute Israel, das Schuld am Unglück nicht nur der Palästinenser, sondern gleich der ganzen Welt hat.

Der Antisemitismus der Linken, insbesondere der BDS-Bewegung, scheint sich als politisches Programm die »Zwei-Staaten-Lösung« aufs Banner geschrieben zu haben. Tatsächlich wird das Ende Israels angestrebt. Ziel ist demzufolge nicht ein palästinensischer Staat neben einem jüdischen, sondern ein palästinensischer Staat anstelle des jüdischen. Auf der Website der BDS-Bewegung, www.bdsmovement.net, ist dies im Aufruf aus dem Jahr 2005 deutlich herauszulesen. Die Forderungen an Israel werden wie folgt auf Englisch formuliert:

»1. Ending its occupation and colonization of a l l (Hervorhebung des Autors) Arab lands and dismantling the Wall.

2. Recognizing the fundamental rights of the Arab-Palestinian citizens of Israel to full equality (Ist de iure gegeben!, Anmerkung des Autors) and

3. Respecting, protecting and promoting the rights of Palestinian refugees to return to their homes and properties as stipulated in UN resolution 194.«

Natürlich fragt BDS nicht danach, wer eigentlich als »refugee«, als »Flüchtling« überhaupt noch anerkannt werden kann. 1947 / 48 flohen etwa 700 000 Araber in den Kriegswirren oder

wurden vertrieben. Heute bezeichnen sich über 5 Millionen Palästinenser als »Flüchtlinge«. Es gibt bereits eine dritte, vierte und
fünfte Generation in den Flüchtlingslagern und in den arabischen
Staaten, die den Anspruch erheben, »Flüchtlinge« zu sein. Es stellt
sich natürlich die Frage, inwiefern neue Generationen diesen
Anspruch überhaupt haben. Abgesehen von der juristischen Problematik, würde das beispielsweise in Europa zu massiven Unruhen
führen, wenn jeder, dessen Großeltern und Urgroßeltern Flüchtlinge waren, sich als ebensolcher verstünde – mit den sich daraus
ergebenden Ansprüchen. Erinnert sei hier im deutschen Kontext
an die Sudetendeutschen, deren Forderungen irgendwann obso-
let und »aus der Zeit« gefallen waren, mal abgesehen davon, dass
sie nicht realisierbar waren. Aber hätte man eine zweite und auf
alle Fälle dritte Generation noch als »Flüchtlinge« anerkennen
können? Ein ganz anderes Problem ist die finanzielle Kompen-
sation für den Verlust von Besitz. Das ist ein Thema, das im Fall
eines Friedens zwischen Israelis und Palästinensern mit Sicherheit
Bestandteil eines Friedensvertrages wäre, wie man dies in früheren
Verhandlungen bereits erkennen konnte.

Doch dies alles sei hier nur am Rande erwähnt. Zurück zu den
Forderungen auf der Website von BDS. Es ist offensichtlich, dass
diese Israel indirekt auffordern, sich doch bitte selbst aufzulösen.
Was BDS will, ist eine Ein-Staaten-Lösung. Damit geht sie noch
hinter die Ergebnisse des Oslo-Vertrages zurück. Das ist nicht nur
ein Rückschritt, sondern ein Unterlaufen eines gewissen internationalen Konsenses, wie dies auch von der israelischen Siedlerbewegung und der extremen nationalen Rechten betrieben wird.

Ein weiterer Hinweis für das antisemitische Element bei BDS
und anderen linken Gruppierungen: die Sprache. Zionismus sei
Rassismus – die alte UN-Resolutionsformel, die längst widerrufen wurde – und Israel sei ein »Apartheid-Staat«, der »ethnische
Säuberungen« durchführe und gar den »Genozid« der Palästinenser vorantreibe. Diese Vorwürfe sind nicht nur voller historischer

Ungenauigkeiten, sie sind auch in der Realität durch nichts zu rechtfertigen oder gar zu beweisen. Allein die Tatsache, dass mehr als anderthalb Millionen Palästinenser mit israelischem Pass vor dem Gesetz dem jüdischen Israeli gleichgestellt sind, dass es arabische Parteien und Abgeordnete in der israelischen Knesset gibt, dass Araber an israelischen Universitäten studieren können, dass sie wählen können, all das könnte weiter nicht entfernt sein von den Zuständen im einstigen Apartheid-Staat Südafrika.

Dass de facto palästinensische Israelis in ihrem Alltag mit Rassismus und anderen Problemen konfrontiert sind, die jüdische Israelis nicht haben, erzählt etwas über die Schwächen der israelischen Demokratie, aber wohlgemerkt: der Demokratie, nicht der Apartheid, in der die Schwarzen einst keinerlei Rechte hatten. Da erklärt eine BDS-Aktivistin in Berlin, Sophia Deeg, gegenüber einem Journalisten des Tagesspiegel, es gäbe in Israel »mehr als 50 Gesetze«, die nichtjüdische Staatsbürger diskriminierten, kann aber auf Nachfragen nicht sagen, wo man diese angeblichen Gesetze denn einsehen könne. Sie bezieht sich auf die Website der Organisation »Adalah«, die die Interessen arabischer Israelis vertritt. Dort sind die Gesetze aufgelistet. Keines der Gesetze erwähnt eine Ethnie oder Religion, es sind Gesetze, die für alle israelischen Staatsbürger gelten.

Ach ja, viele BDS-Anhänger sehen übrigens in der israelischen Staatsflagge mit dem Davidstern bereits eine Ungleichbehandlung nichtjüdischer Staatsbürger. Da ist man »sensibilisiert«, nicht jedoch, wenn man ausgerechnet am 9. November eine Israelboykott-Protestaktion durchführt wie 2017 die Berliner BDS. Aberwitzig wird es, wenn BDS eine Protestaktion palästinensischer Frauen in Jericho verurteilt. Diese Frauen demonstrierten zusammen mit Israelis für neue Friedensverhandlungen!

Um dies hier noch mal klarzustellen, damit es keine Missverständnisse gibt: Ob und wie man die Besatzungspolitik Israels beurteilt, ist eine Sache, Israel aber wie oben beschrieben an den Pranger zu stellen, ist schlichtweg absurd – und obendrein kontraproduktiv. Denn seriöse und berechtigte Kritik an der israelischen Politik verpufft angesichts solcher Anschuldigungen, die übrigens insofern interessant sind, als die Linke und vor allem BDS nur einen einzigen Staat für solche »Greueltaten« ins Fadenkreuz genommen hat: den jüdischen.

Die falschen Anschuldigungen lassen die meisten Israelis taub werden für die seriöse Kritik an ihrer Politik, der Verteidigungsmechanismus setzt ein, und man hat nicht mehr das Gefühl, unvoreingenommen und ehrlich beurteilt zu werden. Wenn Israel als Land diskriminiert wird, das die Menschenrechte mit Füßen tritt, wenn Israel dafür in den UN-Gremien häufiger verurteilt wird als Iran, Saudi-Arabien und viele andere zusammen, dann ist klar, dass selbst diejenigen Israelis, die die Besatzungspolitik ablehnen, der Kritik von außen nur noch widerwillig zuhören.

Ein weiteres, besonders perfides Merkmal linksextremistischer Gruppen ist der Vergleich Israels mit dem Dritten Reich. Da wird die israelische Armee gerne mit der Wehrmacht oder der SS in ihrer Brutalität gleichgesetzt, Gaza nennt man dann gerne ein »israelisches Konzentrationslager«. Netanyahu erscheint da schon mal mit Hitlerbärtchen auf Postern, in Karikaturen werden Israelis gerne als Nazis dargestellt, auch in arabischen Medien. Um aber zu »beweisen«, dass man sich auf einem gerechtfertigten »Kriegspfad« befindet, werden gerne Juden zu Aushängeschildern von BDS und anderen gleichgesinnten Gruppen. Ob Noam Chomsky, Judith Butler oder Ilan Pappe, Juden sind der Garant für die »Wahrheit« all jener Vorwürfe, die man Israel macht. Das allein schon ist zutiefst antisemitisch. Die Instrumentalisierung von Alibijuden, die einer antizionistischen Kampagne oder Organisation einen »Kosherstempel« aufdrücken.

Die antizionistische Bewegung verschweigt überdies zwei wichtige Fakten, die sie notgedrungen beiseiteschieben muss, da sie das eigene Weltbild empfindlich stören: Dass Israel infolge jahrhundertelanger Unterdrückung und Verfolgung der Juden gegründet wurde. Und dass Israel, und um so mehr nach der industriellen Vernichtung der Juden während der Shoa, Ausdruck des Selbstbestimmungsrechts des jüdischen Volkes ist. Dieses aber wird im Kampf für das berechtigte Selbstbestimmungsrecht der Palästinenser den Juden plötzlich wieder aberkannt. Man will also eigentlich ein Unrecht durch ein anderes, neues Unrecht »wiedergutmachen«. Wobei nicht zu vergessen ist, dass die UN der Entstehung des jüdischen Staates zugestimmt hat, dass der Staat Israel also ein legitimiertes Existenzrecht hat, und dass die arabische Welt den UN-Teilungsplan abgelehnt hat, nicht die Zionisten. Wenn es denn gelingen würde, Israel mittels BDS in die Knie zu zwingen, wenn Israel aufhören würde zu existieren, dann hätte man Völkerrecht verletzt – genau das aber werfen die Unterstützer der palästinensischen Sache den Israelis vor. Sie merken noch nicht einmal, mit wem sie gemeinsame Sache machen.

Wie anders ist es zu erklären, wenn Jeremy Corbyn, heute Führer der britischen Labour-Partei, behauptet, die Hezbollah und die Hamas würden Frieden bringen. Oder wenn Judith Butler überzeugt ist, man müsse »Hamas und die Hezbollah als progressive soziale Bewegungen verstehen, sie sind links und Teil der globalen linken Bewegung«. Wer sich auch nur annähernd mit der Ideologie dieser beiden Gruppen beschäftigt hat, kommt nicht umhin, den Kopf ob solcher Analysen zu schütteln.

Zurück zu BDS. Während die EU nach einer Entscheidung der EU-Kommission im November 2015 allmählich dazu übergeht, Produkte, die aus den besetzten Gebieten stammen, als solche zu labeln, will BDS, wie man dies aus verschiedenen Pamphleten und Aufrufen ersehen kann, israelische Produkte generell boykottieren. Ein weiterer Hinweis, dass es nicht um die Besatzung, sondern um Israel als Ganzes geht. Die Boykott-Bewegung hat allerdings absurde Folgen. Tatsächlich haben einige israelische Firmen wie zum Beispiel Soda Stream ihre Fabriken aus den besetzten

Gebieten abziehen müssen und sie nach Israel, dem Kernland Israel, zurückverlegt, weil sie den Boykott spürten oder fürchteten. Insofern hat BDS durchaus Erfolge vorzuweisen. Das Ergebnis aber schadet zumeist den Palästinensern mehr als den Israelis. Allein bei der Schließung der Soda Stream-Fabrik in den besetzten Gebieten gingen 500 Arbeitsplätze für Palästinenser verloren. Soda Stream operiert nun von der Negev-Wüste in Israel aus. Die Angestellten: nur noch Israelis. Und auch Schauspielerin Scarlett Johansson, die für Soda Stream geworben hatte und deswegen von Israel-Gegnern öffentlich kritisiert worden war, hat keinen weiteren Schaden erlitten.

Dass der Boykott israelischer Güter problematische Assoziationen weckt, konnte man am Beispiel des Kaufhaus des Westens (KDW) in Berlin sehen. Dort hatte man 2015 Wein, der in den besetzten Gebieten angebaut wurde, aus dem Sortiment genommen. Das war nicht nur eine Art vorauseilender Gehorsam gegenüber der EU-Kommission, die ja lediglich eine Etikettierung, nicht eine Entfernung der Produkte gefordert hatte. Die »Säuberung« der Regale hatte im Falle des KDW noch dazu einen Hautgout: Das KDW war einst ein jüdisches Kaufhaus, das während des Nationalsozialismus »arisiert« wurde. Ausgerechnet hier wurden Produkte entfernt, die mit Israel assoziiert sind.

Die israelische Regierung wird nicht müde, die Etikettierung von Siedlerprodukten mit der Nazi-Kampagne »Kauft nicht bei Juden« vom 1. April 1933 zu vergleichen. Das ist natürlich Unsinn und ebenfalls historisch nicht korrekt. Doch es verfehlt seine Wirkung nicht, denn man will ja um Himmels Willen nicht als antisemitisch gebrandmarkt werden. Das ist in Zeiten der *political correctness* ein verbales Todesurteil. Dass den »politisch Anständigen« aber immer wieder Peinlichkeiten unterlaufen, sieht man auch am Beispiel des Musikers Roger Waters, einem der großen Befürworter eines Israel-Boykotts. Am Ende seiner Konzerte lässt er gerne ein Schwein aufsteigen, auf dem alle möglichen »bösen« Symbole zu sehen sind, kapitalistische und faschistische, kommunistische und andere Zeichen. Und: einen Davidstern. Wer weiß, dass im Judentum das Schwein ein »unreines« Tier ist, wird schnell verstehen, wie unsensibel, um es mal vorsichtig zu formulieren, Roger Waters agiert. Natürlich wehrt er den Vorwurf des Antisemitismus brüsk ab. Aber es reicht, dass er nicht nachgedacht hat und obendrein sein Schwein immer wieder am Ende seiner Auftritte aufsteigen lässt.

Auch in Israel hat man längst erkannt, dass BDS für das Land, wenn schon nicht wirtschaftlich schädlich, so doch ein riesiger Imageschaden ist. In israelischen Ministerien gibt es inzwischen ganze Abteilungen, die den medialen und politischen Kampf gegen BDS aufgenommen haben. Mit unterschiedlichem Erfolg, manchmal auch mit überstürzten Entscheidungen, die fragwürdig sind. Veröffentlichte Filmaufnahmen von Boykottbefürwortern, die am israelischen Flughafen Ben-Gurion festgenommen und sofort wieder abgeschoben wurden, bewirken nur in Israel eine »positive Stimmung«. In der Welt, der westlichen zumal, wird Israel mit solchen Vorgehensweisen als Polizeistaat wahrgenommen, ganz abgesehen davon, dass solche Bilder den BDS-Anhängern in die Hände spielen.

Im November 2017 wurde in erster Lesung in der Knesset ein neues Gesetz verabschiedet, demzufolge Personen, die BDS-Anhänger sind oder sogar »nur« die Kennzeichnung von Siedlerprodukten fordern, nicht mehr ins Land einreisen dürfen. Im selben Monat hat Israel einer Gruppe von EU-Parlamentariern, Mitgliedern des französischen Parlaments und französischen Bürgermeistern, die alle die Boykott-Bewegung gegen Israel unterstützen, die Einreise verweigert. Solche Leute hätten in Israel nichts verloren, hieß es. Selbst wenn man dem Prozedere Israels Verständnis entgegenbringen würde, bleibt die Frage, was solche Maßnahmen wirklich bringen. Israel sieht sich in der Zwickmühle. Nichts zu tun, ist schlecht, etwas zu tun, auch. Denn das eigentliche Problem, der Versuch, mit den Palästinensern zu einer Friedenseinigung zu kommen, wird nicht angegangen.

Der Kampf von BDS und gegen BDS ist auf vielen Ebenen in vollem Gange. Im Juni 2017 konnte die BDS-Bewegung in Großbritannien einen großen Erfolg verbuchen. Ein Gericht hob einen Beschluss auf, demzufolge es Gemeinderäten verboten war, Israel zu boykottieren. Auf der anderen Seite gibt es inzwischen 14 Staaten in den USA, die eine Anti-BDS-Gesetzgebung verabschiedet haben. Israelische Künstler und Wissenschaftler werden von internationalen Kongressen und Festivals ausgeladen, internationale Künstler, die in Israel auftreten wollen, werden massiv unter Druck gesetzt, manchmal sogar unter Androhung von Gewalt, damit sie ihre Konzerte in Tel Aviv absagen. Manche beugen sich dem Druck, andere nicht. Sie werden in Israel allein schon dafür gefeiert, dass sie gekommen sind.

Im Sommer 2017 war das Pop-Kultur-Festival in Berlin Ziel von BDS. Sechs Bands hatten ihre Auftritte abgesagt, weil die israelische Botschaft an dem Festival beteiligt war. Wie? Die Botschaft hatte einer israelischen Künstlerin einen Reisekostenzuschuss in Höhe von 500 Euro gewährt! Noch skandalöser ist eine Geschichte, der sich in Spanien 2015 zutrug. Damals hatte BDS zunächst erfolgreich beim Rototom Festival interveniert, damit der jüdische Musiker Matisyahu ausgeladen wird, weil er angeblich als ein Freund Israels »ethnische Säuberungen und Apartheid unterstütze«. Nun ist Matisyahu, mit bürgerlichem Namen: Matthew Miller, aber ein US-amerikanischer Jude und kein Israeli. In der jüdischen Gemeinschaft in den USA kam es zu einem Aufschrei, und selbst die spanische Regierung intervenierte: Matisyahu konnte auftreten. Doch der BDS-Bewegung konnte einmal mehr zu Recht vorgeworfen werden, sie sei antisemitisch.

Ob »Israelkritik« oder »Antizionismus«, die Belege, dass es in diesen »antikapitalistischen«, »antikolonialistischen« und »anti-imperialistischen« Kreisen auch Antisemiten gibt, ist überdeutlich.

Diese machen es der israelischen Regierung leicht, die gesamte Kritik an der Besatzungspolitik abzutun und als »antisemitisch« zu brandmarken. Premier Netanyahu weiß dies für sich und seine Ziele immer wieder zu nutzen. Seine Wählerschaft ist schnell zu überzeugen, dass die Menschen da »draußen«, dass die »Goyim« alle Antisemiten sind. BDS gibt der Regierung eine Steilvorlage nach der anderen. Als die israelische Regierung sich schließlich entschied, Befürwortern der Boykott-Bewegung die Einreise nach Israel zu verweigern, erregte das international viel Aufmerksamkeit. Dass auch vor ausländischen Politikern nicht mehr haltgemacht wird, zeigte sich bereits 2016. Im Januar 2016 forderte die schwedische Außenministerin Wallström Israel auf, die Tötung von rund 150 mutmaßlichen palästinensischen Terroristen und Angreifern zu untersuchen. Wallström, die schon zuvor mit scharfen antiisraelischen Attacken von sich reden machte, wurde von Seiten der israelischen Regierung vorgeworfen, sie sei blind und voller politischer Dummheit.

Tatsächlich hatte im Oktober 2015 eine Periode begonnen, die als »Messer-Intifada« bezeichnet wurde. Palästinenser gingen mit Messern auf israelische Zivilisten und Sicherheitsleute los und töteten so zahlreiche Israelis. Dabei wurden diese Angreifer von Sicherheitsleuten oder anderen Israelis, die bewaffnet waren, erschossen. Viele Palästinenser kamen auch bei Zusammenstößen mit israelischen Sicherheitskräften ums Leben. Wallström wurde darauf zur unerwünschten Person in Israel erklärt. Sollte sie je die Absicht gehabt haben, nach Tel Aviv und Jerusalem zu reisen, sie hätte es nicht mehr gekonnt. Um zu verstehen, wie die Stimmung in solchen Dingen in Israel liegt, muss man wissen, dass selbst der damalige Oppositionsführer Isaac Herzog von der »Zionistischen Union« Frau Wallström angriff. Er fragte, wie Schweden reagieren würde, wenn es von Terroristen angegriffen wird, und »ob dieselben Fragen an Paris gerichtet werden«. Herzog bezog sich dabei auf den aktuellen Kampf der französischen Sicherheitsbehörden gegen den Terrorismus nach zahlreichen Anschlägen in Paris, Nizza und anderswo.

Man möchte sagen, dass muslimische und andere Staaten antizionistisch agieren, liegt in der Natur der Sache. In jüngster Zeit konnte man das am Beispiel der UNESCO sehen. Wie bei der Argumentationsschiene von BDS, sind die letzten Resolutionen gegen Israel nicht nur antisemitisch, sondern falsch, und sie verdrehen historische Fakten zum Zwecke rein antiisraelischer Propaganda. Die Entscheidung, die Gräber in Hebron zum »palästinensischen Weltkulturerbe« zu erheben, verspottet alle historischen und überlieferten Traditionen. Die Grabstätte in Hebron, die Juden und Muslimen heilig ist, wird von den einen »Höhle Machpela« oder »Grab der Patriarchen«, von den anderen »Ibrahim Moschee« genannt. Es gibt zwei Eingänge, einen für Juden, einen für Muslime, beide sind strikt voneinander getrennt, um Ausbrüche von Gewalt möglichst zu verhindern. In der Grabstätte befinden sich nach der Überlieferung die sterblichen Überreste der Stammväter Abraham, Yitzhak und Yaacov (also Isaac und Jacob) sowie ihrer Frauen Sarah, Rebecca und Lea. Abraham ist Stammvater der Juden und der Araber, nicht aber Yitzhak und Yaacov. Folgt man der Überlieferung, dann hat Abraham mit seiner Magd Hagar Ismael gezeugt, aus dem dann das arabische Volk entstand, wohingegen er mit seiner Frau Sarah den Sohn Yitzhak zeugte. Dieser und dann dessen Sohn Yaacov aber begründeten die weitere Linie des jüdischen Volkes. Selbst wenn man dem Koran folgen will, ist es eindeutig, dass Ismael der weitere Begründer des arabischen Volkes ist. Die Altstadt von Hebron mit dem Grab der Patriarchen, der jüdischen Stammväter und -mütter also zum »palästinensischen« Weltkulturerbe zu erklären, ist ein ebenso klarer Versuch, jüdische Verbindungen und Verbundenheit mit dem Land und der Stadt zu verleugnen wie die ein Jahr zuvor verabschiedete Resolution der UNESCO, der zufolge nur Muslime eine historische und religiöse Verbindung zu Jerusalem haben, nicht aber Juden. In dem Text der Resolution wurde der Tempelberg nie mit seinem jüdischen Namen erwähnt, die Klagemauer nur in Anführungszeichen gesetzt und der Anspruch Israels auf jeglichen Teil Jerusalems in Abrede gestellt. Die Resolution war von Ägypten, Algerien, Libanon, Marokko, Omar, Katar und Sudan verfasst worden. Die UNESCO hat übrigens, ähnlich wie die UNHCR, die Menschenrechtskommission der UN, eine lange Tradition an antiisraelischen Resolutionen. In der UNHCR gibt es ein Mandat, demzufolge in jeder Sitzung eine Debatte über die Menschenrechtsverletzungen Israels stattfinden muss. Das gibt es sonst für kein anderes Land der Welt!

Im Oktober 2017 kündigte US-Präsident Trump an, sein Land werde die UNESCO wegen ihrer antiisraelischen Haltung verlassen. Israel, das zuvor nicht über diesen Schritt informiert worden war, wurde ein wenig überrumpelt und zog natürlich nach. Auch der jüdische Staat will sich nun aus der UNESCO zurückziehen. Ob diese Organisation unter der neuen Generaldirektorin, der jüdisch-marokkanisch-französischen Politikerin und Diplomatin Audrey Azoulay ihre ramponierte Reputation wiederherstellen kann, muss man abwarten. Azoulay, deren Vater André Berater des marokkanischen Königs ist, könnte eine Brücke bilden zwischen der arabischen Welt und Israel.

Man kann es drehen und wenden, wie man will, man kann ein Gegner der israelischen Besatzungspolitik sein und diese zu Recht verurteilen. Doch dass Israel einer Delegitimierungskampagne ausgesetzt ist, die sein Existenzrecht in Abrede stellt, dass Israel zum »Juden« unter den Nationen geworden ist, dass Teile der israelkritischen Bewegung antisemitischer Argumentation folgen, dass den Juden ihr Selbstbestimmungsrecht in Abrede gestellt wird, ist siebzig Jahre nach der Staatsgründung eine traurige Realität, die die Linke in Israel darüber hinaus schwächt. Die Regierung Netanyahu weiß geschickt ein Gefühl der »Belagerung« von allen Seiten zu vermitteln. Und lacht gleichzeitig über die BDS-

Bewegung, nicht ganz zu Unrecht. Denn wer der Idee eines tatsächlichen Boykotts israelischer Produkte eine imposante Gestalt verleihen will, der muss weitergehen, als nur ein paar Avocados, Kosmetikprodukte oder Wein zu verbieten. Der muss sofort sein Handy, sein Tablet und sein Laptop ausschalten und wegwerfen. Denn in ihnen befindet sich das, was Israels Wirtschaft heute wirklich ausmacht: High-Tech-Erfindungen, ohne die auch die Mitglieder der BDS-Bewegung nur schlecht miteinander kommunizieren könnten. Das Know-how, mit dem Israel heute erfolgreich ist, wird auf der ganzen Welt gebraucht. Da wird BDS wenig dagegen tun können. Außer: die antisemitische Stimmung in der westlichen Welt weiter schüren. Ist das das eigentliche Ziel?

2 – Europa – der antisemitische Kontinent

Bereits im Juli 2014 veröffentlichte das amerikanische Magazin Newsweek einen Artikel mit dem Titel: »Exodus: Why Europe's Jews are fleeing once again«. Der Artikel beschreibt eindringlich die Stimmungslage europäischer Juden, die nach zahlreichen Angriffen in Frankreich und Belgien, in England und Ungarn und in anderen europäischen Ländern allmählich das Gefühl hatten und haben, es sei mal wieder Zeit zu gehen. Der Artikel zitierte die »Fundamental Rights Agency« der EU vom November 2013, der zufolge 26 Prozent aller Juden in Europa darüber nachdachten auszuwandern. Die Untersuchung der FRA kam zu dem Schluss, dass Juden »Beleidigungen, Diskriminierungen und physischer Gewalt ausgesetzt sind, und dass diese trotz gemeinsamer Bemühungen der EU und ihrer Mitgliedstaaten keinerlei Anzeichen machten, wieder zu verschwinden«.

Der Artikel verwies auf drei Länder: Frankreich, Belgien und Ungarn. Doch den wachsenden Antisemitismus auf diese Länder zu beschränken, hieße, die Problematik zu verkennen. Auch in Schweden und Polen, in Deutschland und den Niederlanden, in

Großbritannien und anderswo sind Juden wieder zunehmender Bedrohung ausgesetzt. Und das Gefühl, dass dies nicht nur eine Episode ist, sondern noch schlimmer werden könnte, ist überall in den jüdischen Gemeinden zu spüren. Mit wem auch immer man spricht, je nach Persönlichkeit ist von Unbehagen bis zur nackten Panik alles zu finden. Nur eines findet man kaum noch: Das Gefühl, dass Europa ein sicherer Ort für Juden ist.

Der »Exodus« aus Frankreich hat nicht erst 2014 begonnen, damals aber zugenommen. Antisemitische Angriffe wie etwa auf die jüdische Schule in Toulouse mit der Ermordung von drei Kindern und einem Religionslehrer durch einen jungen Muslim im Jahr 2012, führten in Frankreich zu einem Gefühl der Angst, das nicht mehr schönzureden war. Eine Auswanderungswelle begann, doch es wurde daraus (noch) nicht die Massenauswanderung, die man damals in den Medien hochzuschreiben begann. Von den rund 450 000 Juden in Frankreich ist bislang nur ein kleiner Prozentsatz weggegangen. Vor allem in die USA und nach Israel. In Israel sind in den letzten Jahren gerade mal 7000 französische Juden eingewandert, eine relativ geringe Zahl (aus ganz Europa waren es 2015 rund 10 000 Juden). Dennoch sprechen die verbleibenden Juden in Frankreich und anderswo immer häufiger von Auswanderung, vor allem diejenigen, die als Juden auf der Straße zu erkennen sind.

Doch auch in Deutschland hat sich das Gefühl breitgemacht, man könne hier nicht mehr in Ruhe leben. Der Sohn sehr guter Freunde, der in Berlin lebt, erzählte mir während eines Besuchs in Israel: »Weißt du, ich gehöre ja schon zur dritten Generation. Wir hatten mit Deutschland kein Problem mehr, anders als unsere Großeltern, die KZ-Überlebende waren und unsere Eltern, die noch mit Deutschland haderten. Aber nun stehe ich da und denke über die Zukunft meiner Kinder nach. Und mir wird klar: in Deutschland haben sie keine mehr. Deutschland ist verloren, so wie ganz Europa!« Übertreibt er? Wenn man nach Berlin schaut, könnte man diesen Eindruck bekommen. Viele Juden, die aus der ehemaligen UdSSR eingewandert sind, fühlen sich wohl in Deutschland. Und Berlin ist zum Mekka vieler junger Israelis geworden. Rund 30 000 von ihnen leben in der ehemaligen Reichshauptstadt. Sie finden Berlin cool und preiswert, genießen das liberale Klima. Doch was für Israel gilt oder die USA, gilt auch für Deutschland: Berlin ist nicht gleich Deutschland, ebenso wie Tel Aviv nicht gleich Israel oder New York nicht gleich USA ist. Und viele Israelis können kaum Deutsch, sie leben in einer Blase mit anderen Israelis oder Ausländern. Und selbst wenn sie mit Deutschen befreundet oder gar verheiratet sind, so sagt das wenig über die allgemeine Stimmung gegenüber Juden in Deutschland aus. Es ist nicht nur der Aufstieg der AfD, der Juden nervös macht, es ist wie fast überall im Westen Europas diese schon zuvor beschriebene Mischung aus antisemitischen Ressentiments von Neonazis, Linksextremen und Muslimen. Eine junge Studentin aus Norwegen, die am renommierten »Interdisciplinary Center« in Herzliah studiert, versuchte mir die Situation in ihrem Heimatland zu beschreiben: »Anders als in Schweden sind wir Juden in Norwegen nicht unmittelbar in Gefahr. Aus Malmö fliehen ja die Juden wegen der Angriffe der Muslime, die von der schwedischen Polizei nicht verfolgt werden. Aber wenn ich daheim in Norwegen zu Besuch bin und neue Menschen kennenlerne, überlege ich mir immer zweimal, ob ich sage, dass ich Jüdin bin, geschweige denn, dass ich in Israel lebe.«

Eine wissenschaftliche Studie der Universität Oslo, die im Juni 2017 veröffentlicht wurde, bestätigt in Zahlen die Problematik. Das Forschungsprojekt »Antisemitische Gewalt in Europa« untersuchte antisemitische Vorfälle zwischen 2005 und 2015 in sieben europäischen Staaten: Frankreich, Großbritannien, Deutschland, Schweden, Norwegen, Dänemark und Russland. Festgestellt werden konnte, dass die Zahl der Vorfälle, die sich gegen Juden richten, stetig zunimmt. Laut der Studie wurden 10 Prozent der französischen Juden bereits aus antisemitischen Gründen angegriffen, in

Deutschland und Schweden waren es jeweils 7,5 Prozent, im Vereinigten Königreich 5 Prozent.

Deutlicher sind die Zahlen, wenn es darum geht, wie viele Juden in den jeweiligen Ländern vermeiden, in der Öffentlichkeit jüdische Symbole zu tragen, wie etwa einen Davidstern oder eine Kippa. In Schweden sind das 79 Prozent, in Frankreich 74 Prozent, in Deutschland 64 Prozent, in England 59 Prozent. Die Studie verweist darauf, dass die Zahlen antisemitischer Strafakte von den Behörden oftmals geschönt werden. Das krasseste Beispiel stammt aus Deutschland. In Wuppertal versuchten drei Palästinenser im Sommer 2014, die Synagoge in Brand zu stecken. Die drei Männer kamen mit Bewährungsstrafen davon, da sie ja »nur« auf den Gaza-Konflikt aufmerksam machen konnten. Die Richter konnten bei der Tat keinerlei antisemitisches Motiv erkennen! Es überrascht nicht, dass die meisten antisemitischen Straftaten im Westen von Muslimen begangen werden, lediglich in Russland sind es Rechtsextremisten. Und: In Frankreich, Schweden und Großbritannien gibt es mehr Angriffe auf Juden von links als von rechts. Darauf werde ich im Zusammenhang mit Jeremy Corbyn in Großbritannien noch mal näher eingehen.

Viele meiner persönlichen jüdischen Freunde in Deutschland beneiden mich, weil ich wieder in Tel Aviv lebe. Sie »wissen«, dass sie auch dahin »müssten«. Doch berufliche und familiäre Umstände halten sie zurück, und noch ist die Bedrohung nicht so unmittelbar wie in Malmö oder Toulouse, Paris oder Brüssel, wo man nicht mehr umhinkann, der Realität ins Gesicht zu sehen.

In Deutschland war nach den Wahlen im September 2017 der Schock in den jüdischen Gemeinden groß. Nun säßen also über 90 Nazis im Parlament, welche Zukunft habe man da noch, hieß es. Und dass ausgerechnet Alexander Gauland von der AfD gleich nach der Wahl freundlich versicherte, die Juden hätten keinen Grund zur Beunruhigung, war für viele Anlass genug, sehr wohl beunruhigt zu sein.

Im Herbst 2017 war ganz Budapest voller Plakate, die einen grinsenden George Soros zeigten. Daneben der ungarische Schriftzug: »Ne Hagyjuk, Hogy Soros Nevessen A Végén!« Zu Deutsch etwa: »Lassen wir nicht zu, dass Soros zuletzt lacht!«. Eine Aktion des ungarischen Premiers Viktor Orbán, der mit rechtsextremistischen und antisemitischen Elementen durchaus schon mal gerne gemeinsame Sache macht. George Soros, ein ungarisch-jüdischer Milliardär, der nach dem Krieg in den USA sein Vermögen gemacht hatte, gibt Millionen für seine Stiftungen und NGOs aus, die in Osteuropa vor allem den demokratischen Prozess vorantreiben sollen. Doch seine Gegner – zu denen auch Benyamin Netanyahu zählt – glauben, dass er mit seinem Geld die bestehenden Regierungen, die ihm nicht passen, in den politischen Kollaps treiben will. Egal wie man zu Soros und seinen politischen Ambitionen stehen mag, die Kampagne war eindeutig antisemitisch geprägt, und die ungarischen Juden forderten die ungarische Regierung auf, dies doch bitte tunlichst zu unterlassen. Das interessierte Orbán nicht sonderlich. Als aber Israels Premier auf Staatsbesuch nach Budapest kam, wurden die Plakate beseitigt. Netanyahu selbst äußerte sich nicht dazu, sondern ließ sich lieber mit den Staatsführern der Visegrád-Staaten ablichten, also Polen, Ungarn, Tschechien und der Slowakei, die so ganz seinem politischen Geschmack entsprechen, lassen diese doch, anders als Angela Merkel, keine Muslime in ihre Länder und leisten somit dem Terrorismus nicht noch Schützenhilfe. Aufgrund einer technischen Panne konnten Journalisten vor der Pressekonferenz in Budapest über ihre Übersetzungskopfhörer Dinge hören, die nicht für die Öffentlichkeit vorgesehen waren. So sagte Netanyahu, überzeugt hinter verschlossenen Türen offen reden zu können: »Ich glaube, Europa muss entscheiden, ob es leben und gedeihen will oder verschrumpeln und sterben.« Die Herren »Visegrád«-Politiker waren entzückt. Bibi ebenfalls, als diese ihm versicherten, die EU sei ein ziemlich absurder Haufen, den man schlicht ignorieren müsse. So in etwa der Tenor.

Schon lange hat sich in politischen Kreisen Israels, vor allem bei der israelischen Rechten, die Überzeugung durchgesetzt, Europa »sei verloren«. Dafür gibt es mehrere Gründe. Allen voran Netanyahus Politik, die sich grundsätzlich nach Amerika ausrichtet. Bereits vor der Regierungsübernahme Netanyahus 2009 galt jedoch in breiten Kreisen seines Likud Europa als »verlorener Kontinent«. Die Europäer mit ihrer naiven Vorstellung vom Frieden in Nahost, mit ihrer Verleugnung der Realitäten, mit ihrer blinden Liebe zu den Palästinensern, die aber nichts als Terroristen seien und gar keinen demokratischen Staat errichten könnten und wollten, diese Europäer könnte man einfach nicht mehr ernst nehmen. Die Europäer mit ihren Menschenrechtsforderungen – an die sie sich aber, wenn's um Wirtschaftsinteressen geht, auch nicht halten – sind »a lost case«, selbst wenn man dies so öffentlich niemals äußern würde, dazu ist die EU vor allem als Handelspartner für Israel nach wie vor zu wichtig. Doch an jenem Tag in Budapest konnte man durch das offene Mikro auch Bibis Begeisterung für China hören, das sich nicht um »politische Fragen« kümmere und mit dem man immer engere Wirtschaftsbeziehungen aufbaue.

Israels Politik richtet sich denn in Europa zunehmend auf jene aus, die antimuslimisch, antieuropäisch und nationalistisch denken und handeln. Man versucht dabei, die feine Linie zum Rechtsextremismus nicht zu überschreiten, mit bestimmten Figuren des politischen Lebens in Europa will sich nicht einmal ein Netanyahu sehen lassen. Aber einem Orbán schüttelt er schon gerne die Hand. Man ist sich politisch nahe, man ist, was die EU und die Gefahr durch die muslimische Einwanderung angeht, »Bruder im Geiste«. Ähnlich agiert Netanyahu auch in den USA. Als Donald Trump die Rechtsextremisten nach ihren Ausschreitungen im August 2017 in Charlottesville, Virginia, für ihre antisemitischen Slogans nicht ausdrücklich verurteilte, kam von Israel keinerlei Protest. Netanyahu verhielt sich still, wollte es sich mit dem Präsidenten, der ihm politisch nähersteht als Obama, nicht verscherzen. Man macht gemeinsame Sache mit den Rechten, versucht, sich irgendwie durchzulavieren mit deren antisemitischen Tendenzen und hofft, so politisch punkten zu können. Und was in den USA schon länger gilt, scheint ja auch für europäische Realitäten zuzutreffen. So besagt ein israelisches Sprichwort, dass die Linke Juden liebt und Israel hasst, wohingegen die Rechte Juden hasst und Israel liebt. Für den Premierminister Israels ist Letzteres entscheidend. Dass dies eine kurzsichtige Politik ist, versteht sich von selbst.

Wenn man sich bewusst macht, dass bei Umfragen in Deutschland etwa, Israel regelmäßig als unbeliebtestes Land der Welt genannt wird, noch vor Iran und Nordkorea, dann muss man sich tatsächlich ernsthaft fragen, was eigentlich schief gegangen ist in Europa. Eine Studie zum Antisemitismus, die im Mai 2017 dem deutschen Bundestag vorgelegt wurde, weist ausdrücklich darauf hin, dass in den europäischen Gesellschaften antisemitisches Gedankengut wieder salonfähig wird, nicht nur die klassischen antisemitischen Vorurteile sind wieder präsent, sondern auch ein antiisraelischer Antisemitismus, der Zustimmungswerte von 40 Prozent erreicht, etwa der Art, dass man »ja verstehen könne, wenn man etwas gegen Juden hat bei der Politik, die Israel macht«.

Während die israelische Besatzung immer und immer wieder Menschen in Europas Großstädten auf die Straße treibt, erlebt man nichts dergleichen, wenn es um Tibet, die Krim oder gar Zypern geht – wobei interessant wäre zu erfahren, inwiefern die Europäer oder die Deutschen überhaupt wissen, dass Nordzypern unter türkischer Besatzung ist. Wenn der Name Netanyahu fällt, sehen die meisten liberalen Europäer rot. Die wenigsten sind sich dessen bewusst, dass Bibi ein Zauderer ist, der Kriege lieber vermeidet. Ganz anders war da sein Vorgänger Ehud Olmert, der zwar überaus charmant »rüberkam«, den man in Europa schätzte und mochte, der aber schnell den Libanon-Krieg 2006 vom Zaun brach, nachdem die Hezbollah auf israelischem Territorium mehrere israelische Soldaten tötete und zwei weitere entführte. Er befahl den Einmarsch der Armee in Gaza im erstem Gaza-Krieg 2008, denn er wollte der Hamas eine Lektion erteilen. Bibi agierte da 2012 bereits anders. Er ließ Reservetruppen an die Grenze von Gaza verlegen, um im zweiten – kurzen – Krieg der Hamas den Eindruck zu vermitteln, man werde einmarschieren. Doch das geschah dann erst wieder 2014, im dritten Gaza-Krieg. Und wie schon weiter oben beschrieben, so waren es damals Netanyahu, seine Justizministerin Zipi Livni und Verteidigungsminister Moshe Ya'alon, die im Kabinett eine Rückeroberung und Besetzung Gazas ausschlossen, wie dies von den Hardlinern Lieberman und Bennett gefordert wurde.

Doch Netanyahu bleibt für liberale Europäer ein Reizbild, so sehr, dass selbst ein renommiertes und seriöses Blatt wie die Süddeutsche Zeitung Bibi in einem Artikel im Frühjahr 2017 als »Wladimir Tayyip Netanjahu« bezeichnet, den israelischen Premier also auf eine Stufe mit den türkischen und russischen Präsidenten Erdogan und Putin stellt. Doch bei aller Kritik an Netanyahu und bei allen Versuchen seiner Partei und seiner Koalition, die Demokratie in Israel aufzuweichen, von türkischen oder russischen Verhältnissen ist Israel (noch) weit entfernt. Gegen Netanyahu wird beispielsweise wegen Korruption ermittelt – undenkbar in Russland und der Türkei, dass Polizei und Justiz gegen den stärksten Mann des Staates ermitteln. Netanyahu ist sich nicht zu schade, der Polizei deswegen zu drohen, doch diese erklärt ihm eiskalt, sie lasse sich von ihm nicht einschüchtern, und sie erhält Unterstützung von der Justiz und den Medien – und Netanyahu kann nichts dagegen tun. Könnte man sich in Moskau oder Ankara vorstellen, dass die Polizei zu Putin und Erdogan kommt, um im Amtssitz mit dem jeweils mächtigsten Mann im Staat mehrstündige Verhöre durchzuführen? Von einem Autokraten oder Diktator ist Bibi weit entfernt, er kann nicht einmal per Dekret regieren, so wie US-Präsident Trump. Insofern ist die Frage entscheidend, was beim

Israel-Bild der Europäer und der Deutschen so falsch läuft. Kann es sein, dass die neue »Normalität« des europäischen Antisemitismus in der Nach-Nachkriegszeit Dinge wieder zum Vorschein bringt, die jahrzehntelang unterdrückt blieben, bleiben mussten? Kann es sein, dass die proisraelische Siegeseuphorie nach dem Sechs-Tage-Krieg in Wahrheit eine »abnormale« Reaktion der Europäer war, um nach Auschwitz zu zeigen, wie sehr man die Juden doch »mag«? Wie verlogen diese »Liebe« war, wurde mir in den achtziger Jahren klar, als ich das Glück hatte, den wunderbaren Romancier Andrzej Szczypiorski anlässlich des Erscheinens seines Romans *Die schöne Frau Seidenman* zu interviewen. Er erzählte mir, wie stolz die Polen 1967 gewesen seien, als Israel so einen grandiosen Krieg gegen drei arabische Armeen einfahren konnte. »Das waren doch alles Polen, die diesen Krieg geführt und gewonnen hatten. Unsere Landsleute!«, erklärte mir Szczypiorski begeistert, der Mann, der mit seiner »Frau Seidenman« eine eindrucksvolle jüdische Figur in der modernen Literatur Europas geschaffen hatte. Aber abgesehen davon, dass es schon rein faktisch nicht stimmte, dass »polnische Juden« den Krieg gewonnen hatten – Yitzhak Rabin, damals Generalstabschef, und Moshe Dayan, damals Verteidigungsminister, waren beide »Sabras«, im damaligen Palästina geborene Juden – so war seine Verklärung der Dinge ein krasser Widerspruch zur Realität. Polen, wie der gesamte Warschauer Pakt, verurteilte Israel und brach die diplomatischen Beziehungen zum jüdischen Staat ab.

Doch zurück zu den wiederauferstandenen Vorurteilen gegen Juden. Ist es nicht auch so, dass man sich in Europa über Jahrhunderte an das Bild des schwachen Juden gewöhnt hat? Des Juden, der sich nicht wehren kann, der unterdrückt und misshandelt wird und das alles, mehr oder weniger tapfer, demütig und gläubig über sich ergehen lässt? Dass also Juden eher Opfer sind und zu sein haben und nicht Täter? Dass Juden Reagierende und nicht Agierende sind? Der »Muskeljude« mag ein ungewohntes Bild sein, das man nicht verinnerlichen mag und will. Der starke Jude, der Jude, der sich nichts mehr gefallen lässt und auch schlecht und böse und aggressiv sein kann, ohne dass ihn jemand daran hindert, hindern kann? Nein, kein rachelüsterner Shylock, der sein Pfund Fleisch einfordert, es aber durch die Ranküne der Christen natürlich nicht bekommt, sondern einer, der »Rache« sucht und sie findet. Der wie bei *Inglourious Basterds* von Quentin Tarantino Nazis skalpiert und nicht der freundliche, gebildete Künstler oder Intellektuelle ist, wie ihn Herlinde Koelbl in ihrem Foto-Interview-Band *Jüdische Portraits* aus dem Jahr 1989 vorstellte. Was sind schon 100 Jahre zionistische Wehrhaftigkeit und auch Aggression gegen 2000 Jahre Verfolgung und Unterdrückung? Das Bild des israelischen Soldaten mit der Waffe in der Hand ist nach wie vor »ungewohnt«, es entspricht nicht dem althergebrachten Stereotyp. Und daher darf es auch nicht existieren. Widerlicher, aber ein nicht ausrottbares Vorurteil, ist natürlich die Vorstellung einer »jüdischen Finanzmacht«. Prominentestes Beispiel jüngeren Datums: Der Skandal um einen Beitrag des Fernsehsenders RTL im November 2017. RTL hatte den berühmten deutschen Modemacher Karl Lagerfeld interviewt, der sich äußerst kritisch über die Flüchtlingspolitik Angela Merkels äußerte. So sagte er wörtlich: »Man kann nicht, selbst wenn Jahrzehnte dazwischen liegen, Millionen Juden töten, um danach Millionen ihrer schlimmsten Feinde kommen zu lassen.« Man muss den Worten Lagerfelds wahrlich nicht zustimmen. Doch was sich RTL angesichts eines Shitstorms in den sozialen Medien leistete, war wahrlich viel schlimmer, als was Lagerfeld da von sich gegeben hatte. Da wurde erklärt: »Tatsächlich ist das Unternehmen Chanel, für das er (Lagerfeld) arbeitet, fest in jüdischer Hand. Eigentümer ist die Familie Wertheimer.« Noch Fragen zum alten, neuen Antisemitismus?

Das Wiedereintreten des Juden in die Geschichte, wie ich das schon an anderer Stelle beschrieben habe, darf natürlich nicht einhergehen mit der Absenz von Recht und Gesetz, von Menschenrechten und Mitmenschlichkeit. Aber es geht einher mit der berechtigten Forderung nach Gleichbehandlung von außen. Israel kann und darf nicht mehr und nicht weniger als alle anderen Staaten. Israel ist fehlbar wie jeder andere Staat auch. Israel begeht Unrecht, das weiß jeder, der sich länger in den besetzten Gebieten aufhält. Aber ihm das Existenzrecht absprechen deswegen? Und Juden, die keine Israelis sind und in Europa oder den USA leben, in Kollektivverantwortung nehmen? Doch hier ist die Situation ambivalent. Denn auf der einen Seite sind die größten Kritiker Israels oftmals bemüht zu beweisen, dass sie keine Antisemiten sind, in dem sie Juden bei sich daheim, also in Frankreich oder England oder Deutschland und anderswo hofieren, aber dann schon auch gleichzeitig a l l e Juden als potenzielle oder tatsächliche Zionisten in einen Topf werfen mit jenen Juden, die nun tatsächlich Israelis sind, und diesen Widerspruch nicht einmal bemerken.

Hier kommt ein altes Vorurteil zum Vorschein, das nicht erst seit den Nazis in europäischen, antisemitischen Köpfen herumgeisterte: Die Frage nach der Loyalität der Juden gegenüber ihrem »Gastland« oder Heimatland, je nachdem, wie man es sehen will. Die Frage, ob jüdische Deutsche gute Deutsche sein können, oder nicht doch eher »Auslandsisraelis« sind, selbst wenn sie gar keine israelische Staatsbürgerschaft besitzen. Und noch weiter gefasst: Die Frage nach der jüdischen Weltverschwörung, die mehr denn je umhergeistert, interessanterweise bei linken und rechten Randgruppen gleichermaßen. Erich Honeckers Versuch, die marode DDR-Wirtschaft zu retten, indem man sich bemühte, in den USA die Meistbegünstigungsklausel zu bekommen, war getrieben von dieser Überzeugung, denn in Ostberlin hieß es: »Der Weg nach Washington führt über Jerusalem.« Und so schickte die DDR 1988 einen Minister nach Jerusalem, um dort schon mal vermeintlich für entsprechende Stimmung in Washington zu sorgen. Und als man sich auf dem Weg in die USA machte, musste man dem damaligen Präsidenten des World Jewish Congress in Ostberlin noch

schnell einen Orden verleihen, und die Synagoge in der Oranien-
burgerstraße begann man auch sogleich zu renovieren …

Was für die DDR gilt, ist auch für andere gültig: die Vorstellung, die »jüdische« oder »israelische« Lobby bestimme die amerikanische Außenpolitik oder vielleicht sogar die ganze Welt. Erdogan spielt mit diesem Stereotyp, wenn es ihm innenpolitisch passt,
arabische und islamistische Führer sowieso, Teheran auch. Und in
vielen europäischen Köpfen »wabert« es ähnlich.

Vor vielen Jahren erzählte mir der damalige Generalsekretär
des World Jewish Congress, Israel Singer, dass die absurde Vorstellung, die Juden hätten so großen Einfluss auf das Weiße Haus
und den Kongress, ihnen ein gewisses Maß an Macht tatsächlich
gibt. »Aber es ist wie bei Andersens Märchen über »Des Kaisers
neue Kleider«: In dem Augenblick, wo das Kind sagt, dass er nichts
anhat, ist der Kaiser nackt. Im Grunde sind wir Juden nackt! Es
muss nur einmal von jemandem gesagt werden.«

Doch zugegeben, auch für mich als europäischen Juden, der
unter Millionen Deutschen in der jüdischen Gemeinde Münchens
von damals gerade mal 4000 Juden aufgewachsen ist, war der erste
Besuch bei der alljährlichen Konferenz der proisraelischen Lobby-
Gruppe AIPAC (American Israel Public Affairs Committee) in
Washington ein »Kulturschock«. Es ist bei diesem Großereignis,
das wie immer in den USA perfekt inszeniert ist, selbstverständlich, dass der Großteil amerikanischer Kongress- und Senatsab-
geordneter dabei ist. Dass Generäle der US-Army vorbeischauen,
dass Regierungsmitglieder anwesend sind. Und dass im jährlichen
Wechsel der amerikanische Präsident oder Außenminister vor den
AIPAC-Mitgliedern im Washington Convention Center spricht.
Persönlich. Nicht etwa mittels einer Videobotschaft.

Besonders beeindruckend war für mich allerdings der letzte Tag
der Konferenz. Da gehen rund 8000 AIPAC-Aktivisten gemeinsam »to the Hill«, um dort ihren jeweiligen Abgeordneten im amerikanischen Kongress aufzusuchen und mit ihm zu sprechen. Wo

haben Juden in der Geschichte jemals mehr Einfluss gehabt? Ich musste unweigerlich an den Zentralrat der Juden denken und seine bescheidenen Möglichkeiten in Deutschland, die im Laufe der Jahre, mit zunehmendem Abstand zum Holocaust und einer jünger werdenden Generation deutscher Politiker immer weiter abnehmen.

Natürlich ist der gemeinsame Auftritt der AIPAC-Leute im Kongressgebäude Symbolpolitik. AIPAC versucht das ganze Jahr über Einfluss zu nehmen auf die Abgeordneten. Und es ist bekannt, dass Leute, die im Kongress arbeiten, irgendwann zu AIPAC wechseln und auch wieder zurückgehen in den Kongress. Doch wer nun meint, das sei eine »jüdische Spezialität« der Einflussnahme und Verquickung von Interessen, weiß nichts über das politische System der USA. Dieses Hin-und-Her-Wechseln ist ganz normal. Und Lobby-Arbeit ist in den USA selbstverständlich. Es gibt für so ziemlich alles eine Lobby-Group. Vielleicht noch am bekanntesten in Europa ist neben AIPAC die Waffenlobby der USA, die nun wirklich mächtig ist. Was AIPAC auszeichnet und vielleicht von anderen Lobbyisten unterscheidet, ist die hervorragende Organisation, die sie effektiver sein lässt als viele andere Interessenvertretungen. Doch AIPACs Einfluss ist begrenzt. Immer wieder zeigte sich dies in entscheidenden Momenten amerikanischer Nahostpolitik, zuletzt bei Obamas Entschiedenheit, das Abkommen mit dem Iran abzuschließen. Wie Premier Netanyahu, so versuchte auch AIPAC das Abkommen zu verhindern, mit allen Mitteln, die das amerikanische System zulässt. Vergeblich.

Der wachsende Antisemitismus in Europa, die verlorene Scham, sich antijüdisch zu äußern, zusammen mit dem Hass der Muslime auf Juden und »Zionisten«, führt, wie man am Beispiel Frankreichs sieht, zu einer langsamen, aber doch stetigen Auswanderung. Dabei entsteht absurderweise ein problematischer Kreislauf. Denn diejenigen, die sich für eine Auswanderung nach Israel entscheiden, wählen dort aufgrund ihrer eigenen Erfahrungen mit

Muslimen rechte Parteien. Ähnlich wie die Juden aus der Sowjetunion nach ihrer Einwanderung in den neunziger Jahren in Israel mehrheitlich rechts wählten, weil ihnen alles, was mit Begrifflichkeiten wie »sozialistisch« oder »sozialdemokratisch« zu tun hatte, nach Jahrzehnten unter kommunistischer Herrschaft suspekt war, so wählen auch die französischen Juden, die ursprünglich aus den einstigen französischen Kolonien in Nordafrika stammen, diejenigen Parteien, die am härtesten gegen Muslime auftreten. So rückt die israelische Gesellschaft immer weiter nach rechts und bestätigt somit scheinbar die Vorurteile, die viele in Europa gegenüber Israel haben. Warum ich »scheinbar« sage? Weil, wie so oft in Israel, vieles sich sehr viel komplexer darstellt, als man dies in Europa wahrzunehmen gewillt ist. Weil »rechts« in Israel nicht dasselbe bedeutet wie beispielsweise in Deutschland. Während die AfD von einer Überflutung Deutschlands mit Muslimen warnt, was ja schon rein zahlenmäßig nicht stimmt, ist die Gefahr, in der sich Israel befindet, real.

Natürlich stellt sich die Frage, ob die Lösungsangebote der israelischen Rechten Israel Sicherheit und Frieden bescheren werden. Die bisherigen Lösungsangebote der Linken konnten es nicht. Auch das ist eine traurige Tatsache, die das liberale Europa nicht anzuerkennen bereit ist, ebenso wenig wie den palästinensischen Anteil daran, dass Friede bislang nicht möglich war. Israel als rassistischen Staat zu verurteilen, heißt zu verkennen, dass es in Israel einen Alltag gibt, der so in den meisten europäischen Staaten undenkbar ist. In Israel gibt es keine Debatte um die Verschleierung der Frau. Ob eine Muslimin einen Hijab oder Nikab trägt, interessiert in Israel wirklich niemanden. Es gibt Moscheen in Israel, und niemand stört sich dran. Man lebt miteinander, Juden und Araber, und im täglichen Leben gibt es keine Probleme. Gibt es also keinen Rassismus? Doch, natürlich. Aber Israel ist damit nicht anders oder gar schlechter als andere Staaten. Jede Gesellschaft kennt Rassismus, warum nicht auch Israel? Warum ist es nötig, Israel dafür sozusagen besonders zu brandmarken? Kritisieren, ja, natürlich. Aber nicht mehr als andere. Das fordern alle politischen Parteien in Israel vom Ausland, selbst die linke Meretz, die sich am deutlichsten gegen Besatzung und Rassismus im eigenen Land ausspricht.

Es steht außer Zweifel, dass Israel eine desaströse Politik in den besetzten Gebieten verfolgt. Ob Landenteignung oder Menschenrechtsverletzungen, ob schleichende Vertreibung oder willkürliche Verhaftungen inklusive elend langer Haftaufenthalte ohne Anklage oder Verurteilung. Denn in Israel ist es möglich, jemanden festzuhalten, weil man ihn zur gefährlichen Person erklärt. All das gibt es und muss kritisiert werden. Indem aber europäische Kritik häufig mit antisemitischen Vorurteilen aufgeladen daherkommt, indem so mancher europäische Intellektuelle Israel mit anderem Maß misst als andere Staaten, erreicht er das genaue Gegenteil dessen, worum es ihm angeblich geht. Die Kritik von außen wird nicht diejenigen in Israel stärken, die die Besatzungspolitik ebenfalls kritisieren, sondern sie wird das Gefühl der Solidarität wecken, Solidarität gegen die Antisemiten von außen, gegen das antisemitische Europa.

Im Herbst 2017 erschien das Buch *Oliven und Asche*, in dem Schriftstellerinnen und Schriftsteller aus der ganzen Welt über die israelische Besatzung schreiben. Die Berichte sind ergreifend, bestürzend, machen wütend und sind faktisch in den meisten Fällen richtig. Natürlich kann, darf und soll so ein Buch gemacht werden. Aber viele Israelis fragen sich, warum Schriftsteller nicht in andere Krisengebiete fahren und ebensolche Bücher machen. Warum sie nicht über das Unrecht in Syrien schreiben oder in Saudi-Arabien oder im Iran oder jetzt im Jemen, nicht zu reden von den vielen anderen Krisenherden dieser Welt. Und sie haben schnell eine Antwort parat: Weil diese Schriftsteller in jene Länder nicht fahren und von dort frei berichten können, oder aber, weil sie einfach zu viel Angst haben, dass ihnen etwas geschehen könnte. Vor Ort oder durch eine Fatwa. Dass sie also im Grunde die israelische Liberalität ausnutzen, um gegen Israel zu agitieren.

Die Europäer unterschätzen, wie sehr in den Köpfen vieler Israelis der alte Kontinent immer noch als ein Territorium wahrgenommen wird, das von jüdischem Blut durchtränkt ist. Jeder Bericht aus Europa, der das Anwachsen des Rechtsextremismus im israelischen Fernsehen zeigt, ist eine Art Bestätigung des Vorurteils, das viele Israelis wiederum gegenüber den Europäern haben.

Ja, in den besetzten Gebieten geschehen täglich Dinge, von denen die meisten Israelis nichts wissen oder wissen wollen. Die langsame und systematische Vertreibung von Palästinensern aus der Area C etwa, die von Israel allein kontrolliert wird, schreitet voran. Im November 2017 erhielten rund 300 Palästinenser in Ein al-Hilweh und Umm Jamal, zwei Gemeinden im Jordantal, von der Armee die Aufforderung, »nichterlaubte Konstruktionen« zu entfernen, sie müssten ihren Besitz von dem von der Armee gekennzeichneten Land entfernen. Das kommt einer Vertreibung gleich. Die Menschen leben seit Jahrzehnten dort, einige haben noch jordanische Dokumente, die zeigen, dass ihnen das Land gehört. Doch es hilft nichts. Sie werden wohl gehen müssen. Weil das Gebiet zur militärischen Sicherheitszone gemacht wird oder für die Armee zu Übungszwecken eingerichtet werden soll. Oder weil man die Area C, also rund 60 Prozent des Westjordanlands irgendwann mal annektieren will, der bereits erwähnte Bennett-Plan.

Kann, darf, soll man das kritisieren? Aber natürlich. Muss man aber nicht gleichzeitig zumindest darüber nachdenken, ob Israel nicht vielleicht berechtigte Sicherheitsüberlegungen hat? Immerhin ist jenseits des Jordans Jordanien, dahinter Irak, Iran. Die Gefahr der Infiltration von IS- oder anderen Jihadistenkämpfern ist groß. Sollte man also untersuchen, ob Israel berechtigte Sicherheitsüberlegungen hat? Möglicherweise. Ist diese bevorstehende erzwungene Vertreibung ein Kriegsverbrechen, wie die israelische

Menschenrechtsorganisation Betselem behauptet? Möglicher-weise. Aber kann man das Vorgehen Israels mit dem der Natio-nalsozialisten vergleichen? Nein. Auf keinen Fall. Nie und nimmer. Aber, wie schon gezeigt, geschieht das. Immer und immer wieder. Wen wundert es dann noch, wenn Politiker der Linken oder der Mitte wie Yair Lapid, Avi Gabbay und andere sich plötzlich auf die Seite der rechten Regierung stellen? Denn Antisemitismus geht alle an, der Reflex aus dem Ghetto ist geblieben: gemeinsam gegen den Feind von außen, ganz egal wie groß die Zwistigkeiten unter-einander sind. Genauso agiert israelische Politik.

Dass nicht nur Splitter- und Randgruppen europäischer Poli-tik problematische Äußerungen von sich geben, zeigt das Beispiel des früheren SPD-Chefs Sigmar Gabriel, der nach einem Besuch in Hebron 2012 auf Facebook schrieb: »Das ist für Palästinenser ein rechtsfreier Raum. Das ist ein Apartheid-Regime, für das es keinerlei Rechtfertigung gibt.« Gabriel musste zurückrudern und entschuldigte sich für den Vergleich mit dem Regime in Südafrika, aber der Schaden war entstanden, wie sich Jahre später bei seinem von mir bereits erwähnten Besuch als Außenminister in Israel 2017 zeigte. Ähnlich desaströs geriet eine Reise der deutschen Bischofs-konferenz im Jahr 2007, als ein Bischof die Situation in Ramallah mit dem Warschauer Ghetto verglich.

Natürlich spielt die israelische Rechte dies auch aus, wann immer es ihr passt. Solange »Israelkritik« voller antisemitischer Tendenzen ist, wird sie nichts bewirken. Solange Europa nicht bereit ist, sich mit seinem tiefsitzenden antisemitischen Vorur-teil gegenüber Israel auseinanderzusetzen, solange wird der Ein-fluss Europas auf israelische Politik gering bleiben. Und diejeni-gen Kräfte in Israel, die man eigentlich unterstützen will, auf Dauer schwächen.

Um zu begreifen, wie Europa in Israel ankommt, reicht es nicht, mit dem Finger auf Warschau zu zeigen, wo am 11. November 2017, am polnischen Unabhängigkeitstag, Zehntausende Nationalisten und Rechtsextremisten dafür sorgten, dass die Stadt im Ausnahmezustand war. Es reicht nicht, auf die AfD zu verweisen oder auf Marine Le Pen. Der Blick muss noch einmal hinübergehen, auf die andere Seite des Ärmelkanals, zur traditionellen britischen Labour-Partei und ihrem Vorsitzenden Jeremy Corbyn. Denn hier zeigt sich der Antisemitismus und der Antizionismus als Phänomen inzwischen so unverblümt mitten im Zentrum der Politik eines europäischen Staates, dass dies in Israel nicht nur als warnendes Beispiel für die Entwicklung in Europa angesehen wird, sondern durchaus als solches auch von anderen europäischen Staaten begriffen werden muss.

Als Jeremy Corbyn 2015 die Labour-Partei mit seiner Truppe übernommen hatte, war schon damals klar, dass ein dezidierter Judenhasser an der Spitze einer britischen Volkspartei stand. So war er etwa mit dem libanesischen Aktivisten Dyab Abou Jahjah auf einem Podium, der 9/11 als »süße Rache« bezeichnete und Europa vorwarf, es habe den »Holocaust-Kult und die Judenanbetung« zur neuen Religion gemacht. Corbyn lud Raed Salah ins britische Parlament ein, einen arabischen Hassprediger aus Israel, der immer wieder zur Gewalt aufruft, weil die Zionisten angeblich den Felsendom und die al-Aqsa-Moschee zerstören wollen. Corbyn war Gast bei einer Gedenkveranstaltung in Tunesien, wo er auf dem Grab eines PLO-Terroristen, der am Massaker an den israelischen Sportlern bei der Olympiade in München 1972 beteiligt war, einen Kranz niederlegte. Die Auflistung von Corbyns Aktivitäten ließe sich fortsetzen, und sie würde nicht haltmachen bei Corbyns Freundschaftsbekundung für Hamas und Hezbollah, beides Organisationen, die die Zerstörung Israels zum Ziel haben. Corbyn unternahm zunächst auch nichts gegen seinen Parteifreund, den früheren Bürgermeister von London Ken Livingstone, der in der Vergangenheit nicht müde wurde zu behaupten, Hitler sei Zionist gewesen – und damit natürlich insinuiert, dass Israel ein Nazi-Staat sei. Zuletzt tat Livingstone dies im iranischen Fernsehen.

Dass in Großbritannien die Linke extrem judenfeindlich ist, habe ich schon im Zusammenhang mit den Aktivitäten der BDS-Bewegung angedeutet. Und es ist ja nicht nur Labour, die ein massives Antisemitismus-Problem hat (und dieses unter Corbyn nicht entschieden bekämpft). Auch die Liberaldemokraten haben Politiker, die Israel beispielsweise vorwerfen, aktiv im Organhandel tätig zu sein. Die linksliberale Tageszeitung The Guardian ist nachweislich israelfeindlich, vom früheren Labour-Abgeordneten George Galloway, der 2014 die Stadt Bradford zur »israelfreien Zone« erklärte, ganz zu schweigen.

Interessant ist, dass sich die Aufregung über den Antisemitismus Corbyns, seines Umfeldes und generell in der britischen Linken in der britischen Gesellschaft in Grenzen hält, auch wenn die Medien darüber berichten. Warum das so ist, kann vermutet werden. Dass es einen linken Antisemitismus gibt, ist in Deutschland bekannt, spätestens seit Henryk M. Broders Artikel in der ZEIT zu diesem Thema Anfang der achtziger Jahre. Eine andere, neue Qualität kommt inzwischen hinzu. Figuren wie Corbyn werden als »erfrischend« angesehen, weil sie das politische Establishment erschüttern und damit auch gesellschaftliche Normen und Grenzen sprengen, Tabus brechen. Dazu gehört auch eine gewisse »Vorsicht«, mit der man mit Israel jahrzehntelang vermeintlich oder tatsächlich umgegangen ist, weil sich vor allem in den ersten Jahrzehnten nach dem Zweiten Weltkrieg, kein europäischer Staat offen gegen den »Staat der Holocaust-Überlebenden« auszusprechen traute.

Aber stimmt das wirklich? De Gaulle kündigte von einem Tag auf den anderen die Sicherheitskooperation mit Israel nach dem Sechs-Tage-Krieg 1967 auf und brachte die israelische Armee damit in arge Nöte, da beispielsweise die israelische Luftwaffe mit französischen Mirage-Kampfjets ausgestattet war. Die Briten waren Israel auch nicht stets wohlgesonnen, die osteuropäischen Staaten waren als Teil des Warschauer Pakts sowieso antiisraelisch, weil »antiimperialistisch«. Nicht zu vergessen: Die Weigerung der europäischen Staaten 1973, amerikanischen Flugzeugen Überflug- oder Landerechte zu geben. US-Präsident Nixon hatte die »Operation Nickel Grass« genehmigt, eine Luftbrücke, die Israel mit Waffen und anderem militärischem Material versorgte, nachdem Israel zu Beginn des Yom-Kippur-Krieges enorme Verluste erlitten hatte. Die Europäer wollten den US-Flugzeugen nicht helfen, weil sie die arabische Ölboykott-Drohung fürchteten. Lediglich Portugal war bereit, Lande- und Überflugrechte zu gewähren und den Maschinen somit die Möglichkeit zum Auftanken auf dem langen Weg von den USA in den Nahen Osten zu garantieren. Wenn es also nach Europa gegangen wäre, hätte Israel in jenem Krieg keine Chance gehabt. Doch wer kennt schon solche historischen Details, wer weiß schon, dass »Realpolitik« Interessenpolitik ist, selbst der »schuldigen« Europäer gegenüber Israel? Gegen das »System« zu sein, ist ja inzwischen in ganz Europa populär geworden, und im Zuge dessen wird Antiisraelismus als etwas Positives gesehen.

Wie auch immer man die Entwicklungen in Europa einschätzen will, für die meisten Israelis sind sie ein Beweis, dass Israels raison d'être heute mindestens so gültig ist wie zur Zeit der Staatsgründung: Es ist ein schützender Hafen vor Verfolgung. Wie sicher Israel für Juden tatsächlich ist, ist eine Frage, die sich für viele Staatsbürger nicht stellt. Sich selbst verteidigen zu können, ist der ultimative Ausdruck von Freiheit und Unabhängigkeit. Die Zeiten des Shylocks sind vorbei. Selbst wenn viele Israelis liebend gern auswandern würden, weil sie die israelischen Lebensbedingungen kaum noch ertragen.

VI – Kann man als Jude überhaupt objektiv über Israel berichten? Ein sehr deutsches Problem

Darf ich heute noch sagen, dass mir Israel am Herzen liegt? Mit diesem banalen Satz macht man sich in den Augen vieler zum Komplizen für all das Unrecht, das in Israel geschieht. Und es weckt antisemitische Ressentiments, wie ich es anhand von Briefen von Zuschauern oder Lesern immer wieder erfahre. Als die CSU im Spätherbst 2014 mit der eigenartigen Idee für Aufsehen sorgte, dass Immigranten auch daheim gefälligst Deutsch und keine andere Sprache zu sprechen hätten, habe ich mich als Sohn von Immigranten per Tweet dazu geäußert und gefragt, wen das eigentlich etwas angehe, welche Sprache ich mit meinen Eltern spreche. Dieser Tweet fiel dem SPIEGEL auf, und so wurde ich zu dem Thema interviewt. In dem Interview wurde klar, dass ich neben Ungarisch von daheim auch Jiddisch und Hebräisch mitbekommen hatte, dass ich also, sagen wir's klar und deutlich: Jude bin. Ein Studienrat a.D. schrieb daraufhin sofort empört meinem Sender folgende Zeilen:

»Sie sind laut ihren Statuten verpflichtet, sachlich, neutral, überparteilich … zu berichten! Wie können Sie einen Juden, der nicht einmal Arabisch spricht (SPIEGEL Nr. 51, Seite 52) zum Korrespondenten in Nahost bestellen. Es wundert mich nun nicht mehr, dass jede Berichterstattung aus Israel einseitig ist und auf die Situation der Palästinenser nicht oder nur in verfälschter Form eingegangen wird. Sie haben den Bock zum Gärtner gemacht. (Diesen Satz hat der gute Studienrat gleich noch unterstrichen.) Teilen Sie mir bitte die e-mail Adresse des Studios in Tel Aviv mit, dann kann ich dem Herrn Schneider meine Meinung direkt mitteilen.«

Die Unterschrift lautete: »Ein mündiger Gebührenzahler, der sich nicht länger manipulieren lässt.«

Dem mündigen Ex-Studienrat sind dabei einige Ungereimtheiten ganz offensichtlich nicht aufgefallen. Mal abgesehen davon, dass aus dem Interview nicht hervorging, ob ich Arabisch kann oder nicht, stellte er sich überhaupt nicht die Frage, ob denn ein »reinrassiger« Deutscher als Journalist in Nahost, will in diesem Fall natürlich nur heißen: in Israel, sachlich, neutral und überparteilich berichten kann. Erst recht, wenn er möglicherweise aus einer Familie stammt, in der es Nazis gab? Und wenn dieser ethnisch ganz »reine« deutsche Journalist dann wie in den meisten Fällen weder Arabisch noch Hebräisch kann, wieso kann er dann sachlicher berichten als ein jüdischer, »nicht-ethnischer« Deutscher, der mindestens eine der Sprachen vor Ort spricht? Und wieso ist ein jüdischer Deutscher eigentlich kein deutscher Journalist – denn das insinuiert dieser Brief natürlich. Sie meinen, ich nehme hier einen einzigen Zuschauerbrief und verallgemeinere? Ganz gewiss nicht. Über viele Jahre wurde mir immer wieder von allen möglichen Seiten erklärt, ein Jude könne nicht objektiv aus Israel berichten. Dieselben Menschen aber fanden nichts dabei, dass ein Katholik aus dem Vatikan berichtet, konnten mir auch nicht erklären, wieso ein Journalist mit irgendeinem Parteibuch eben doch »sachlich, neutral, überparteilich«, so der Studienrat, von einem Parteitag seiner Partei berichten könne.

Dieses Anzweifeln der Objektivität eines jüdischen Berichterstatters aus Israel ist nicht nur zutiefst antisemitisch, es ist obendrein ein sehr deutsches Phänomen. Es zeigt, dass in der deutschen Gesellschaft immer noch keine Selbstverständlichkeit existiert, dass ein Jude auch ein Deutscher ist und sein kann. Es zeigt, dass viele immer noch nicht wissen, wie man mit einem Juden umgehen soll. Man ist kein deutscher Journalist, der zufällig auch Jude ist, sondern zuallererst ein jüdischer Journalist, was auch immer man darunter verstehen mag.

Es ist ein weiteres deutsches Phänomen, einen Journalisten, der in Israel und den palästinensischen Gebieten arbeitet, politisch und ethisch verorten zu wollen. Aus merkwürdigsten Gründen scheint diese Verortung notwendig. Kein anderes Land stellt sich oder seinem Korrespondenten in Israel diese Frage. Der Korrespondent der New York Times in Jerusalem ist Jude. So what? Der Korrespondent des Fernsehsenders France 2 ist Jude. Et alors? Selbst der Korrespondent des ORF, des österreichischen Fernsehens, ist Jude. Nun ja, ausgerechnet Österreich hatte immerhin ja auch mal einen jüdischen Bundeskanzler.

Kann ein Jude also aus Israel berichten? Der Zweifel daran ist absurd, aber auch die Umkehrung dieser Frage, die dann spitzfindig zu einer Art Trumpfkarte ausgespielt wird: Gut, dass ein Jude aus Israel berichtet, der kann ja Sachen sagen, die sich ein nichtjüdischer Deutscher nie zu sagen trauen würde. Welch ein Vorteil also!

Haben sich die Zweifler an der »jüdischen Objektivität« eigentlich je gefragt, wieso ein nichtjüdischer Deutscher besser geeignet sein soll, über den jüdischen Staat zu berichten? Hat man vorher genau gecheckt, ob es in seiner Familie keine Nazis, sondern nur Widerständler gab? Und selbst wenn – macht ihn das zum objektiveren, besseren Journalisten, der jüdischen Israelis ganz offen und unbefangen gegenübertreten kann? Unbefangener als etwa eben ein deutscher Journalist jüdischen Glaubens?

Ich kenne Kollegen, die Israel mit großer Verve kritisieren. Und die die israelische Mentalität nicht ertragen. Und überhaupt alles ziemlich schrecklich finden in Israel. Aber wenn sie dann einen Holocaust-Überlebenden vor Ort interviewen sollen, dann brechen plötzlich Hemmungen aus, man fühlt sich befangen – als Deutscher. Da schon, sonst nicht. Aha. Objektiver Journalismus?

Für Deutschland aus Israel zu berichten heißt stets: Die deutsche Geschichte mitzudenken. Heißt aber auch: die deutsche Befangenheit, die sich heute als Besserwisserei und Arroganz tarnt, mit in Betracht zu ziehen. Und so berichtet man aus Israel häufig »gegen« all die »Experten« daheim, »gegen« die »Spezialisten«, die »Kenner« der Lage, der Region, der Problematik. Die größten Kenner sind immer diejenigen, die noch nie dort gewesen sind. Gleich danach kommen all die Anti- und Philosemiten. Ebenso die Islamophoben und Islamophilen. Und jeder von ihnen weiß natürlich, wer schuld und wer recht hat.

Nicht zu vergessen: Alle, die schon mal »dort« waren. Zwei Wochen, zwei Monate, im Kibbuz, in einer NGO auf palästinensischer Seite, auf Fortbildungsreise. Sie sind natürlich erst recht »Experten«. Sprechen ein paar Brocken Hebräisch oder Arabisch, wissen, dass sie »Ouwasad« sagen müssen, um den arabischen Kaffee mittelsüß zubereitet zu bekommen, dass ein »Hafuch« auf Hebräisch ein »umgestürzter« Kaffee ist, also ein Cappuccino. Sie haben ihren eigenen Blick, und der kann durch nichts getrübt werden, nicht mal durch einen faktenfundierten Bericht, der vielleicht das Gegenteil dessen aufzeigt, was sie selbst sehen oder sehen wollen.

Und dann gibt es noch diejenigen, die lediglich mit dem »gesunden Menschenverstand« agieren. Die nicht so tun, als ob sie »dort« gewesen seien, die zugeben, dass sie »eigentlich« keine Ahnung hätten, aber so schwer sei das eben doch nicht zu verstehen, man müsse eben nur den gesunden Menschenverstand bemühen, dann würde man ja sofort begreifen, dass mindestens eine Seite sich ziemlich »barbarisch« verhalte. Denn als Europäer, vor allem als Deutscher, habe man ja aus seiner Geschichte gelernt, und so wisse man ja längst, dass Gewalt nur Gewalt produziere, nicht wahr? Und dass man damit nicht weiterkomme, man müsse sich halt zusammensetzen und miteinander reden. Und natürlich müsse dieser Quatsch mit der Religion aufhören, also vor allem bei den Juden, dieser Anspruch, das Land gehöre ihnen, weil Gott es ihnen angeblich gegeben habe. Also nur weil das so im Alten Testament steht, ist das doch für einen politischen Konflikt des

21. Jahrhunderts keine Basis mehr. Was ist das obendrein für ein Gott, dieser rächende Gott des Alten Testaments? Dieses »Auge um Auge, Zahn um Zahn« (wobei sie nicht wissen, dass dieser Satz aus der Thora das Gebot der Verhältnismäßigkeit anmahnte. Denn in jenen Zeiten musste man für ein Auge stets mit mehr bezahlen als nur mit einem Auge, für einen Zahn mit mehr als nur mit einem Zahn!).

Nur wenn man eben jenen Herrschaften erklärt, dass auch die Muslime einen religiösen Anspruch an das Land haben, dass ganz Palästina für sie »Waqf«, heilige islamische Erde, sei und damit für Nicht-Muslime tabu, dann sind sie meistens überrascht, weil sie dies nicht wussten. Und um dieses Nichtwissen zu kaschieren, kommt dann als Argument, dass man die Palästinenser aber doch verstehen müsse, schließlich seien sie ja »schon immer« dagewesen, nein?

Und ist man bei Muslimen – seien wir ehrlich – nicht auch ein klein wenig vorsichtiger mit lauter, gar öffentlicher Kritik an ihrer Religion? Man unterscheidet in den Redaktionsstuben peinlich genau zwischen »Islam« und »Islamismus«, tut dies aber auf jüdischer Seite natürlich nicht. Da sind die extremistischen Ansätze radikaler Siedler natürlich stets »jüdisch«, und alles wird da gern in einen Topf geworfen. Und da traut sich das Feuilleton einer großen liberalen deutschen Tageszeitung in einer Karikatur, Israel als hässliches, gierig-gefräßiges Ungeheuer darzustellen und hält dies für den Gipfel der Meinungsfreiheit. Aber das ist wohlfeil, denn man weiß genau, dass man nichts riskiert, dass kein Jude die Redaktionsräume in die Luft jagen oder abfackeln wird. Im Zweifelsfall, wenn öffentliche Empörung aufkommt, ringt man sich eine halbherzige Entschuldigung ab, man habe das ja alles nicht so gemeint und nein, das sei selbstverständlich kein Antisemitismus (auch so ein neues Phänomen in Deutschland, dass Antisemiten definieren, was Antisemitismus ist).

Aber wenn es um Muslime geht, nein, da muss man schon deren Gefühle respektieren, und jede Redaktion wird dreimal überlegen, ob sie sich traut, eine antiislamische Karikatur zu veröffentlichen, die Gefahr eines Anschlags oder einer Fatwa gegen die Redakteure ist denn doch zu groß. Aber selbst dafür bringen noch so einige Verständnis auf. Aber warum können die verdammten Juden nicht das bisschen Land hergeben, damit wir in Hamburg und Berlin und Wanne-Eickel und Dresden und Eberswalde endlich unsere Ruhe haben. Eigentlich haben die Juden doch »dort unten« nichts verloren – aber hier wollen wir sie natürlich auch nicht so wirklich zurück. Und überhaupt jetzt: Wo stehen Sie eigentlich als jüdischer Journalist?

Und schon sind wir wieder bei der Kernfrage: Wo »steht man« eigentlich in diesem Konflikt? Auf wessen Seite steht man? Von wegen »sachlich, neutral, überparteilich«. Der jüdische Korrespondent vor Ort m u s s eine Position haben, jeder Korrespondent an sich muss eine Position haben. Und wie diese aussieht, ist im Zeitalter der *political correctness* auch klar. Man ist gegen die Siedlungen, aber natürlich auch gegen Terroristen, doch man hat ein gewisses Verständnis für sie, denn sie werden ja von den Juden unterdrückt. Was sollen sie denn sonst tun, die Palästinenser haben ja nicht so eine hochgerüstete Armee wie die Israelis! Also, man muss doch eigentlich auf der Seite der Schwachen sein, nein? Das hat uns doch Auschwitz gelehrt? Nein? Und der Schwache ist doch immer im Recht und auch der Gute, nein? Das ist doch im Nahen Osten auch so. Nein? – Nein. Nein??

Das ist das ständige Rauschen, die permanente Geräuschkulisse in Deutschland, wenn es um Israel geht, und gegen die man als Nahost-Korrespondent anarbeitet, vor allem als jüdischer.

Also, wo hat man als Journalist im Nahostkonflikt eigentlich zu stehen? Muss man überhaupt irgendeine Position beziehen? Ein paar Grundlagen, die quasi selbstverständlich sind: Das Existenzrecht Israels ist nicht antastbar. Und ebenso klar ist, dass die Palästinenser ein Recht auf einen eigenen Staat haben. Das ist einfach. Und damit können sich die meisten identifizieren, nicht wahr?

Wie man dahinkommt, das ist das Problem. Da mag ja jeder wissen, wie's geht, Fakt ist: Es weiß niemand.

Aber einen kleinen Schritt weiter: Israel ist ein demokratischer Staat und muss dafür Sorge tragen, dass die Schwächen seiner Demokratie verbessert werden. Okay, fast alle d'accord. Israel muss die Besatzung beenden. Auch okay. Palästina soll ein freier Staat sein. Ein demokratischer Staat. Klar.

Aha – aber was, wenn wie 2006 die islamistische Hamas bei den nächsten freien Wahlen gewönne? Und was, wenn es so käme, wie Palästinenserpräsident Abbas dies immer und immer wieder ankündigt: In einem Staat Palästina dürfe dereinst kein einziger Jude leben. Warum eigentlich nicht? In einem demokratischen Staat Palästina, warum nicht? Oder wäre das in Ordnung, wenn Palästina nicht demokratisch ist? Spätestens hier beginnen die Probleme der Verortung.

Also wo verortet man sich in diesem Konflikt? Auf der Basis europäischen Denkens? Auf der Basis europäischer Nationalstaaten, die ihre Demokratien allmählich zu einer Demokratie für alle Bürger haben werden lassen, in denen Religion möglichst Privatsache ist? Auch wenn das in den einzelnen europäischen Staaten so nicht immer stringent ist, gehen wir mal davon aus, es sei so: Ist das so lebbar und durchführbar für den Nahen Osten? Können Israel und Palästina – nicht zu reden von anderen Staaten der Region – Demokratien im europäischen Sinne sein? Also was ist mit Gott, diesem wichtigen, wenn nicht wichtigsten Faktor in der nahöstlichen Politik? Soll man ihn wegzaubern? Allah und Elohim? Mal schnell so tun, als ob Säkularisierung und Französische Revolution auch im Nahen Osten stattgefunden haben?

Nein, der feste Boden, den man als demokratisch-westlicher Journalist unter seinen Füßen zu haben meint, wankt, sowie man im Nahen Osten angekommen ist. Das ist die Wahrheit, die sich aber so gut wie niemand einzugestehen traut. Denn das Fundament, auf dem man steht – es gilt nichts im Nahen Osten, nicht mal in Tel Aviv, der westlichsten und säkularsten Stadt der Region. Selbst Tel Aviv ist Orient, immerhin mit einem Hauch von New York, aber es ist nichtsdestotrotz nicht Okzident.

Und dann, nicht zu vergessen – der Holocaust. Vor allem für deutsche Journalisten sollte das Credo gelten: Benutzt nicht den Nahostkonflikt, um mit der eigenen Vergangenheit irgendwie klarzukommen. Man kann, man darf den Holocaust nicht als Blaupause über den Nahostkonflikt stülpen, es wird niemanden weiterbringen im Verständnis der Realität vor Ort. Es wird auch nicht helfen, die deutsche Schuld am millionenfachen Mord an den Juden zu mindern. Oder das deutsche Schamgefühl für die eigene Geschichte. Nein, was die Juden mit den Palästinensern machen, hat nichts mit dem zu tun, was die Nazis mit den Juden machten. Und nein, die Palästinenser sind nicht die »Juden« des Nahen Ostens. Und nein, die jüdischen Faschisten, die es natürlich gibt, haben nichts mit der SS zu tun, und nein, die Jihadisten jeglicher Couleur nichts mit den Widerstandskämpfern des Warschauer Ghettos. Und nein, der böse jüdische Soldat, der einen Palästinenserjungen misshandelt hat, wird nichts von der Schuld derer nehmen, die an den Massenerschießungen in Babi Yar teilgenommen oder auch nur den Mund gehalten haben, als die jüdischen Nachbarn ins KZ verschleppt wurden. Die deutsche Vergangenheit wird niemandem helfen, im Nahen Osten zwischen »Gut« und »Böse« zu unterscheiden. So einfach, so schwer und kompliziert und schmerzhaft ist das, ebenso wie bei mir, dem es auch nichts hilft, dass seine gesamte Familie in Auschwitz vergast wurde und dessen Eltern in den KZ der Nationalsozialisten misshandelt wurden. Auch meine Familiengeschichte hilft mir nicht, das, was im Nahen Osten geschieht, in irgendeiner Form mit der Geschichte Europas und Deutschlands gleichzusetzen, gleich zu bewerten.

Wo also verortet man sich – denn verortet von all den anderen wird man ja ständig, aber das ist völlig egal. Wo verortet man sich also selbst? Wie wäre es, wenn man das Wagnis aushalten würde, genau dies nicht zu tun? Das Wagnis einginge, keinen festen Boden unter den Füßen zu haben, das Wagnis, ohne festen, ohne doppelten oder sonst welchen Boden durch den Nahen Osten zu wandeln. Irgendwo in der Luft zu hängen. Und einfach nur nachzuspüren, wie es den Menschen geht. Empathie. Nicht zwangsläufig Sympathie. Begreifen. Nicht unbedingt Verständnis. Unterschiedliche Rechte akzeptieren, aber nicht automatisch recht geben. Also allen und jedem und niemandem Recht zu geben, und sich immer an den wunderbaren Rabbiner des berühmten Witzes zu erinnern. Der hört zwei Streithähnen zu, die zu ihm gekommen waren, um ihn um Rat zu fragen. Er hört dem einen zu und sagt dann nach langer Pause: Du hast recht. Dann spricht der andere. Und nach langer Pause sagt er ihm: Du hast recht. Da sagt ihm sein Hilfsrabbiner: Rebbe, das geht nicht, du hast dem einen und dem anderen recht gegeben, das geht doch nicht. Der Rebbe schaut seinen Hilfsrabbiner lange und nachdenklich an und antwortet ihm schließlich: Du hast auch recht.

Doch, wenn man aus Israel nach Hause berichtet, muss man immer wissen: Der palästinensisch-israelische Konflikt ist der »Lieblingskrieg« der Deutschen, wie Georg Diez im SPIEGEL einmal schrieb. Und er erklärt ganz klar, warum: In Deutschland wird der Judenhass weiter gepflegt. Und die Palästinenser führen ihn sozusagen aus. Kein Konflikt dieser Welt wird so sehr besprochen und be- und verurteilt wie dieser hier. Und so weiß ich: Egal, was ich als »jüdischer« Journalist sage oder schreibe, es wird von denen, die es nicht anders haben wollen, stets gegen mich, den Juden, ausgelegt. Sage ich etwas Positives über Israel, dann ist das ja klar, ich bin Jude. Sage ich etwas Negatives über Israel, dann ist das ebenso klar: Der Jude will zeigen, dass er objektiv ist. Und mir ist ebenso klar, dass alles, was ich hier über Israel geschrieben habe, in der einen oder anderen Weise ausgelegt werden kann und natürlich auch gegen meine eigene Intention. Dann ist es halt so. Das liegt in der Natur der Sache.

Aber wo liegen denn nun die Eckpunkte, an denen man sich entlanghangelt in diesem Konflikt, der so komplex ist, dass ein amerikanischer Korrespondent, als er nach Jahren Israel wieder verließ, eine kleine Glosse veröffentlichte, in der er bekannte, dass er sich bei seiner Ankunft vorgenommen hatte, nach einem Jahr ein Buch über den palästinensisch-israelischen Konflikt zu schreiben? Dann, nach einem Jahr, habe er sich gedacht, vielleicht schreibt er nach einem weiteren Jahr mal einen längeren Essay über Nahost, um dann wiederum nach einem Jahr zu dem Ergebnis zu gelangen, dass er froh ist, wenn er es schaffe, seine Artikel halbwegs vernünftig zu schreiben. Er sprach das aus, was jeder, der mit offenem Herzen in die Region kommt, ebenso erleben wird. Der Konflikt ist so komplex, so facettenreich, so kompliziert, dass man bald merkt: Es gibt keine einfachen Antworten, man geht mit mehr Fragen wieder weg, als man gekommen ist.

Immer wenn ich auf dem Ayalon, der Stadtautobahn von Tel Aviv von Norden in Richtung Süden fahre, überkommt mich an einer bestimmten Stelle jedes Mal wieder dasselbe faszinierte Staunen. Wenn ich auf der Höhe von Ramat Gan und der Börsengegend entlangbrause, habe ich stets das Gefühl, als befände ich mich mitten in Manhattan. Links von der Fahrtrichtung reihen sich Hochhäuser aneinander, alles glitzert in der Sonne, viel Stahl, Glas, riesige Werbung auf Häuserwandflächen. The Sky is the Limit! Und jedes Mal denke ich, was für ein Wunder das doch eigentlich ist. Tel Aviv ist erst 1909 gegründet worden, also heute gerade mal ein bisschen über hundert Jahre alt. Menschen aus der ganzen Welt sind hierher eingewandert und haben diese Stadt unter großen Mühen, Entbehrungen, Gefahren, Krankheiten und Kriegen aufgebaut. Alles wirkt so selbstverständlich, es ist eine ganz normale Großstadt, wie es sie überall auf der Welt gibt. Und dennoch ist Tel Aviv einzigartig. Mit allen Problemen, die Israel hat, mit allen Schwächen, mit allen Fehlern und Ungerechtigkeiten, ja, auch mit politischen Tendenzen, die ich nicht gutheißen kann, die mir Sorgen und Angst machen, mit all diesem Wissen ausgestattet, bin ich dennoch ein Staunender geblieben, dass Israel existiert und tatsächlich auch funktioniert.

Vor siebzig Jahren wurde dieser Staat gegründet, eine Gesellschaft musste erst geschaffen werden, Einwanderer aus der ganzen Welt mussten ein Staatswesen formen, eine gemeinsame Kultur entwickeln, eine gemeinsame Sprache, Pioniergeist zeigen, überleben. Das ging auf Kosten anderer, gewiss. Aber nichtsdestotrotz kann ich oftmals nicht begreifen, wie Europäer, wenn sie sich Israel nähern, nicht zuerst die enorme Leistung, die dahintersteckt, ein Staatswesen in so kurzer Zeit und unter solch extremen Widrigkeiten aufzubauen, bewundern. Wobei die Selbstverständlichkeit, mit der Europäer das Leben in Tel Aviv wahrnehmen, eigentlich ein Zeichen für die Erfolgsgeschichte dieses Landes ist. Es wirkt so normal. Wie in Europa. Oder den USA. Mit letzteren verbindet Israel als Staatswesen mehr als mit Europa. Denn auch die USA wurden von Einwanderern erst aufgebaut, auch dort musste man eine gemeinsame Kultur schaffen, Pioniergeist entwickeln. Auch dort sind grausame Ungerechtigkeiten geschehen. Aber die Einwanderer hatten den unbedingten Willen, ein besseres Leben für sich zu schaffen, als sie es in Europa hatten. All diejenigen, die aus Europa nach Amerika gingen, hatten den Traum, etwas Besseres zu finden, als sie in Europa hatten.

Den Juden aus Europa ging es in Israel mindestens genauso. Der Zionismus war nicht nur ein Bruch mit alten jüdischen Traditionen, es war der Bruch mit dem Diaspora-Leben, es war der Bruch mit Europa und allem, wofür Europa stand. Mit allem Schlechten, wofür Europa stand. Dessen sollten sich Europäer, Deutsche zumal, immer bewusst sein, wenn sie sich Israel nähern, sei es über Lektüre und Fernsehen oder durch eine Reise. Israel ist eine Notwendigkeit geworden, weil Europa die Juden aus seiner Mitte ausspie. Wäre dies nicht geschehen, wer weiß, ob Israel heute existieren würde. Wobei jeder Hardcore-Zionist jetzt versuchen würde, mir das Gegenteil zu beweisen. Ja, der Zionismus entstand vor der Shoah, aber die Shoah hat die Welt sicher schneller davon überzeugen können, dass Juden einen eigenen Staat brauchen, als es möglicherweise ohne die Judenvernichtung in Europa geschehen wäre. Wenn man den Konflikt zwischen Palästinensern und Israelis betrachtet, muss man als Europäer diese einfache Tatsache mit in Betracht ziehen: Israel ist eine Notwendigkeit und ein Fakt, den man nicht mehr rückgängig machen kann, es sei denn zu dem Preis einer atomaren Katastrophe, denn der jüdische Staat wird sich nicht freiwillig vernichten lassen.

Davon ausgehend, muss man weiterdenken. Wie kann es gelingen, den Palästinensern zu helfen, wie kann man Israel vor weiteren und größeren Bedrohungen schützen oder zumindest im Kampf gegen die Vernichtung unterstützen? Anfang 2018 erleben wir im Nahen Osten neue, eigenartige, im Grunde widersprüchliche Allianzen. Die Saudis und Israelis machen kaum noch ein Hehl daraus, dass sie miteinander gegen den Iran kooperieren, den beide Staaten als größte Bedrohung im Nahen Osten sehen. Im November 2017 gab der israelische Generalstabschef Gadi Eizenkot einer saudischen Zeitung ein Interview. Dies war eine kleine Sensation. Nicht nur, weil Eizenkot im Prinzip nie Interviews gibt – und dieses mit Sicherheit erst nach Absprache mit der israelischen Regierung –, sondern auch, weil das saudische Königshaus seinem Blatt Elaph die Erlaubnis gab, mit dem israelischen Militär zu sprechen. Was Eizenkot in dem Interview sagte, war klar und eindeutig: Beide Staaten hätten einen gemeinsamen Feind, Israel sei bereit, mit den Saudis und anderen arabischen Staaten Informationen und geheimdienstliches Wissen auszutauschen. Eizenkot beschrieb die Gefahr deutlich. Der Iran wolle zwei schiitische Halbmonde schaffen. Den ersten gebe es im Grunde schon: Vom Iran über den Irak, Syrien nach Libanon. Und damit ans Mittelmeer und direkt an die israelische Grenze in der Entmachtung sunnitischer Regierungen. Den zweiten Halbmond sieht Eizenkot von Bahrain über den Jemen bis zum Roten Meer. Israel teilt diese Einschätzung der Lage mit den Saudis und fast allen anderen sunnitischen Staaten. Wie man dagegen vorgeht, ist eine andere Frage. Da scheint der junge Prinz Muhammad bin Salman eine andere, forschere Vorstellung zu haben als Netanyahu und seine Regierung in Jerusalem. Was Gadi Eizenkot im Interview übrigens auch erwähnte: Israel und Saudi-Arabien haben nie gegeneinander Krieg geführt.

Israels Erfahrung ist, dass die Warnungen und Sorgen, dass die israelische Einschätzung der Lage im Nahen Osten in Europa nicht ernst genommen wird. Wenn doch, dann von Militärs und Geheimdiensten, aber nicht unbedingt von den Regierungen.

Ganz gleich, wie man zu Israel stehen mag, wenn man die Grausamkeit und Brutalität, die im Nahen Osten herrscht, mit den Aktionen Israels vergleicht, dann neigt sich die Waage sehr zu Gunsten des kleinen jüdischen Staates, auch wenn die Menschenrechte in den besetzten Gebieten oftmals mit Füßen getreten werden. Die Wahrnehmung in Europa ist dagegen oftmals gegenteilig. Und man vergisst in Europa gerne, dass Tel Aviv im Nahen Osten einzigartig ist mit seiner Gay Parade und der Offenheit und Freizügigkeit gegenüber Minderheiten. Bereits in Ramallah sieht es ganz anders aus, nicht zu reden von Amman, Kairo, Bagdad oder Teheran.

Der frühere israelische Premier Ehud Barak erklärte einmal, Israel sein »eine Villa im Dschungel«. Dafür erntete er viel Kritik, vor allem von der Linken, die ja sieht, dass die Nationalreligiösen nicht nur das Land gänzlich zu übernehmen drohen, sondern auch den öffentlichen Diskurs bestimmen. Das wurde wieder einmal deutlich, als die stellvertretende Außenministerin Tzipi Hotovely im November 2017 in einem Fernsehinterview die amerikanischen Juden frontal angriff. Sie beschuldigte sie, weil sie ihre Kinder nicht in die israelische Armee schicken, nicht einmal in die amerikanische, sie würden also ein ziemlich »komfortables Leben« führen, und deswegen dürften sie sich nicht in israelische Angelegenheiten einmischen. Mal abgesehen davon, dass der Vorwurf Unsinn und faktisch falsch ist, Hotovely ist ja nur eine von vielen Stimmen gegen alles, was nicht in die nationalreligiöse Ideologie hineinpasst. Das gilt für israelische, säkulare Juden, aber eben auch für die Mehrheit der amerikanischen Judenheit, die säkular, liberal oder *conservative* ist, aber nicht orthodox. Es geht um den Kampf ums Große und Ganze. Und das heißt für Israelis wie Hotovely: der Kampf um den Tempelberg, der Kampf um Judäa und Samaria, die Westbank, die man nie mehr zurückgeben will, der Kampf um »jüdische«, nicht um demokratische Werte. Und dennoch hatte Ehud Barak recht, wenn man sich umschaut, wie sich die Nachbarn Israels aufführen. Israel ist eine kleine Oase mitten im Wahnsinn, der zurzeit immer schlimmer zu werden droht. Während ich diese Zeilen schreibe, bekomme ich im Minutentakt Meldungen über den Angriff des IS auf eine Moschee im ägyptischen Sinai. Die Todeszahlen steigen und steigen. Mehr als 200 Tote sollen es inzwischen sein. Ein »ganz normaler« Tag im Nahen Osten.

Was aus Israel wird, ist schwer zu sagen. Die Gefahren von außen sind offensichtlich: Im Norden steht die schiitische Hezbollah, die nun, mit dem allmählichen Sieg der Achse Russland – Assad – Iran – Hezbollah, Morgenluft wittert und sich auch in Syrien und nicht nur im Libanon breitmacht. Die mehr als 120 000 Raketen sind auf Israel gerichtet, iranische Revolutionsgarden befinden sich in Syrien, nur 20 Kilometer von der israelischen Grenze entfernt. Die Israelis sind nervös, sie spüren, ja, sie wissen, dass der nächste Krieg kommen wird und dass er schlimmer sein wird als alle Kriege zuvor. Er wird kommen müssen, um den Iran irgendwie in Schach zu halten. Er wird kommen, weil Iran Israel vernichten will. Und der Iran will die Macht über die gesamte islamische Welt gewinnen, das schafft neue Allianzen, aber natürlich noch mehr Gefahren für Israel.

Die Palästinenser sind im Augenblick wieder einmal Spielball der Geschichte. Verzweifelt versuchen sie, einen Schritt weiterzukommen, aber es gelingt ihnen nicht wirklich. Ob Donald Trump den »ultimate Deal« hinbekommen wird, Frieden zwischen Israelis und Palästinensern zu stiften und damit einen Palästinenserstaat, ist mehr als zweifelhaft zum jetzigen Augenblick. Im Inneren ist Israel ebenfalls bedroht, und so mancher Israeli fürchtet sich vor den Spannungen in der eigenen Gesellschaft mehr als vor den Muslimen. Israels Demokratie ist gefährdet, kein Zweifel. Aber man muss schon auch die Frage stellen, ob Demokratien nicht überall gefährdet sind. Und ob die Demokratie noch die Staatsform ist, die am besten zur Bewältigung zukünftiger globaler Probleme und Gefahren geeignet ist, ist eine Frage, die immer häufiger überall auf der Welt gestellt wird, vor allem von jenen, die in Demokratien leben und diese trotzdem ablehnen. Auch in Israel glauben leider viele nicht mehr daran, dass die Demokratie die beste aller schlechten Regierungsformen ist. Die Alternative in Israel heißt sicher nicht Diktatur, das ist mit Juden nicht zu machen, dazu ist der jüdische Widerspruchsgeist zu groß, das musste schon Moses mit seinem murrenden und ihm widersprechenden Volk in der Wüste erleben. Aber der Staat könnte rigorosere Formen annehmen bei gleichzeitigem Neoliberalismus und individuellen Freiheiten.

Siebzig Jahre nach der Staatsgründung sind viele Fragen in Israel ungelöst. Da ist und bleibt das Palästinenserproblem. Es ist mit Sicherheit das wichtigste Problem, das Israel lösen muss, um irgendeine Zukunft zu haben. Aber da ist auch die Frage, was nun der eigentliche Charakter dieses Staates sein soll. Ist es ein religiöser Staat oder ein säkularer? Wird sich die Verquickung von Staat und Synagoge jemals auflösen – oder noch weiter verfestigen? Ist es der Staat seiner Bürger, oder bleibt er auch der Staat für alle Juden dieser Welt?

Letzteres dürfte außer Zweifel stehen, selbst wenn es intellektuelle Denkmodelle in Israel gibt, die den Juden in aller Welt eine Art Frist geben wollen, bis wann sie in das Land kommen könnten.

Doch das sind Randfiguren, Israel wird immer wichtiger, denn es sieht nicht gut aus für die Juden in der Welt, schon gar nicht in Europa. Obwohl der Antisemitismus inzwischen durch den Zionismus und den jüdischen Staat neuen Aufschwung erhält, ist eine Welt ohne Israel für Juden nicht nur nicht denkbar, sondern noch viel gefährlicher als mit Israel. Heute vielleicht mehr denn je.

Zum 50. Jahrestag der Gründung des Staates Israel habe ich ein Buch mit dem Titel *Israel am Wendepunkt. Von der Demokratie zum Fundamentalismus?* geschrieben. Viele Befürchtungen, die ich damals hatte, sind inzwischen Wirklichkeit geworden. Aber gleichzeitig hat sich in Israel vieles auch zum Guten verändert. Und die Welt befindet sich im Augenblick in einem Veränderungsprozess, von dem wir alle nicht wissen, wohin er uns führt. In Israel tendiert man dazu zu glauben, man sei das Zentrum der Welt. Das ist mit Sicherheit nicht so. Aber so viel ist klar: sollte es zu einem Krieg kommen, in dem Israels Existenz ernsthaft gefährdet wäre, würde es die ganze Welt betreffen. So bleibt mir nur zu hoffen, dass ich dies nie erleben muss. Aber erleben darf, wie sich der Nahe Osten vielleicht doch noch befriedet. Und die Palästinenser ihre Unabhängigkeit erhalten. Auch wenn ich hier von einer Utopie träume. Doch wie sagte einst David Ben-Gurion: »Wer nicht an Wunder glaubt, ist kein Realist.«